준비되지 않은 상속과 증여,
국가가 상속받는다

준비되지 않은 상속과 증여,
국가가 상속받는다

초판 1쇄   2022년 12월 1일

지은이	김진용
발행인	김재홍
교정/교열	김혜린
디자인	현유주
마케팅	이연실

발행처	도서출판지식공감
등록번호	제2019-000164호
주소	서울특별시 영등포구 경인로82길 3-4 센터플러스 1117호 (문래동1가)
전화	02-3141-2700
팩스	02-322-3089
홈페이지	www.bookdaum.com
이메일	jisikwon@naver.com

가격	17,000원
ISBN	979-11-5622-758-8 03320

ⓒ 김진용 2022, Printed in South Korea.

- 이 책은 저작권법에 따라 보호받는 저작물이므로 무단전재와 무단복제를 금지하며, 이 책 내용의 전부 또는 일부를 이용하려면 반드시 저작권자와 도서출판지식공감의 서면 동의를 받아야 합니다.
- 파본이나 잘못된 책은 구입처에서 교환해 드립니다.

준비되지 않은 상속과 증여,
국가가 상속받는다

김진용 지음

지식공감

남의 책을 많이 읽어라.
남이 고생하여 얻은 지식을
아주 쉽게 내것으로 만들 수 있고,
그것으로
자기 발전을 이룰 수 있다.

- 소크라테스 -

『매년 개정되는 세법과 새로운 행정해석 등으로 인하여, 본 책자에 담긴 저자의 설명과 사례해설에 따른 적용결과의 완전성이 보장되지 않습니다.
반드시 상속·증여세 계획 수립 및 신고 절차 전반에 대한 전문가의 상담을 거쳐 향후 발생할 수 있는 리스크에 대한 준비를 하시길 바랍니다.』

추천사

변호사들에게 가장 수행하기 어려운 사건이 무엇인지 물어보면 아주 높은 비율로 '상속 사건'이라고 답할 것입니다. 상속 분쟁이 사건화되면 우선 망인의 재산으로 어떤 것들이 있는지 조회하고, 어떻게 형성되었는지 조사·정리하여야 합니다. 그리고 공동상속인 중 특별수익으로 누가 얼마를 더 받았는지 밝혀내야 하므로 몇십 년 치 계좌를 뒤적거리고, 성장 과정의 케케묵은 감정적인 이야기들 – 우리 의뢰인은 이유 없이 차별을 당했고 상대방만 편애를 받았다는 식의 – 도 빠짐없이 주장해야 합니다. 또한 더 많은 상속재산분할금을 확보하기 위해 우리 의뢰인은 부모를 성심껏 모신 하늘이 내린 효자이나, 상대방은 그러지 못한 천하의 불효자로 만들어내야 합니다. 이 과정에서 공동상속인들은 감정적인 서운함을 느끼는 것은 물론 상당수는 고소, 고발 등 형사사건으로 확전되어 남보다 못한 원수가 되는 경우가 부지기수입니다.

만약 공동상속인들이 망인의 재산을 두고 상속 전쟁을 맞이하게 된다면 금액의 과다를 불문하고 그 상속은 이미 완전히 실패한 것입니다. 목숨 바쳐 한평생 일궈놓은 재산이 사랑하는 자녀들에게 도움이 되기는커녕 재앙의 씨앗이 되다니, 그보다 더 허무하고 안타까운 일이 있을까 싶습니다. 무슨 수를 써서라도 처참한 전쟁을 미리 막아내야만 합니다.

저자는 이러한 참사를 방지하기 위해 상속 및 증여와 관련한 실전 경험과 노하우를 독자 제현께 공유하고 있습니다.

1장에서는 상속설계의 필요성을 역설하고 구체적인 상속설계법을 제안합니다. 특히 최근 널리 알려지기 시작한 유언대용신탁을 소개하고 있는바 이의 실제 활용법을 유심히 살펴볼 필요가 있습니다. 그리고 누구나 민감할 수밖에 없는 상속세 계산 및 납부 이슈까지 실용적이고 직관적으로 정리하여 상속 실무 전반에 관한 이해도를 높이는 데 큰 도움을 줄 것입니다.

2장에서는 상속보다 더 이른 부의 대물림인 증여에 관한 여러 노하우가 담겨 있습니다. 어차피 일어날 자녀세대로의 부의 이전이라면 증여와 상속의 장단점을 비교하여 전략적으로 고를 수 있도록 현실적인 선택 방법을 알려줍니다. 또한 증여세와 관련된 민감하고 잘 알려지지 않은 여러 노하우들도 가감 없이 담아냈습니다. 이는 저자의 풍부한 실무경험이 뒷받침되었기 때문에 가능한 일입니다.

3장에서는 자산가들이 가장 두려워하는 국세청의 운영 시스템을 자세히 알려줍니다. 탈세는 언젠가 적발되기 마련이고 이는 훨씬 더 큰 금전적 손해를 의미합니다. 지피지기면 백전불태知彼知己, 百戰不殆입니다. 국세청 관리 시스템을 알기 쉽게 설명하여 국세청이 허용하는 범위 내에서 최적의 절세 방안을 모색하도록 실제적이고 구체적인 세무조사 대처 방법을 알려줍니다.

4장에서는 법인에서의 상속 증여에 관해 설명합니다. 많은 자산가들은 평생 노력의 산물인 자신의 사업체를 다른 사람보다는 자녀가 물려받아 계속 성장시켜주기를 바랍니다. 하지만 이 과정에서 막대한 세금을 납부해야 할 뿐만 아니라 각종 세무 이슈에도 노출되어 있으므로 가업 승계를 희망하는 독자께서는 특히 이 장을 주의 깊게 정독하여야 할 것입니다.

5장에서는 저자가 15년간 VIP 상속 증여 설계 업무를 하며 겪은 경험을 바탕으로 많은 사람들이 궁금해하는 현실적인 질문 및 그 해답을 구체적으로 알려줍니다. 실제 사례를 통해 아무 경각심 없이 했던 일들이 세금 폭탄이 되어 되돌아올 수 있음을 새삼 깨닫게 해줍니다. 이 장의 내용을 미리 숙지한다면 예상하지 못한 불의의 타격을 상당 부분 예방할 수 있을 것입니다.

이 책은 저자가 실전으로 경험하고 검증한 내용으로 구성되었습니다. 그래서 법령이나 이론에 치우친 여느 책들과 차별점이 있으며 효율적이고 실용적입니다. 부디 독자 여러분들께서는 장차 겪을 수도 있는 위험을 미리 예방할 수 있다는 생각으로 이 책을 가까이 두시고 잘 활용하시기 바랍니다. 이 책이 나의 노후와 자녀들의 인생 설계에 큰 도움을 줄 것입니다.

2022년 10월
제이씨앤파트너스법률사무소 대표
변호사 황수철

추천사

수일 전 저자가 집으로 찾아와 상당한 분량의 원고를 전해주면서 추천사를 써달라고 부탁을 했습니다.

나는 추천사를 써본 적도 없고 글 쓰는 사람도 아니기에 자신이 없다고 거절했지만, 막무가내로 꼭 써주셔야 한다는 저자의 요청을 더 이상 거절할 수 없기에 천천히 원고를 읽기 시작했습니다. 상속과 증여, 우리가 일상생활에 꼭 필요한 내용들로 채워진 원고는 내가 생각했었던 것보다 훨씬 흥미롭고 깊이가 있었습니다.

작가의 글 중 '죽음과 세금은 누구에게나 반드시 온다.'라는 대목이 있습니다. 따라서 철저하게 준비하여 잘 알고 있으면 억울한 세금을 추징당하지 않는다는 것, 이것이 바로 절세란 이야기입니다. 세계적인 천재 물리학자 아인슈타인도 스스로 세금계산을 할 수 없어서 한 해 동안 모은 영수증과 자료들을 큰 자루에 담아 회계법인으로 가져갔다고 합니다. 담당 회계사가 '당신처럼 위대한 과학자가 조금만 공부하면 쉽게 할 수 있지 않을까요?' 했더니 '아닙니다. 세무는 전 우주에서 가장 복잡한 것들 중 하나입니다.'라고 대답한 것을 보면 정말 쉽지 않은가 봅니다.

이렇듯 어렵고 복잡한 세금의 역사는 인류가 집단생활을 하면서부터 시작된 것 같습니다. 무려 2,500여 년 전 기원전 551년 사람이었던 공자는 가렴주구 苛斂誅求라 하여 '세금을 가혹하게 거둬들이고 무리하게 재물을 빼앗으니 호랑이보다 무섭다.'라고 하였습니다.

또한 성경에도 나오는 로마_{예수님시대}는 그야말로 납세의 국가였습니다. 개인이 내는 세금에 따라 정부에서 사람의 등급을 매겼다고 합니다. 그래서 세리를 언급할 때 '세리와 죄인'이란 표현하는 것을 보면 당시의 사회적 정서를 엿볼 수 있습니다. 그래도 예수님께서는 국가란 공동체 안에서 살고 있는 사람이라면 국가에 대한 의무를 이행하는 것이 당연하다고 보신 것 같습니다.

본인도 45여 년간 기업을 경영해 오면서 수많은 세무조사와 자녀들에 대한 증여 등 많은 일을 경험했기에 쉽게 공감할 수 있었는지도 모릅니다.

일단 사소한 것이라도 걸리면 무죄가 없는 것이 세무건이라고 보면 확실합니다. 그 때문인지 지금도 우편함에 국세청이라고 적힌 우편물이 든 것을 보면 가히 반갑지 않습니다.

이 책은 저자가 세무사, 회계사, 교수가 아닌 실무전문가로서 15여 년간 금융계 현장에 종사하면서 고객을 위하여 쌓아온 지식들을 알기 쉽게 정성 들여 쓴 책이라 기업을 경영하는 사람은 물론이고 모든 사람이 꼭 읽어볼 만한 책이라고 감히 추천드립니다.

옛날에는 상속과 증여는 부자들의 이야기라고 치부하여 보통 사람들은 관심이 없었지만, 지금은 국민 대부분이 소액이라도 해당되리라 생각됩니다. 그러므로 이 책을 한 가정에 한 권 정도 비치해 두시면 상비약처럼 상속과 증여의 과정에서 절세에 필요한 내용을 적재 적시에 찾아볼 수 있을 것입니다.

끝으로 사랑하는 김진용 이사님의 오랜 실무와 현장 경험을 토대로 금융계 발전을 위하여 매진할 것을 기대하며 응원합니다.

2022년 10월
㈜한국호머 회장, (재)송암장학재단 이사장
이종우

추천사

최근 10여 년간 내가 만난 사람 중 저자 김진용 이사님은 제일 독특했던 사람 중 한 사람이다.

내가 주로 만나는 사람들은 몸과 마음이 아프다는 환자들이 대부분이고, 그 외 동료 의사들, 병원직원들, 제약관계자들과 가족들이 주를 이루고 있다. 의사생활을 하면서 뜻하지 않게 부원장을 맡아 병원경영에 참여하게 되어 미래에셋에 근무하는 김진용 이사님을 만나 많은 도움을 받았다. 환자 및 직원들의 서비스 관리와 인사관리, 재무관리 등의 교육을 받다 보니 자연스럽게 본인의 재산관리에도 관심을 갖게 된 것이다.

그가 평소 이야기하던 상속과 증여에 대한 이야기들이 그저 직업적인 업무의 연장이라 생각했었지만, 무엇인가 다른 열정이 담긴 진솔한 이야기라는 생각이 들었는데, 오늘 『준비되지 않은 상속과 증여, 국가가 상속받는다』라는 책자의 추천사를 의뢰받았을 때 비로소 '아! 이래서 그의 이야기가 마음에 와닿았구나!' 하는 생각이 들었다.

우리 의사들이 환자들에게 여러 가지 주의사항 및 치료내용, 약 복용 방법 등을 이야기해도 대부분이 건성으로 들어 많이 답답했던 경험과 저자의 답답한 마음이 일맥상통한다는 생각이 든다. 그는 말보다는 행동으로, 그리고 보다 많은 사람에게 지속적으로, 정확하게, 이 생활의 지혜를 대중에게 전해주기 위해, 그가 겪었던 15년 이상의 상속과 증여에 대한 컨설팅의 노하우를 이 책에 기술하여 무언가 우리에게 변화와 도움을 주려고 하고 있다.

　세상 살아가는 일은 누구에게나 바쁘다. 본인도 하루하루를 진료와 연구, 교육에 매달려 정신없이 살아왔다. 그러나 이러한 생활은 영원한 것이 절대 아니라는 것을 알아야 한다. 이 세상에서는 나 혼자 사는 것이 아니라 부모님과 가족, 자식들과 같이, 또 세상 사람들과도 같이 어울려야 한다. 나 혼자만 잘 살다 가는 것이 아니라, 나를 위해 고생과 희생을 하셨던 부모님도 이해해야 하고, 앞으로 우리 뒤를 이어 이 세상에 뛰어들 자식들 생각도 해야 한다. 그동안 내가 이루어 왔던 지적 재산과 경제적 재산을 어떻게 유용하게 활용하여 주변 사람들에게 도움이 될 것인가 심각하게 생각해야 한다.
　대부분 나의 지적 재산은 어떤 방법으로도 내가 계획해서 활용할 수 있지만 '나의 경제적 재산은 어떻게 관리할 것인가?'라는 질문에 대한 답은 그 분야의 전문가가 아니면 당황할 것이다. 나의 재산을 어찌하면 낭비하지 않고, 효율적으로 관리할 수 있는지에 대한 해답이 바로 이 책에 있다.

　저자는 이 책에서 '철저히 계획하고 준비된 상속 설계만이 정답이다'라고 정확히 지적하고 있고, '부의 대물림이란 재산만이 아닌 그것을 지켜낼 지식과 철학 그리고 인성을 포함한 모든 것을 물려주는 것이다'라고 단순한 세금회피가 아닌 지혜로운 절세를 주장하는 것으로, 상속과 증여에 대한 계획 과정, 납부 과정을 상세히 비전문가라도 이해할 수 있도록 기술하고 있고, 실제 사례로 알아보는 상속, 증여 이야기들도 여러 경우를 예로 들어 쉽게 설명해주고 있다.

본인도 김진용 이사님의 조언으로 조그마한 재산이지만 증여 10년째를 맞이하게 되어 감사의 뜻을 전하며, 희생정신으로 쓰인 이 책이 많은 사람에게 도움이 되어 상속시기에 당황하지 않고 준비된 삶을 보냈으면 한다.

2022년 10월
전 순천향의과대학교 학장
변동원

서문

죽음과 세금은 누구에게나 반드시 온다!

상속 및 증여세 최고세율 50%인 대한민국….

아무리 부의 재분배를 하기 위해서라지만 이건 해도 너무하다는 생각이 듭니다.

국가가 새로운 정책을 제안할 때마다 OECD의 사례를 예로 들면서, 왜 우리나라의 상속세와 증여세가 OECD 평균에 비해 과하다는 이야기만 나오면 꿀 먹은 벙어리처럼 침묵하고 사회적 합의가 필요하다는 말만 되풀이하는 것일까요?

항간에 떠도는 "국가가 상속받는가?"란 말이 사실이 아니라면 아주 오래전 기준으로 머물러 있는 공제금액의 한도를 상향하고 누구나 납득할 만한 부과방식으로 개편이 되었어야 마땅합니다.

그러나 상속과 증여라는 주제를 다룰 때마다 누군가는 부자들만의 이야기, 또는 지금 당장 생각하기엔 머리 아픈 이야기라고 말하곤 합니다. 이러한 사회적 분위기와 인식이 국가가 상속·증여세제를 먼저 나서서 개편하지 않아도 되는 상황을 만들고 있습니다.

이처럼 상속·증여세 제도가 바뀌지 않을 거라면 바뀔 때까지 마냥 기다릴 것이 아니라 우리의 생각을 먼저 바꾸어야 합니다. 상속과 증여의 대부분은 제3자가 아닌 내가 사랑하는 가족에게 주는 것이기 때문입니다.

필자도 '주는 사람'이나, '받을 사람', 그리고 '받은 이후 다시 주게 될 사람'도 세금 때문에 어쩔 수 없다고 포기해버리는 인식이 쉽게 바뀔 수 있을 거로 생각하지 않습니다. 실제 '받을 사람'이 '주는 사람'이 되었을 때의 생각이 다시 '주는 사람'의 입장으로 변화되는 것을 보면서 '참 어렵구나.'라는 생각을 하게 되니 말입니다.

그러나 지금이 때가 아니라는 생각이 변하지 않는 한 당신의 재산 중 가장 많은 상속재산을 받게 될 주체는 사랑하는 가족이 아닌 국가라는 점을 깨달아야 합니다.

평생을 아끼고 절약해서 모아온 나의 재산 중 절반이 내 가족의 것이 아니라면 대체 우리는 무엇을 위해 그렇게 처절하게 살아온 것일까요?

다른 사람도 아닌 사랑하는 가족에게 주는 것에 대해 왜 그렇게 인색하고 불편해하는 걸까요?

아직은 때가 아니라는 말처럼 무서운 이야기는 없는 것 같습니다. 마치 나의 상속 개시 시점을 미리 알고 있다는 것 같아서 말입니다.

일상에서 우리의 몸 어딘가가 아플 때 병원에 가서 진료를 받고 검사를 하며 해당 질병에 대한 치료를 해주는 주치의가 있습니다.

만약, 미리 진료 예약을 하고 정기적으로 진료를 받는 것이 아니라 갑자기 몸이 아파서 응급실을 가게 되었다고 상상해볼까요? 우리는 주치의의 얼굴을 거의 볼 수 없을 뿐만 아니라 기나긴 대기시간과 많은 비용을 감당해야 합니다. 그것이 바로 준비되지 않은 상태로 갑작스럽게 병원을 방문해야 할 때 발생하는 리스크입니다.

마찬가지로 미리 준비하지 못한 세무 및 법률 등의 이슈가 있을 때가 되어서야 다양한 솔루션을 줄 수 있는 믿을만한 전문가를 단시일 내에 찾아내기란 결코, 쉽지 않습니다.

솔직히 누군가의 도움을 받아 전문가를 만나게 되어도 신뢰를 구축할 시간적 여유가 없었으니 전문가의 의견을 반신반의하게 됩니다. 분야를 막론하고 전문가의 역량이 어느 정도냐에 따라 고객에게 제안할 수 있는 플랜과 그리고 결과의 차이는 다를 수밖에 없다는 것을 우리 모두 잘 알고 있기 때문입니다.

그럼에도 불구하고 세무 및 법률전문가들의 조언이 아닌 인터넷을 검색하거나 주변 사람들에게 물어보고 판단하고, 결국 당장의 세금 때문에 실행하지 않는 지금이 당신의 모습은 아니신가요?

이슈가 생겼을 때만 전문가에게 의뢰하는 방식보다 꾸준히 소통하고 계획하며 실천하는 과정에서 문제가 발생했을 경우 대처하기 쉽다는 것을 모르는 사람은 없습니다. 지금도 미리 준비하고 실행했다면 줄일 수 있었던 안타까운 세금이 끊임없이 발생하는 것을 지켜보면서 이 책을 읽는 독자들이 다시 한번 본인에게 맞는 계획을 수립하고 실행하는 작은 계기가 되길 바라는 간절한 마음을 담았습니다.

지금도 아직은 때가 아니라는 생각을 하고 있을 당신에게 묻고 싶습니다.

사랑하는 가족이 아닌 그 국가에 존재한다는 이유만으로 내 재산의 50%를 국가가 상속받길 원하시는 겁니까?

아니면 지금이라도 계획하고 실행하시겠습니까?

어차피 선택은 당신의 몫입니다. 그러나 결과에 대한 책임은 당신이 아닌 남겨질 가족들이 짊어지게 됨을 깨달아야 합니다.

지금부터 당신이 이 책의 마지막 페이지를 읽는 그 순간, 아니 그 이후라도 언제든지 당신의 생각이 단 0.1%라도 변화되길 기원합니다. 상속이 개시된 것이 아니라면 아직 늦지 않았으니까요.

단순히 '상속·증여가 필요'하다는 원론적인 수준을 넘어 저자가 현장에서 직접 보고, 듣고, 경험했던 다양한 사례와 실무경험을 바탕으로 상속·증여세의 세금구조, 절세전략 및 우리가 평상시 궁금해하는 일상 속의 세금 이야기를 담아냈습니다.

일반인들이 반드시 알아야 할 상속과 증여의 모든 것.

지금 시작합니다.

"The hardest thing to understand in the world is the income tax."

"세상에서 가장 이해하기 어려운 것은 소득세이다."

우리에게 천재로 알려진 아인슈타인은 스스로 세금을 계산 못 해 해마다 세금 납부 시기가 되면 한 해 동안 모은 각종 영수증과 서류들을 큰 자루에 담아 PWC 회계법인으로 가지고 왔다고 합니다.

그래서 이 회사의 직원들은 아인슈타인의 세무관리를 서로 맡지 않으려고 했습니다.

알렉스의 상사가 처음 입사했을 때 회사 선배들은 새내기라는 핑계로 아인슈타인의 세무 정리를 그에게 맡겼다고 합니다.

그는 무척 감동을 받아 아인슈타인에게 정중히 인사하면서 경의를 표했습니다. 그러자 아인슈타인은 오히려 그에게 깍듯이 인사를 하며

"난 당신들이 어떻게 세무를 정리하는지 이해할 수 없습니다"라고 말했다는 것입니다.

그는 놀라며 "아니 당신처럼 위대한 과학자가 간단한 세무를 이해할 수 없다니요. 조금만 공부를 한다면 쉽게 할 수 있지 않을까요?"라고 반문했다고 합니다.

그러자 아인슈타인은
"아닙니다. 세무는 전 우주에서 가장 복잡한 것들 가운데 하나입니다"
라고 대답하더라는 것입니다.
　알렉스의 상사는 아인슈타인의 사진을 들고 와 방금 자신에게 들려준 말을 그 위에 적어 달라고 부탁했고 그 때문에 PWC회계법인 입구에는 아직도 '세무는 전 우주에게 가장 복잡한 것들 가운데 하나이다'라는 아인슈타인의 자필이 적힌 아인슈타인 사진이 걸려있다고 합니다.

출처: 조승연의 『생각 기술』 中

"The hardest thing to understand in the world is the income tax."
Albert Einstein

차례

추천사 • 5
서문 • 14

Part 1 철저히 계획하고 준비된 상속설계만이 정답이다

Chapter 1. 상속의 이미지를 설계하라!

01. 부(富)의 대물림은 올바른 가치관으로부터 시작된다 • 29
02. 2022년 최고의 이슈 유산세 VS 유산취득세 • 36
03. 성공적인 상속은 미리 준비한 계획으로부터 시작한다 • 42
04. 유언, 가족에게 전하는 나의 마지막 의사표현이다 • 48
05. 상속설계 최신 트렌드, 상속신탁 • 53
06. 유언대용신탁, 유언을 업그레이드하다 • 60
07. 유언장 VS 유언대용신탁 • 63
08. 화목했던 가족 간의 유류분청구소송, 그리고 가족의 해체 • 65
09. 유언대용신탁 재산을 유류분 대상으로 인정하지 않은 첫 1심 판례의 등장과 아쉬움 • 74
10. 상속세 납부계획과 재원은 미리 준비하라! • 76

Chapter 2. 상속을 이해하면 절세가 보인다

01. 상속의 개시, 전쟁의 시작 • 87
02. 상속인이란? • 90
03. 복잡한 상속세 신고, 어떻게 하면 될까? • 92

04. 상속재산을 모른다면 안심상속 원스톱서비스를 이용하자! • 95
05. 법정상속분은 어떻게 나누어질까? • 98
06. 대습상속과 세대생략상속이란? • 102

Chapter 3.
상속설계, 계산에서 납부 이후까지 모든 것을 계획하라!

01. 상속세는 어떻게 계산할까? • 109
02. 상속재산가액에 포함되는 또 다른 재산 • 113
03. 상속재산의 평가방법은 시가평가가 원칙이다! • 116
04. 상속 시 적용되는 각종 공제의 종류를 알면 절세가 보인다! • 122
05. 상속재산보다 부채가 많다면 상속포기가 더 유리하다 • 126
06. 상속포기를 하더라도 받을 수 있는 재산이 있다 • 130
07. 국내 비거주자와 상속세 문제 • 133
08. 상속세를 미신고하면 페널티가 발생할까? • 136
09. 부담스러운 상속세, 나에게 맞는 납부방법은? • 139
10. 상속세는 증여세와 달리 가족의 대납이 가능하다 • 148
11. 연대납세의무제도를 활용하면 2차 상속세도 절세된다 • 150
12. 상속신고가 끝났어도 끝난 것이 아니다 • 154
13. 단기재상속에 대한 2차 상속세액 공제 • 159

Part 2 **슬기로운 증여, 아름답게 시작하라**

Chapter 1. **증여는 시기와 절세가 포인트다!**

01. 유대인의 교육열과 바르 미츠바(Bar Mitzvah)를 벤치마킹하라! • 167
02. 왜 사전증여를 계획하고 실행해야 할까? • 171

03. 증여는 이제 트렌드가 되었다 • 174
04. 증여는 절세전략의 설계가 가능하다 • 178
05. 똑똑한 증여는 상속세를 감소시킨다 • 184
06. 상속세 절세의 핵심인 증여, 왜 주저하는 걸까? • 190
07. 노인이 노인에게 증여하는 시대, 국가가 상속받는다. • 194
08. 증여를 하면 반드시 효도계약서를 작성하라! • 198

Chapter 2.
증여설계, 계산에서 납부 이후까지 모든 것을 계획하라!

01. 받은 만큼 내는 증여세, 어떻게 계산될까? • 203
02. 헷갈리는 증여공제제도 제대로 이해하자! • 209
03. 배우자공제를 적극적으로 활용하여 증여하면 다른 세금도 줄어든다 • 213
04. 어여쁜 손주에게 세대생략증여를 하자 • 222
05. 증여도 스마트하게 하라, 부담부증여 • 228
06. 재산 중 가장 먼저 소득을 증여하고 자녀명의의 보장성보험을 가입하라 • 230
07. 자녀가 어리다면 부부끼리 보장성보험을 교차가입하자! • 236
08. 여러 명에게 나누어 줄수록 유리하다 • 241
09. 증여 후 가치 상승이 예상되거나, 미래투자이익이 발생하는 재산을 증여하라 • 246
10. 장애인신탁과 생명보험이 만나면 최강의 절세커플이 탄생한다 • 250
11. 증여받은 재산 반드시 신고해야 하나? • 254
12. 증여세 신고 및 납부 절차 • 257
13. 증여재산 반환 시 증여세 과세 여부 • 262

Part 3 국세청은 우리의 모든 것을 알고 있다

01. 국세청은 늘 우리에게 미리 귀뜸한다(국세행정운영방안) · 265
02. 빅데이터로 진화하는 국세청의 검증 시스템 · 270
03. 신고한 소득보다 지출이 더 많은 사람을 찾는 PCI 시스템(소득·지출분석시스템) · 274
04. 금융거래의 첩보기관 FIU(금융정보분석원) · 278
05. 자금출처 조사에 대비해라! · 284
06. PCI시스템과 FIU를 활용한 국세청 세무조사 사례 · 288

Part 4 법인의 상속·증여, 가문을 승계하다

01. 가업, 가문을 승계하다 · 297
02. 최악의 세무조사 주범, 명의신탁주식을 정리하라 · 303
03. 창업자금특례규정을 활용하라 · 309
04. 대표이사의 가지급금 세무리스크 · 313
05. 대표이사의 가수금 세무 리스크 · 319
06. 퇴직금을 포기해도 상속세 문제가 발생한다 · 323
07. 사위와 며느리의 법인에 상속하면 상속세가 면제된다 · 326
08. 상속세 재원확보, 법인보험을 활용하라 · 328

Part 5 믿기지 않는 실제 생활속 상속·증여 이야기

01. 배우자에게 준 생활비도 증여세가 발생한다? · 333
02. 자녀가 없는 부부, 고인의 부모님과 공동상속인이다 · 337
03. 내 자녀의 사망 이후 연락 끊긴 며느리와 사위도 상속인이다 · 342
04. 존재 자체를 모르고 있던 또 다른 상속인, 혼외자 · 346
05. 재혼한 경우 배우자의 전혼 자녀에게도 상속이 될까? · 350

06. 사실혼 관계자도 상속받을 수 있을까? · 352

07. 1인 가구도 상속·증여를 준비해야 할까? · 354

08. 자녀에게 매달 보내준 생활비도 걸릴까? · 358

09. 자녀와 손주에게 부동산 증여 이후 임대소득을 관리하는 부모님은 어떨까? · 363

10. 양도차익이 큰 부동산, 며느리와 사위에게 증여하고 양도하면 절세가 된다? · 365

11. 국세청은 가족 간 금전대차거래를 원칙적으로 인정하지 않는다 · 370

12. 부모가 자녀 명의의 차명계좌를 사용해도 되는 걸까? · 379

맺는말 · 381
법률 및 세무 검수 전문가 그룹 소개 · 383

Part 1

철저히 계획하고 준비된
상속설계만이 정답이다

Chapter 1.
상속의 이미지를 설계하라!

당신이 주저하고 있을 때
나는 시작한다.

01. 부(富)의 대물림은 올바른 가치관으로부터 시작된다

> 부(富)의 대물림이란 재산만이 아닌, 그것을 지켜낼 지식과 철학 그리고 인성을 포함한 모든 것을 물려주는 것이다.

◆ 부자는 3대를 못 간다

워런 버핏, 조지 소로스와 함께 세계 3대 투자 귀재라 불리는 짐 로저스는 이 격언이 미국이나 유럽뿐만 아니라 아시아 국가에도 있다는 것을 알게 된 뒤 돈에 대해 다시 한번 생각했다고 한다.

'부자가 3대를 못 간다'는 말은 상당히 현실적이면서 정곡을 찌르는 데가 있다. 기억해두기 바란다. 돈은 당신을 성공하게 만들 수도 있지만 파멸시킬 수도 있다. 그러니 돈을 많이 버는 것도 중요하지만 현명하게 쓸 줄 알아야 한다. 그리고 이를 자녀에게도 반드시 가르쳐야 한다.

출처: 짐 로저스, 『위기의 시대, 돈의 미래』 중에서

'재산의 형성'과 '유지' 그리고 '탕진'으로 이어지는 말을 빗대어 표현한 속담이다. 이처럼 부(富)라는 것은 불멸하지 않고 언제든 소멸할 수 있다는 사실은 누구도 부정하지 못할 것이다.

==늘 검소하고 절약하며 고된 삶을 살아왔던 우리의 부모님 세대와 그 덕분에 비교적 여유로운 삶을 산 두 번째 세대, 그리고 어릴 때부터 학비나 주택 구입, 생활비 등의 걱정 없이 자라난 세 번째 세대와 그다음 세대.==

살아온 시대적 환경과 교육수준이 상이하고 다양한 삶의 가치를 추구하기 때문에 각 세대 구성원들의 부(富)에 대한 인식은 당연히 다를 수밖에 없다.

이러한 인식의 차이는 재산증식을 통한 부(富)의 영속성을 만들어 내기도 하지만 사치와 사업실패 등 여러 가지 원인을 이유로 부(富)의 소멸이 진행되어 결국 '가난의 대물림'이 되는 결과로 이어지기도 한다.

이렇듯 부(富)의 대물림 과정에서 '돈을 버는 것도 만큼 현명하게 쓰는 것'이 매우 중요하다는 것을 알 수 있는데, 사치나 사업실패 등으로 발생하는 손실이 아닌 가족의 사망으로 명의만 이전되어도 발생하는 거액의 상속세는 어떻게 바라봐야 할까?

짐 로저스가 거주하고 있는 미국의 경우 2020년 이후부터 1170만 달러 미만을 상속받는 경우는 비과세이다. 환율에 따라 달라지겠지만 대략 우리나라 돈으로 140~150억 원 이하까지 상속세가 없기 때문에 대부분의 미국 일반 시민은 상속세를 걱정할 필요가 없는 세상이 온 것이다. 이로 인해 앞으로는 상속세가 있는지도 모르는 미국인도 생겨날 거라 생각된다.

그런데 정말 부러운 것이 또 하나 있다.

1170만 달러라는 기준은 부와 모 각각으로부터 비과세로 상속·증여 받을 수 있는 최대치라는 점이다. 쉽게 말해 부모에게 각각 1170만 달러를 받아 총 2340만 달러, 한국 돈으로 280~300억 원 이상을 세금 없이 상속·증여받을 수 있게 된 것이다.

이에 반해 우리나라의 상속·증여세법은 지금까지도 부자들만의 세금이라는 프레임이 씌워진 채 오래전 만들어진 세법 그대로 유지되고 있으니 진심으로 안타까울 따름이다.

✦ 상속·증여세, 우리 모두에게 해당하는 세금이다

상속세는 가족 중 누군가가 사망했을 때 받는 상속재산에 대한 세금이고 증여세는 가족을 포함한 누군가에게 무상으로 재산을 받았을 때 내는 세금으로 즉, 재산 이전 시 발생한다는 공통점이 있다.

지난 15년간 필자는 금융컨설턴트로서 실무에서 배운 지식과 전문가 인프라를 활용하여 상속·증여를 고민하는 많은 분의 의사 결정에 도움을 주었다. 수많은 실무 경험을 바탕으로 성공적인 상속·증여 컨설팅을 성사시켜 왔지만, 시간이 지날수록 가슴 한 켠에 자리 잡은 오랜 고민은 오히려 풀지 못하고 자꾸 커져만 갔다.

> "사람들은 상속 증여 계획과 중요성은 알고 있지만 왜 매번 실행단계에서 멈출까?"
>
> "내가 평생을 일구어온 소중한 재산을 왜 가족이 아닌 국가와 나누어 가져야 하는지, 그리고 남겨진 가족들이 세금을 납부하기 위해 상속받은 재산을 처분하거나 대출을 받아야 하는데도 왜 대비하지 않을까?"

사실, 상속과 증여 관련 세금은 소득세나 부가가치세처럼 우리가 자주 접하거나 매년 발생하는 것이 아니고, 대자산가에게만 해당하는 영역이란 인식 때문에 더욱 관심을 갖지 않았다.

그러나 이제는 일반인도 상속과 증여에 관심을 가져야 한다는 이유가 무엇일까?

상속세 과표와 공제 한도10억**는 22년째 고정되어 있고, 증여세 비과세한도**성인 5천만 원/미성년자 2천만 원**는 8년이나 제자리다.**

실제 상속·증여의 과세제도가 오래전 기준으로 방치된 상황에서 최근 몇 년간 부동산 등의 자산가치 상승으로 인해 대다수의 국민들의 재산이 상속세 부과기준인 10억을 초과하는 현상이 나타났다. 이 때문에 자녀의 소득만으로는 자력으로 주택을 마련하기 힘들어지고, 정부의 각종 대출 제한 및 세금 중과 등의 규제로 인해 증여는 일반적인 트렌드가 되었다.

그럼에도 불구하고 일부 사람들은 아직도 상속·증여가 나와는 해당하지 않는다고 생각하고 있다. 상속·증여를 받아보지 못한 사람들 아니, 받았더라도 면세점 이하의 재산 규모로 인해 세금을 납부해본 적이 없었기 때문에 체감하지 못하는 것은 어쩌면 당연한 일일지도 모른다.

그러나 100억을 가진 자의 1억과 10억을 가진 자의 1천만 원의 가치 중 누구의 것이 큰 것인지 한 번쯤은 고민해보아야 한다. 재산 규모가 작을수록 상속·증여세도 적게 발생하겠지만 그 지출로 인한 타격은 의외로 클 수 있다.

단 한 번이라도 상속세를 납부해 본 사람은 안다.

✦ 증여세 30%를 내면서까지 증여해줄 필요가 있나?

당장의 증여세 30%가 부담되더라도 나중에 발생할 상속세 50%보다 절세측면에서 유리하다는 것에 동의는 하지만 실행단계에서 멈추는 경우가 생각보다 많다.

> "어차피 증여 이후 10년 이내에 사망 시 상속재산에 합산되어 과세되는 거면 그냥 나중에 해야겠네요."

이 또한 지금이 가장 빠른 증여 시기임을 간과하고 포기하는 대표적인 사례이기도 하다.

사람들은 증여가 상속보다 훨씬 유리하다는 것을 알면서도 왜 멈추는 걸까? 대부분은 미리 주는 것도 맞지만 지금은 때가 아니라고 답한다.

그것이 세금 때문이든, 받고 나서 불효를 할까 봐 등의 이유는 중요치 않다.

증여는 주는 사람이 결정하는 것이다. 그러나 결국 자식에게 주지 않았으니 이에 대한 세금은 지금 발생하지 않지만 언젠가 상속이 개시되면 반드시 부과됨을 알아야 한다. 훗날 상속으로 인해 부과된 세금을 줄이는 방법은 채무 등을 차감하고 공제 한도를 활용하는 것 이외에는 존재하지 않는다.

그러니 지금 실제로 계획하고 행동하는 것이 진짜 절세다.

이렇듯 나의 재산을 언제, 어떻게, 누구에게 줄 것인지에 대한 결정도 쉽게 하지 못하는데 내가 사망한 이후에는 과연 모두가 만족스러운 공평한 재산분할이 가능할까?

답은 "아니오"이다.

상속 절차 중 가장 까다로운 것이 바로 상속재산분할협의 과정이며 유류분반환청구 소송이라는 법적 분쟁이 일어나는 부분이다. 너무 복잡하기도 하고 상속재산에 대한 기대심리로 인한 상속인들의 입장 차가 커서 한두 번의 상담으로 협의하기 어렵기 때문에 실무적으로 어느 전문가도 이 과정에서 주도적으로 가족 간의 중재자 역할을 하지 않는다.

◆ 상속 이야기를 자녀가 먼저 꺼내는 것이 과연 불효일까?

우리나라 정서상 부모와 자녀 간에 상속재산에 관한 대화는 마치 성性에 관한 얘기처럼 피하고 싶은 불편한 주제이다.

그래서일까? 자녀가 먼저 말을 꺼내기도 어렵고 설령 말을 꺼낸다고 하더라도 부모님이 화를 내시거나 "내가 다 알아서 줄 테니 넌 신경 쓰지 말아라."라고 대화 자체를 거부당한 경험이 있을 것이다. 이처럼 상속재산에 관하여 대화 자체를 자녀가 먼저 꺼내면 마치 불효처럼 보이기도 하고 욕심부린다는 이미지를 심어줄 수도 있다는 우려로 인해 가뜩이나 복잡하고 어려운 상속·증여세법을 현실적으로 다가가기 더 힘들게 만든다.

사실, 내 가족을 안 믿고 누굴 믿는단 말인가?

어차피 믿든, 안 믿든지 간에 나의 재산은 언젠가 그들에게 이전되게 되어 있다. 그때는 나의 의도와는 전혀 다른 방향으로 흘러가더라도 중요치 않다. 상속이 개시되었다는 것은 이미 이 세상에 나는 없다는 뜻이니까.

그러니 불편한 주제라 하더라도 상속 및 증여계획은 반드시 '주는 사람'과 '받을 사람'이 함께 고민하고 판단하며 상황에 따라 수정·보완해 나아가야만 한다. 그것이야말로 부모로부터 자녀에게, 그리고 그 다음 세대 이후까지 '부富를 대물림'하고 지켜내기 위한 과정이라 할 수 있다.

이처럼 '부富의 대물림'은 오랜 기간에 걸쳐 세대 간 재산의 이전이 철저한 계획을 통해 안전하게 진행되어야 하는 장기전인 만큼, 지금 준비하고 시작하는 것이 최고의 절세전략이다.

준비되지 않은 상속·증여는 결국 국가가 상속받게 만든다.

02. 2022년 최고의 이슈
　　유산세 VS 유산취득세

> 사람은 모든 구성원이 불편한 것은 참지만 불공평한 것은 참지 않는다.

2022년 7월 21일 윤석열 정부의 첫 세법개정안을 한 단어로 요약하면 '감세'다.

이날 발표된 2022년 세법개정안 내용에는 대대적인 종부세 감세정책과 소득세율과 법인세율 인하, 그리고 가업 승계한도 대폭 상향 등이 반영되었다.

역대 정부들도 경제주체의 투자심리를 깨우기 위해 감세 인센티브를 제공한 적은 있지만 세율을 조정하고 제도를 과감히 폐지하는 등의 파격적인 개편은 역대급이라 할 수 있어 벌써부터 감세정책에 대한 전문가들의 우려가 크다.

농담 반 진담 반으로 책을 처음부터 다시 써야 할 일이 생길 것만 같아 지난 몇 달을 가슴 졸이며 기다려왔는데, 막상 뚜껑을 열어보니 이번 개편안 내용 중 필자가 기대하고 또 우려했던 상속·증여 관련 내용은 가업 승계를 제외하고 크게 눈에 띄는 내용은 없었다.

대통령이 선거공약으로 내걸면서 주목받았던 유산취득세 도입은 올해 세법개정안에 반영되지 않았으며 예상과 달리 공제 한도에 대한 변화도 없었기 때문이다.

　기획재정부 장관도 후보자 시절 "상속·증여세 부담 적정화 방안을 마련할 필요가 있다"며 인적공제 확대와 부과방식의 변경을 추진한다고 했지만 결국 이번 개편안에서는 빠졌다.

　오히려 인적공제에 태아2023.01.01. 이후 상속부터**가 추가되는 것을 제외하면 증여 이후 5년 이내에 증여재산 처분 시 증여자의 취득가액을 기준으로 양도소득세를 부과하는 적용기간을 10년으로 늘리고 가상자산을 통한 상속·증여부과제척기간을 특례 신설하는 등 오히려 관리가 엄격해졌다.**

　기업과 관련한 상속·증여세에는 각종 규제 폐지와 특례를 확대 적용한 것과 비교하면 개인 상속·증여에 대해서는 별다른 대책이 없는 것은 매우 아쉬운 부분이다. 이에 정부는 관련 연구 용역을 발주하는 등 충분한 사전 검토 후에 내년부터 본격적으로 유산취득세로의 개편을 진행하겠다는 입장이다.

　정부 관계자는 "전반적인 상속 세제 개편 문제는 사회적으로 많은 논의와 합의가 필요한 부분"이라며 "올해 하반기에 집중적으로 개편 작업을 시작해 전면적인 검토를 통해 내년 상속세를 유산세에서 유산취득세로 개편하려 한다"라고 설명했다.

　정부의 말대로 상속세 부과방식이 유산취득세로 개편된다면 올해부터 2023년 상반기까지 충분한 사전준비와 사회적 합의를 통해 2024년부터 실행될 예정이다.

==부자감세 논란과 2023년 7월에 발표될 유산취득세 개편안으로 인해 공제 한도에 대한 내용은 발표되지 않은 것으로 생각된다.==

그렇다면 유산취득세 방식을 도입하고자 하는 이유는 무엇일까?

세법상 상속세와 증여세는 재산의 무상 이전을 과세대상으로 한다는 점에서 성격이 크게 다르지 않다. 상속세는 유산세 방식으로, 증여세는 유산취득세 방식으로 과세되고 있다. 증여세는 증여받은 자산을 기준으로 하지만 상속세는 피상속인의 자산총액을 기준으로 과세된다.

실제 경제협력개발기구OECD 36개국 중 한국·미국 등 4개국만이 유산세 방식으로 운영하며 19개국은 유산취득세 방식으로 운영하고 있다. 나머지 13개국은 원래 상속세가 없었거나 폐지했다.

이를 근거로 재계와 학계에서는 상속세와 증여세의 부과방식이 달라 혼란을 일으키는 만큼 유산취득세 부과방식으로 개편의 필요성을 계속 지적해왔다. 그러나 이번 세제개편안을 부자감세라 판단하고 반대를 예고하고 있는 야당과 시민단체, 그리고 집권 여당 내에서조차 의견이 엇갈리고 있어, 그 과정이 순탄치는 않을 듯하다.

아직 부유층의 자산 축척과 부富의 대물림에 대한 부정적인 인식이 강하고 부富의 재분배를 통한 빈부격차 문제를 해결하고자 하는 사회적 요구도 강하기 때문에 실제 실행까지는 많은 진통이 예상된다.

유권자 중 대부분을 차지하는 서민들은 자산가들이 얼마나 세금을 많이 내는지 모르고, 세금이 너무 높아지면 어떤 부작용이 생기는지 모르거나 관심조차 없기 때문에 정부가 나서서 이들을 설득한다는 것은 정말 엄두가 안 나는 일이다. 여기에 '유산취득세'로의 전환은 곧 '부자감세'라는 프레임으로 간단하게 분노를 조장하는 분위기가 조성되면 더더욱 그렇다.

그러므로 상속세의 부과방식이 '유산세' 또는 '유산취득세'든지 사회적 합의를 통한 상속세제에 대한 인식변화와 상속세의 소득배분 효과에 대한 객관적 검증이 선행된 이후 결정되어야 한다.

✦ 유산세 현 상속세부과방식

우리나라의 상속세는 피상속인이 남긴 재산을 기준으로 납부해야 할 세액을 결정하는 '유산세' 방식이다.

유산세 방식은 상속세 과세방식의 일종으로 상속재산에 대해 재산분배가 시행되기 전 상속재산 전부를 과세대상으로 하고 상속재산의 분배에 따라 세액이 달라지지 않는다. 이전될 재산총액에 세금이 부과되는 구조이다 보니 총 상속재산이 많으면 많을수록 누진세율이 적용되어 상대적으로 높은 세율이 부과될 수밖에 없다.

고인의 생전 불투명한 소득에 대한 과세 누락분을 최종적으로 정산하고자 하는 보완세의 목적과 세무행정상 과세 편의성을 제고하기 위한 방법으로 채택하고 있다.

✦ 유산취득세

'유산취득세'는 상속받을 재산의 총액이 아닌 상속재산 분배 후 상속인별로 받은 재산에 과세표준을 적용하여 상속세를 부과하는 방식이다.

'유산취득세'는 재산을 많이 받는 상속인에게 상대적으로 더 높은 세금을 부과함으로써 공평과세가 이루어질 수 있고 부의 집중을 억제하는 효과도 있다. 현 부과방식인 '유산세'는 상속재산의 분할과 상관없이 재산총액에 대한 세율적용으로 불공평의 논란과 부의 집중을 방치한다는 비판을 받고 있다. 이로 인해 부의 분산효과와 공평과세 등을 이유로 상속인별로 분할 재산에 대한 과세를 하는 '유산취득세'를 도입해야 한다는 의견이 많다.

다만, 유산취득세를 도입하기 위해서는 인구감소로 부의 분산과 세 부담 감소 효과가 크지 않을 수 있고, 가족의 숫자가 많은 경우와 그렇지 않은 경우의 세 부담에 있어 또 다른 불공평이 발생할 수 있는 등의 문제점을 해결해야 한다.

또한, 상속세의 회피 목적으로 상속재산을 허위 분할신고를 하는 등 악용하는 사례도 발생할 수 있다.

✦ 결론

이렇듯 오랫동안 상속세 부과방식이 논란이 되는 것은 유산과세 방식과 유산취득세 과세방식 모두 각각의 장·단점을 가지고 있기 때문이다.

그렇다면 부과방식을 '유산취득세'로 바꾸는 것이 정답일까?

단순하게 상속세의 부담이 줄어드는 것만큼은 확실한 건 알겠지만 정말 개편안이 유리하게만 적용되는 것일까?

제일 먼저 연대납세의무인 상속세 대납을 활용하여 2차 상속세도 절세하는 플랜은 이제 불가능해지는 것은 아닐까 하는 합리적인 의심이 든다. 불합리한 부과방식체계의 변화도 좋지만 장기간 머물러 있는 공제 한도를 상향조정하고 세율을 낮추어 주는 것으로도 어느 정도 조정이 가능한 부분이 아니었을까 하는 아쉬움이 남는다.

정부는 연구용역과 사회적 합의를 통해 2023년 새법개정을 통해 2024년에 시행을 목표로 한다고 한다. '과연 가능할까?' 하는 의구심은 들지만, 이것 또한 지켜보면 알 수 있을 것이다.

그러나 증여는 세법개정이 될 때까지 기다리는 것이 가능할지라도 상속은 다르다. 결론적으로 상속세 및 증여세는 개편되는 부과방식에 따라 결과가 달라진다고 하더라도 세금을 납부하는 것 자체는 변함이 없기 때문이다.

그러므로 사전에 어떻게 계획하고 준비하는 것이 좋은지 전문가와 상담하고 미리 철저하게 대비해야만 한다. 절세된 상속·증여세는 반드시 나의 가족의 재산으로 남게 될 테니 말이다.

03. 성공적인 상속은
　　미리 준비한 계획으로부터 시작한다

> 상속계획은 지금의 결정만으로 완성되는 것이 아니다. 장기전인 것을 인식하고 대비하자!

상속·증여 상담을 하다 보면 어김없이 나오는 이야기들이 있다.

> "글쎄, 나 죽고 나면 알아서 하겠지. 나 죽고 난 다음까지 생각해야 해?"
> "다 쓰고 갈 겁니다. 어차피 세금 낼 거 뭐하러 남겨주나요?"
> "미리 주면 버릇 나빠진다는데······."
> "기부할 거야."

농담이든 진담이든 늘 이런 이유들로 거절하거나 상담받는 것 자체를 꺼리는 경우가 많다.

"그럼 증여 안 해주시면 되겠네요?"라고 되물으면 마치 기다렸다는 듯 주변 사람들이 말해준 배우자나 자녀에게 증여하면 안 되는 이유를 알려준다. 물론 여기서 말하는 주변 사람 중에 상속·증여 관련 전문가는 없다.

이것은 상속이 개시되기 전 증여가 유리하다는 것을 알면서도 많은 사람들이 실행하지 못하는 이유가 비단 세금 문제만은 아니라는 것을 의미한다.

<mark>아무런 준비를 하지 않은 상황에서 갑자기 상속이 개시되면 내지 않아도 되는 세금을 내는 경우가 아주 많은데 필자는 바로 이렇게 발생하는 세금을 '바보세'라고 표현한다.</mark>

상속은 가족의 죽음이 전제되기 때문에 사전에 가족구성원 모두가 모여 예측하고, 상의하며, 준비하는 것 자체가 우리나라 정서상 거의 불가능하다. 부모님이 살아계시는데 앞으로 다가올 상속에 대해 논의한다는 것 자체를 불효로 바라볼 수 있고 뭔가 욕심이 많은 사람으로 비칠 수도 있다는 부담감에 선뜻 나서기도 힘들다.

사실 부모의 재산분배 및 처분은 생전에 부모가 직접 결정하고, 유고 발생 시 남은 부모가 피상속인의 재산 분배를 결정하기에 자녀가 계획을 수립하고 실행하는 것 자체가 불가능한 영역이다.

<mark>결국 상속인들이 상속 개시 후 할 수 있는 것이라 해봤자 세법에서 인정하는 각종 공제를 최대한 활용하는 것뿐이다.</mark>

하지만 상속 절차는 우리의 생각만큼 절대 간단하지 않다. 또한, 피상속인이 언제 사망할지, 상속 개시일 당시 재산이 얼마나 되는지, 현금 등 금융자산 거래 전체를 미리 파악할 수 없다.

사전에 세금계획을 미리 준비하지 않았다면 재산이 많고 적음에 상관없이 가족 간에 분쟁이 일어나거나 상속세를 납부하기 위해 큰 빚을 지는 경우가 발생하기도 한다.

그러므로 상속세를 준비하는 것은 피상속인 즉 '주는 사람'이 계획하고 준비하는 것이 현실적이고 바람직하다.

그렇다면 성공적인 상속을 위하여 어떠한 준비사항이 고려되어야 하는지 알아보자.

1. 상속재산 파악	본인 명의의 재산이 어떤 형태로 구성되어 있는지 목록과 규모를 파악
2. 피상속인의 연령 및 건강상태	피상속인의 연령과 현재 건강상태를 예측하여 세금계획을 수립
3. 다양한 절세계획 수립 및 수정	보유재산의 형태 변경과 사전증여 등을 활용하고 세법개정에 따라 수정
4. 납세대책 마련	보장성보험활용, 연부연납, 물납 등을 검토
5. 상속 발생	상속재산 분배 및 상속등기
6. 신고 후 사후관리	상속세 신고 및 세무조사 대비

✦ 첫째, 상속 대상에 해당하는 모든 재산을 파악하자

상속세를 계산하기 전 반드시 상속재산에 포함되는 모든 것을 파악하는 것이 중요하다. 부동산이나 금융자산 등 재산에 따라 평가방법이 다르고 파악된 재산에 따라 처분하거나 사전증여하는 것이 절세에 유리한지 미리 판단할 수 있기 때문이다.

사실, 개인 간 또는 사업상의 목적으로 금융거래를 자주 하는 경우 차용증이나 관련 증빙 내용을 배우자나 자녀와 공유하지 않는 경우가 대부분이다. 이런 경우 상속개시 후 상속인들이 미처 파악하지 못한 금융자산이 신고 재산에 포함되지 못하고 누락되어 과소신고되거나 생전에 피상속인이 지인에게 빌려주었지만, 증빙자료의 소재불명으로 몰랐었던 채권의 손실 등 상속인들이 입을 수 있는 피해를 미연에 방지할 수 있는 장점이 있다.

◆ 둘째, 피상속인의 연령과 건강상태에 따라 계획을 수립하자

가족의 사망 시점을 미리 예측하기 어렵더라도 연령과 건강상태를 고려하여 계획을 수립하여야 한다.

만약 지병이 있거나 고령의 경우 선제적으로 금융계좌조회를 하거나 처분한 재산에 대한 자금을 어떻게 사용했는지 등을 확인하여 근거를 만들어 두어야 한다.

이와는 반대로 피상속인의 나이가 젊고 건강하더라도 급격하고 우연한 사고로 인한 상속이 발생할 수 있기 때문에 현재 시점을 기준으로 준비하고 10년 후, 20년 후의 생애주기에 따른 계획을 상황에 맞게 변경하는 것이 좋다.

◆ 셋째, 다양한 절세 방법을 수립하고 매년 세법 개정안을 반영하여 수정하자

계획 수립 당시 세법 내에서 적용할 수 있는 절세 방법을 활용하는 것이 중요하다.

선택 가능한 절세 방법은 매우 다양하기 때문에 여러 가지 방안을 검토하여 적용해야 한다. 예를 들어 보유재산의 형태를 변경하여 유지하는 것이 좋은지 판단하고, 배우자 및 자녀에게 사전증여를 하여 상속재산의 규모를 축소하는 노력을 기울여야 한다.

이렇게 노력한다 하더라도 처음 세운 계획은 시간이 지나감에 따라 상속재산의 변동 및 세법 개정, 피상속인의 심경 변화 등으로 인해 상황이 변할 수 있다. 따라서 상황이 변화되는 것에 따라 계획도 수정되어야 한다.

✦ 넷째, 재산 목록과 상속세 규모가 정해지면 납세대책을 마련하자

그동안 상속세는 자산가에게만 해당하는 항목이라 생각되어왔다. 대부분의 납세자들이 과세 미달자로 분류되어 상속세를 납부하지 않아도 되었지만 최근 부동산 가격의 상승 등으로 인해 상속세 납부구간_{10억 초과}에 해당되는 납세자들이 많아지고 있다.

그렇기 때문에 납세대책을 미리 마련해 놓지 않을 경우 상속재산을 급매로 처분하거나 공매처분을 당하는 경우가 생길 수 있다. 또한 연부연납이 5년에서 10년으로 늘어나게 되면서 납세자의 고통이 다소 완화된 듯 느껴지지만 10년에 걸쳐서 상속세를 납부하는 동안 잃어버린 기회비용은 고스란히 남은 상속인의 부담이 된다.

따라서, 현금이 아닌 부동산 위주의 재산을 갖고 있다면 자녀와 배우자의 명의로 보장성보험에 가입하거나, 사전증여 등으로 세금을 납부할 수 있는 능력을 키워 놓는다든지, 위에 열거된 방식 이외에 물납과 연부연납 등의 방법들을 어떻게 활용할 것인지에 대한 납세자금마련대책이 반드시 수립되어야 한다.

✦ 다섯째, 상속개시가 되면 반드시 전문가의 도움을 받자

상속세 신고는 검토해야 할 사항도 많고 절세효과를 따져보는 것도 매우 복잡한 과정이다.

일반인들이 어렵고 복잡한 상속·증여세법과 여러 관련 법들을 본인에게 직접 적용하여 점검한다는 것은 절대 쉬운 일이 아니고, 이 과정에서 조세전문가들의 도움을 받아 적용할 수 있었던 절세 방법 등을 놓치는 경우도 발생할 수 있다.

따라서 유언장 작성 등 상속재산 분할과 관련된 사안은 법률전문가에게, 상속세나 증여세 등은 세무사나 회계사와 상담을 하고 진행해야 한다.

실제 실무에서는 책으로 접하는 것보다 셀 수 없을 정도로 다양한 사례가 존재하기 때문에 경험이 풍부한 전문가 집단의 컨설팅을 받는 것을 적극 추천한다.

04. 유언, 가족에게 전하는 나의 마지막 의사표현이다

> 유언장은 나이와 상관없이 작성하는 것이 본인 스스로에게도 좋다. 여명이 얼마 남지 않은 사람들만 작성하는 것이 아니라 남겨질 가족들을 위해서, 동시에 더 나은 삶을 살아가기 위해서도 작성하고 매년 변동되는 재산 규모와 여러 가지 상황에 따라 수정해 나간다면 점차 완벽한 유언장으로 그리고 본인의 삶도 성장해 나갈 수 있다.

한때 재벌가의 암투를 그린 드라마나 영화를 보면 빠지지 않고 나오던 단골 멘트가 있었다. 극 중에서 회장님과 자녀들이 의견 충돌을 할 때마다,

"김 변호사 들어오라 그래!"

라고 소리치는 걸 다들 한 번 정도는 들어봤을 것이다. 필자도 그때는 이 대사가 무엇을 의미하는지 몰랐었다. 그러나 유언에 대한 사회적 인식변화와 가족간 재산분쟁의 증가로 유언장을 작성하지 않았을지언정 존재 자체의 중요성을 모르는 사람은 거의 본 적이 없다.

그렇다면 유언의 중요성을 잘 안다던 사람들은 본인의 유언장을 작성해 두었을까?

답은 "거의 작성하지 않는다!"이다.

일반적으로 사람들의 인식에는 "유언장이라는 것이 죽기 전에 작성하는 것이 맞지만 아직은 나의 죽음이 아주 먼 이야기인 것 같아서 굳이 지금은 아니다."라는 생각이 존재하기 때문이다.

쉽게 말해 나의 죽음에 대해 예측하거나 거론하는 것 자체가 한마디로 불편한 것이다.

사실, 우리에게 언제, 어떻게, 어떤 방식으로 죽음이 찾아올지 아무도 모른다. 그리고 죽음이라는 것은 이 세상에서 나만 사라지는 것이지 내가 소유하고 있던 부동산과 부동산에 대한 권리, 그리고 모든 금융자산 등의 모든 재산까지 함께 사라지는 것은 아니다.

쉽게 말해 내가 살아있을 때야 내 것이지, 죽고 나면 다 놓고 가야 한다.

실제 우리가 오늘 당장 죽을 확률은 50:50이고 반드시 죽을 확률은 100%이다.

✦ 아직은 때가 아니다?

> "될 대로 되겠지…. 뭘 그리 머리 아프게 고민해야 해?"
> "나중에 봐서 필요하면 그때 쓰든가…."

비교적 나이가 젊은 자산가들은 자신의 죽음이 멀었다고 생각하고, 아직은 해당하지 않는 문제로 치부하며 당장 재산을 증식하는 데 더 중점을 둔다.

반대로 고령의 자산가는 대부분 상속 시 유언의 중요성은 인식하고 있으나 그 방법이 어렵고, 불편한 주제이며, 수수료 등의 문제로 실제 행동으로 옮기지 않는다. 그러나 이렇다 할 유언도 없이 갑작스러운 상속이 개시되면 재산 이전에 대한 방식과 세금에 대한 고민은 당장 현실이 되어 남겨진 상속인들에게 엄청난 부담과 고통으로 돌아온다.

이때, 상속인이 공동으로 상속재산을 승계하는 경우 각 상속인은 자신의 법정상속분대로 상속재산을 승계받는다. 이 과정에서 상속인들 간의 협의가 완만하게 이루어진다면 정말 다행이지만 기존에 증여받은 '**특별수익**'과 부모 부양 및 재산 형성에 기여한 '**기여분**'에 대한 견해차로 인해 공평하게 나누어준다는 피상속인의 생각과 전혀 다른 결과가 발생할 수도 있다.

상속인들은 '피상속인이 소유하고 있는 상속재산에 대한 기대'를 갖고 있다. 이러한 기대 심리로 인해 균등상속에 대한 각자의 의견은 당연히 다를 수밖에 없다.

결국 유언장의 부재가 상속인들의 갈등으로 이어져 상속재산분할소송으로 가거나 결과에 따라서 가족의 해체까지 발생할 수 있는 만큼, 이러한 문제를 어느 정도 사전에 방지하기 위해서는 피상속인의 의견을 생전에 상속인들에게 남기는 것이 중요하다.

그런데도 지금 당장은 아니라는 생각을 하고 있을지 모르는 당신에게 한마디를 전하고자 한다.

지금, 이 순간은 다시 돌아오지 않는다. 지금이 당신의 인생에서 가장 최근의 과거이자 당장의 미래이며 시작의 순간이다.

지금 당장 유언을 계획하고, 실행하고, 차근차근 수정해 나아가야 한다. 나의 유언장을 작성하고 변심해도 되고, 드라마 속 회장님들처럼 상속인들에게 협박용으로 사용해도 된다. 그것이 유언이 없는 것보다 백배 천배 낫다.

✦ 유언의 5가지 방법

우리나라 민법상에서 규정하고 있는 유언의 방식은 5가지이다. 자필증서 · 녹음 · 공정증서 · 비밀증서 · 구수증서에 의한 유언으로 나누고 방식별로 그 요건과 방식을 엄격하게 규정하고 있으며, 이를 지키지 않은 유언은 효력을 인정하지 않는다.

5가지 유언방식 중 가장 많이 사용하는 방식은 자필증서 또는 공정증서_{공증인작성}에 의한 유언이다.

자필증서에 의한 유언	유언자 직접 자신이 작성하여야 하며, 유언자가 그 전문과 연월일, 주소, 성명을 직접 쓰고 날인해야 한다. 유언증서에 문자의 삽입, 삭제 또는 변경을 할 때는 유언자가 직접 쓰고 날인해야 한다. 유언을 집행하기 위해서는 유언을 보관 또는 발견한 자는 유언자의 사망 후 지체없이 법원에 제출하고 검인을 청구해야 한다.
녹음에 의한 유언	녹음에 의한 유언은 유언자가 녹음이나 동영상 촬영으로 유언의 취지, 그 성명과 연월일을 말하고(구술) 이에 참여한 증인이 유언의 정확함과 그 성명을 구술해야 한다. 이때 증인의 수는 제한이 없으며 유언을 집행하기 위해서는 유언의 녹음을 보관 또는 발견한 자는 유언자의 사망 후 지체없이 법원에 제출하고 검인을 청구해야 한다.
공정증서에 의한 유언	유언자가 증인 2인이 참여한 공증인의 면전에서 유언의 취지를 말하고 공증인이 이를 필기하고 낭독하여 유언자와 증인이 그 정확함을 승인한 후 각자 서명 또는 기명 날인해야 한다.

비밀증서에 의한 유언	비밀증서에 의한 유언은 유언자가 필자의 성명을 기입한 증서를 엄봉 날인하고 이를 2인 이상 증인의 면전에 제출해 자기의 유언서임을 표시한 후, 그 봉서 표면에 제출한다. 그 후 봉서 표면에 제출연월일을 기재하고 유언자와 증인이 각자 서명 또는 기명날인해야 한다. 그 표면에 기재된 날로부터 5일 이내에 공증인 또는 법원 서기에게 제출하여 그 봉인상에 확정일자인을 받아야 한다. 단, 비밀증서 내용에 흠결이 있어도, 자필증서 요건을 충족하면 자필증서 유언으로 인정된다.
구수증서에 의한 유언	유언자가 질병 및 기타 급박한 사유로 인하여 앞의 방식으로 유언을 할 수 없는 경우 유언자가 2인 이상 증인의 참여로 그 1인에게 유언의 취지를 말로 전달하고, 그 전달받은 자가 이를 필기 낭독하여 유언자의 증인이 그 정확함을 승인한 후 각자 서명 또는 기명날인하여야 한다. 그 증인 또는 이해관계인은 급박한 사유가 종료한 날로부터 7일 내에 법원에 검인을 신청해야 한다.

자필증서에 의한 유언을 제외하고 나머지 유언은 전부 증인을 요구하고 있다. 이때 미성년자나 배우자와 직계가족 또는 유언으로 이익을 받는 사람은 증인으로 참여할 수 없다. 만약 결격사유가 있는 증인이 참여하는 경우 해당 유언은 원칙적으로 무효이다.

그리고 한국의 국제사법 제 50조 제3항에 따르면 유언의 방식은 '본국법, 상거소지법, 행위지법, 부동산 소재지법' 중 어느 하나의 법에 의하는 것이어야 한다. 예를 들어 위 네 가지 법 중 어느 하나의 법률에 의한 방식을 따르더라도 미국 법에 따라 작성된 미국에 있는 재산에 관한 유언도 한국에서 법적으로 인정된다.

그러므로 유언장을 작성할 때에는 나에게 맞는 유언의 방식과 규정을 적용할 수 있도록 반드시 전문가와 상의하고 결정하도록 해야 한다.

유언에 명시된 재산분할에 불만이 있는 일부 상속인들은 유언장의 진위여부부터 확인하려 할 테니 말이다.

05. 상속설계 최신 트렌드, 상속신탁

> 신탁은 어떻게 활용하느냐에 따라 탈세와 불법적인 목적을 제외한, 가장 혁신적인 상속·증여의 해결책이 될 수 있다.

수많은 언론과 인터넷매체를 통해 많이 언급되고 관련 세미나가 폭발적으로 증가하는 것을 보면 단순하게 증여하고 유언장을 통한 상속만이 아닌 신탁을 활용한 상속 분쟁 방지와 절세 방법을 제시하는 신탁의 대중화 시대가 왔다는 확신이 든다.

> "해외에서는 신탁을 활용해 다양한 상속증여설계가 가능하다는데 국내에도 그런 제도가 있나요?"

최근 유언대용신탁에 대한 상담이 급격히 늘어나고 있다. 아이러니하게도 최근 상속증여 트렌드로 화제가 되고 있는 신탁은 우리가 아는 것보다 아주 오래전부터 자리매김해왔다.

사실, 우리가 알고 있는 신탁의 시작은 중세시대로 거슬러 올라가는데 중세시대의 유럽에서 십자군 전쟁에 참전하는 군인이 자기의 재산을 신뢰할 수 있는 지인에게 맡기고 전장에서 자신이 사망하면 자녀에게 주고, 살아 돌아오면 되돌려 받는 것에서 시작되었다.

오늘날의 신탁은 위탁자주는 사람가 본인 재산을 신탁하면 신탁회사가 이를 운용 및 관리를 통해 발생한 수익을 위탁자 또는 수익자받는 사람에게 지급하는 구조이다.

신탁의 범위는 어떻게 설계하느냐에 따라 법의 테두리 내에서 그 한계치는 무한대라 볼 수 있기 때문에 신탁을 통한 재산의 이전이나 재산처분에 대한 강제성을 부여하는 부의 이전 설계가 가능하다.

신탁을 통해 수탁자에게 맡길 수 있는 재산은 부동산, 금전, 채권, 유가증권, 지식재산권, 미술품, 건설기계 등이 있다. 신탁하고자 하는 사람의 목적에 따라 부동산, 금전, 유가증권에 대해 각각 부동산신탁, 금전신탁, 유가증권신탁 등 개별신탁 계약을 체결할 수 있다.

신탁은 그 목적에 따라 자산승계목적의 '상속신탁'과 '증여신탁', 재산증식 목적의 '투자신탁', 재산보호목적의 '재산보호신탁', 부동산 개발목적의 '개발신탁', 기부를 위한 '공익신탁' 등 다양한 유형의 신탁을 설정하고 있다.

그렇다면 신탁의 장점은 어떠한 것들이 있을까?

✦ 강제집행정지

위탁자가 특정의 재산영업이나 저작재산권 일부를 포함을 수탁자에게 신탁을 하는 경우 신탁법 제 4조에 의한 공시요건 완비 신탁재산의 대내외적인 소유권이 수탁자에게 완전히 이전되어 위탁자의 채권자가 강제집행, 담보권 실행 등을 위한 경매, 보전처분이하 '강제집행 등' 또는 국세 등 체납처분을 할 수 없다. 신탁법 제 22조

또한 수탁자의 채권자도 강제집행이 금지된다.

✦ 도산격리

신탁재산은 신탁법상 신탁재산의 독립성으로 인해 위탁자의 재산 및 수탁자의 고유 재산과 구별된다.

따라서 위탁자의 채권자가 신탁재산에 대하여 강제집행을 할 수 없을 뿐만 아니라 위탁자 또는 수탁자가 파산하더라도 신탁재산은 속하지 않고 별도의 재산으로 본다.

✦ 신탁재산의 조세편의기능

근저당권과 유사한 부동산 담보신탁의 경우, 근저당권자가 근저당권 설정등기 시 등록세와 교육세를 부담하지 않으며, 수탁자가 신탁재산인 부동산의 소유권을 취득하더라도 이에 따른 취득세가 부과되지 않아 수익자가 신탁부동산의 소유권을 취득한 시점으로 이연과세할 수 있다.

✦ 신용위험관리

수익자가 위탁자나 수탁자의 신용위험으로부터 안전하게 됨으로써 수익자가 강력하게 보호된다.

이러한 장점들로 인하여 우리도 모르는 사이 자금관리에 앞서 가족 간 갈등을 사전에 차단하고, 주는 사람의 의중을 반영함과 동시에 받는 사람을 보호하는 신탁은 이미 우리 사회 여러 곳에서 맹활약 중이다.

향후, 유언과 더불어 신탁의 대중화가 진행됨에 따라 우리의 상속·증여 설계에 엄청난 영향력을 미치게 될 것이다.

2021년 신탁관련 통계

I. 금융권역별 신탁 수탁고 현황

단위: 조원, %

구분		'20년말(A)	'21년말(B)	비중(%)	증감(B-A)	증감률(%)
겸영사	은 행	492.6	495.4	42.5	2.8	0.6
	증 권	251.1	310.7	26.6	59.6	23.7
	보 험	17.9	18.2	1.6	0.3	1.7
	소 계	761.6	824.3	70.7	62.7	8.2
부동산신탁회사		277.5	342.4	29.3	64.9	23.4
합계		1,039.1	1,166.7	100.0	127.6	12.3

II. 신탁재산별 수탁고 현황

단위: 조원, %

구분		'20년말(A)	'21년말(B)	비중(%)	증감(B-A)	증감률(%)
금전신탁	재산	16.6	16.2	1.4	△0.4	△2.4
	신탁	492.9	570.0	48.9	77.1	15.7
	(퇴직연금)	(180.6)	(212.7)	18.2	32.1	17.8
	소 계	509.5	586.2	50.2	76.7	15.1
재산신탁	부동산신탁	334.7	402.6	34.5	67.9	20.3
	금전채권신탁	192.0	173.7	14.9	△18.3	△9.5
	유가증권신탁 등	2.6	3.6	0.3	1.0	38.5
	소계	529.3	579.9	49.7	50.6	9.6
종합재산신탁 등		0.3	0.6	0.1	0.3	100.0
합계		1,039.1	1,166.7	100.0	127.6	12.3

* '04.7월 간접투자자산운용업법 시행부터 연금저축신탁상품을 제외한 불특정금전신탁 신규가입 금지
  - 연금저축신탁상품은 '18.1월부터 신규가입 금지단, 기존 가입자는 추가납입 가능

III. 금융권역 및 신탁재산별 수탁고 추이

단위: 조원

구분			'16말	'17말	'18말	'19말	'20말	'21말
신탁업계	금전신탁	불특정	15.5	16.2	16.4	16.6	16.6	16.2
		특 정	352.9	379.5	420.9	467.3	492.9	570.0
		(퇴직연금)	99.3	116.7	135.0	157.1	180.6	212.7
		소 계	368.4	395.7	437.3	483.9	509.5	586.2
	재산신탁	금전채권	156.1	160.0	179.8	194.3	192.0	173.7
		부동산신탁	187.5	215.2	251.2	285.8	334.7	402.6
		(토지신탁)	47.1	56.0	64.9	70.7	77.9	93.8
		(관리신탁)	15.7	15.0	15.8	15.2	16.0	17.1
		(처분신탁)	7.3	6.2	6.6	6.4	6.7	6.3
		(담보신탁)	117.4	138.0	163.9	193.5	234.1	285.4
		유가증권 등	3.4	4.2	5.1	4.4	2.6	3.6
		소 계	347.0	379.4	436.1	484.5	529.3	579.9
	기타	종합재산신탁 등	0.1	0.2	0.1	0.2	0.3	0.6
	총신탁계		715.6	775.2	873.5	968.6	1,039.1	1,166.7
은행	금전신탁	불특정	15.4	16.1	16.3	16.5	16.5	16.1
		특 정	170.2	185.6	221.4	241.5	255.4	278.5
		(퇴직연금)	77.9	90.0	104.8	121.2	139.1	159.6
		소 계	185.6	201.7	237.7	258.0	271.9	294.6
	재산신탁	금전채권	139.4	140.4	156.7	171.5	168.9	143.9
		부동산신탁	29.4	33.7	39.7	50.2	51.1	54.3
		(관리신탁)	3.3	0.7	0.6	0.6	1.0	1.0
		(처분신탁)	0.4	0.2	0.2	0.2	0.2	0.1
		(담보신탁)	25.7	32.8	38.9	49.4	49.9	53.2
		유가증권 등	1.3	1.0	1.0	0.6	0.5	2.4
		소 계	170.1	175.1	197.4	222.3	220.5	200.6
	기타	종합재산신탁 등	0.2	0.1	0.0	0.1	0.2	0.2
	은행신탁계		355.9	376.9	435.1	480.4	492.6	495.4

증권	금전신탁	불특정	0.1	0.1	0.1	0.1	0.1	0.1
		특 정	172.4	179.8	181.7	209.4	223.5	276.6
		(퇴직연금)	17.5	20.9	24.0	29.0	33.8	42.9
		소 계	172.5	179.9	181.8	209.5	223.6	276.7
	재산신탁	금전채권	16.3	18.6	21.8	22.4	22.7	29.6
		부동산신탁	1.0	0.9	1.1	1.5	2.7	2.9
		(관리신탁)	0.8	0.8	1.0	1.5	2.7	2.9
		(처분신탁)	0.2	0.1	0.1	0.0	0.0	0.0
		유가증권 등	1.8	3.0	4.1	3.7	2.0	1.2
		소 계	19.1	22.5	27.0	27.6	27.4	33.7
	기타	종합재산신탁 등	0.0	0.0	0.0	0.1	0.1	0.3
	증권신탁계		191.6	202.4	208.8	237.2	251.1	310.7
보험	금전신탁	불특정	0.0	0.0	0.0	0.0	0.0	0.0
		특 정	10.3	14.1	17.8	16.4	14.0	14.9
		(퇴직연금)	3.9	5.8	6.3	6.9	7.7	10.2
		소 계	10.3	14.1	17.8	16.4	14.0	14.9
	재산신탁		1.9	3.3	5.0	4.0	3.9	3.3
	보험신탁계		12.2	17.4	22.8	20.4	17.9	18.2
부동산신탁사	부동산신탁		155.9	178.5	206.8	230.6	277.5	342.3
	(토지신탁)		47.1	56.0	64.9	70.8	77.9	93.8
	(관리신탁)		10.3	11.5	10.8	9.5	8.9	10.2
	(처분신탁)		6.8	5.8	6.1	6.1	6.5	6.2
	(담보신탁)		91.7	105.2	125.0	144.2	184.2	232.2
	기타		0.0	0.0	0.0	0.0	0.0	0.0
	부동산신탁계		155.9	178.5	206.8	230.6	277.5	342.4

출처 : 금융감독원 2021년 신탁통계자료

이처럼 신탁은 매년 증가하고 있고 그 설계방식 자체도 신탁의 목적에 따라 상당히 다양하고 복잡하게 만들어지고 있다.

다만, 신탁은 대부분 신탁회사를 통해 진행되므로 신탁재산의 형태와 규모에 따라 수수료 등의 비용이 발생한다.

그러므로 나의 니즈에 맞는 신탁의 설계와 부수적으로 발생하는 수수료 및 전체 비용의 규모 등을 종합적으로 판단하기 위해서는 반드시 신탁 관련 전문가와 충분한 상담을 통하여 결정하는 것이 좋다.

06. 유언대용신탁,
유언을 업그레이드하다

유언대용신탁은 위탁자가 신탁재산을 맡기면서 본인을 수익자로 지정하고 그 수익자가 신탁재산에서 발생하는 이익을 수령하도록 할 수 있으며, 제3자를 사후수익자로 두어 위탁자 사망 시 신탁재산을 사후수익자에게 이전 및 승계하는 신탁이다.

쉽게 말해 은행이나 증권사 등의 금융회사와 신탁계약을 체결하고 상속이 개시되면 신탁계약에서 정한 대로 재산을 분배하는 약정을 한다.

최근 금융기관들에서 발표한 자료에 따르면 2022년 현재 전체 신탁 규모가 1천조 원을 상회한다고 한다. 이는 고령화가 가속화되고 자산관리에 대한 관심이 늘어나는 만큼 신탁에 대한 니즈도 커지고 있기 때문이다.

◆ 자산승계신탁의 꽃

실제 유언대용신탁은 자산승계신탁 중 가장 창조적이고 효율적인 재산관리시스템이라고 봐도 무방하다. 생전에는 위탁자 본인이 맡긴 재산에 대한 운용·관리 전반에 대한 지시권이 있으며, 고도로 전문화된 신탁회사에 의한 자산관리 및 자산운용서비스를 받을 수 있다. 본인이 위탁자뿐만 아니라 수익자로 지정하여 이익을 얻을 수도 있으며, 언제든지 신탁재산 및 사후수익자를 변경할 수 있다는 장점이 있다.

유언대용신탁자의 위탁자는 일반적으로 만19세 이상의 국내 거주자인 개인이어야 하고 신탁기간은 최대 30년, 위탁자 나이 100세까지 설정할 수 있으며 신탁가액은 각 신탁회사와의 계약 또는 약관에 정한다.

유언대용신탁의 강점은 위탁자_{주는 사람}의 의사에 따라 다양한 상속·증여설계가 가능하고 신탁을 이용하는 경우 유언장을 작성할 필요 없이 신탁계약 형태로 재산상속이 가능하다.

또한, 증여는 증여 이후 재산에 대한 권리가 사라지지만 신탁을 활용하면 부모가 원하는 방법대로 자녀에게 안정적으로 재산의 승계를 할 수 있고, 승계한 이후에 재산관리도 부모가 원하는 방향으로 관리할 수 있다. 또한 신탁 이후 부모가 사망 시까지 신탁한 재산의 수익을 부모가 가져가고 사망 후에는 상속인이나 그 외 다른 사람에게 분배되도록 만들 수도 있다.

유언은 사망 이후 한 번에 모든 권리가 상속인에게 넘어가지만, 신탁을 활용하여 다양한 특약을 만들면 사후에도 해당 재산에 대한 상속 시점이나 처분 등에 제한을 둘 수 있다. 또한, 사후 유언이 확실히 집행되는 강점이 있기 때문에 상속 분쟁을 방지하는 전략으로도 많이 사용하고 있다.

대표적인 사례로는 마이클 잭슨의 가족신탁이 있다.

유언대용신탁	마이클 잭슨의 가족신탁 개요 (2009년 6월 사망, 가족 구성 자녀 3명, 모친)
	• 수탁자: 생전 본인 • 사후 　전체 유산의 20%를 어린이 자선단체에 우선 기부 　나머지 유산의 50%: 수익자 모친(모 사망 시 자녀 3명에게 1/3 분배 　나머지 유산의 50%: 자녀 3명에게 1/3 균등 분배 수익금 분배조건: 자녀에 대한 신탁수익 및 원본 • 20세까지 공동 수탁자의 결정으로 수익 지급 • 21세 이후 수익금 전부, 단, 공동 수탁자의 동의 시 원금인출 가능 • 30세 생일에 각 배분 비율의 1/3, 35세 생일에 나머지의 1/2, 40세 생일에 잔존 신탁 원본 전액 지급

　이처럼 마이클 잭슨이 생전에 설계한 가족신탁은 본인의 사후에 사랑하는 가족에게 재산을 물려주되 연속수익자를 지정하여 재산분쟁 및 자녀의 무분별한 탕진을 막고 성년 이후 재산분배 계획까지 설정하여 진행할 수 있음을 알려준다. 이는 실제 사례에서도 자녀들의 사업실패로 인한 재산의 감소와 제3자의 개입으로 인한 손실을 사전에 차단하는 설계가 가능하다는 것을 보여준다. 그러므로 복잡하고 어렵다는 생각이 들더라도 충분한 시간을 가지고 나와 나의 가족에게 맞는 방식을 만들어 가는 과정이 매우 중요하다.

　준비된 만큼 사후의 걱정도, 분쟁도 얼마든지 막을 수 있는 유언대용신탁, 지금부터라도 적극 활용하도록하자.

07. 유언장 VS 유언대용신탁

대부분의 자산가들은 물려줄 재산이 많고 상속인들 간의 원만한 협의 분할이 어려운 경우 본인의 재산을 어떻게 물려줄지 늘 고민한다.

만약 필자에게 유언장과 유언대용신탁 중 어떠한 방법이 더 나은지 묻는다면 늘 대답은 결단코 하나이다.

유언장과 유언대용신탁 둘 중 무엇을 선택하든지 무계획 상속보다 백배 천배 더 낫다.

그렇다면 유언장과 유언대용신탁 중 어떤 방식으로 상속재산에 대한 처분을 결정하는 것이 좋을까?

대표적인 유언방식인 공정증서유언과 유언대용신탁을 비교해보자.

구분	유언장	유언대용신탁
형식	자필증서, 공정증서 등	은행 등 금융사와 신탁계약체결
금전 운용	유언자 본인 직접 운용 및 관리	전문적인 신탁회사가 운용 및 관리
상속인 사망 시	유언장 분실 시 대응 불가	사후수익자의 청구에 의해 원하는 기간 이내 신탁재산 이전
상속재산분배의 확실성	유언자의 의사만으로 철회 및 변경이 가능하여 낮음	위탁자의 의사만으로 철회 및 변경이 불가하고 신탁계약에서 정한 방법으로만 가능하기 때문에 높음

2차 상속 대비	상속인의 상속은 해당 상속인의 일신전속적권리이므로 불가	연속 수익자 지정 가능
증인	유언형식에 따라 2명 필요	불필요
미성년 상속인 발생 시	배우자 등의 후견인 개입	조건부 신탁 가능
금융재산처분	상속인 전원 합의서 요구	신탁회사가 사후 수익자 계좌로 신탁재산 이전 및 집행
비용	재산가액의 0.15% Max 300만 원	기본보수, 개별보수, 변경보수 등의 수수료 비용 발생
재산 집행자	유언집행자	신탁회사
상속재산분배의 신속성	분할과정에서 많은 시간이 소요됨	수탁자에게 소유권이 이전되어 있어 수탁자가 신속하게 배분
법적효력	유류분이 우선	유류분이 우선
재산 관련 제한사항	없음	전/답/과수원 등의 농지 불가 가압류 및 가등기 부동산 제한 재개발 및 주택임대가업자로 등록된 아파트 제한

　이처럼 유언대용신탁은 여러 가지의 장점이 있지만 고액의 수수료와 아직 대중화되지 않은 인식으로 인해 일반적으로 유언대용신탁보다 유언장을 작성하는 방식을 선호하는 편이다.

　그러나 어떠한 방식으로 유언을 하더라도 상속인 간의 유류분 등의 분쟁 소지는 항상 있을 수 있음을 명심해야 한다. 또한, 상속은 혼인이나, 이혼 등과 같은 중요한 법률행위인 만큼, 다른 법률행위나 법률적 지위에 영향을 미칠 수도 있다. 자녀의 개인회생 및 파산, 이혼조서를 작성하고 있는 상황이라면 해당 사안에 상속재산이 반영될 수 있는지 미리 확인해야 한다.

　그러므로 피상속인은 상속계획을 수립할 때 법률전문가와 함께 유언장과 유언대용신탁을 비교하고 본인에게 맞는 최선의 방식을 선택하도록 하자.

08. 화목했던 가족 간의 유류분청구소송, 그리고 가족의 해체

◆ 내 재산인데 내가 주고 싶은 대로 못 주나요?

"내 재산이니까 당연히 내가 주고 싶은 대로 주는 것이 뭐가 문제냐?"라고 묻는 분들의 심정은 이해 못 하는 것이 아니다. 그러나 법은 유류분이라 하여 유언자에 의해 특정 상속인이 상속재산분배에서 완전히 배제되더라도 최소한의 자기 몫을 받을 수 있도록 보장하고 있다.

쉽게 말해 누가 상속인이 될 것인지, 각각의 상속분은 얼마인지에 대해서는 이미 법으로 정해져 있고 피상속인 마음대로 바꿀 수 없다는 뜻이다. 만약 피상속인이 생전에 유언을 통해 상속인 중 누군가에게만 재산을 단독상속하겠다고 하거나 상속인이 아닌 제3자에게 전 재산을 유증함으로써 다른 상속인들의 권리를 침해하는 경우 민법에서는 상속인들이 최소한의 상속분을 법으로 보호받게 한다.

피상속인의 사후에 소유하던 재산처분의 자유를 제한한다는 것이 매우 이례적인 제도라 할 수 있는데 내가 죽은 뒤의 내 재산은 내 것이 아니라 상속인들의 것이고 유언이 없다면 우리나라의 법은 상속인들에게 균등하게 분배하는 것을 원칙으로 하기 때문이다. 아무리 내가 평생을 바쳐 쌓아온 나의 재산일지라도 내가 죽은 뒤 상속인들 사이에 어떻게 분배될지는 내가 처분할 자유가 상당히 제한되어 있음을 알 수 있다.

✦ 출가외인인 딸에게는
상속포기 각서를 미리 받아두었어요

요즘 들어 '딸바보' 부모들이 늘어나고 남녀의 역할에 대한 인식이 변하고 있지만, 우리나라의 정서상 고령의 부모님 세대에서는 여전히 '아들 우선주의'가 지배적이다. 이때 많이 접하게 되는 오해 중 하나는 '상속포기 각서를 받아두었기 때문에 괜찮다'라는 것인데 이것은 매우 잘못된 상식이다.

실제 아들에 비해 딸들은 미리 상속포기 각서를 작성하고 상속재산 분할과정에서 배제되거나 유류분보다 적은 재산을 상속받는 경우가 많다. 그러나 유류분은 상속개시로 발생하기 때문에 사전 포기나 청구는 인정되지 않으며 상속개시 이후의 포기나 청구가 인정된다.

따라서 피상속인이 사망하기 전에 상속포기 각서를 작성했다면 이 각서는 그저 의미 없는 문서에 불과하므로 이러한 사실을 모르고 피해를 보는 일이 없도록 주의하여야 한다.

만약 상속인이 유류분보다 적은 재산을 상속받은 경우 부족한 금액을 청구할 수 있다. 이를 유류분반환 청구라 하는데 만약 상속 개시 전 1년 이내에 증여를 했다면, 증여한 부분도 상속재산에 포함하여 유류분 산정을 한다.

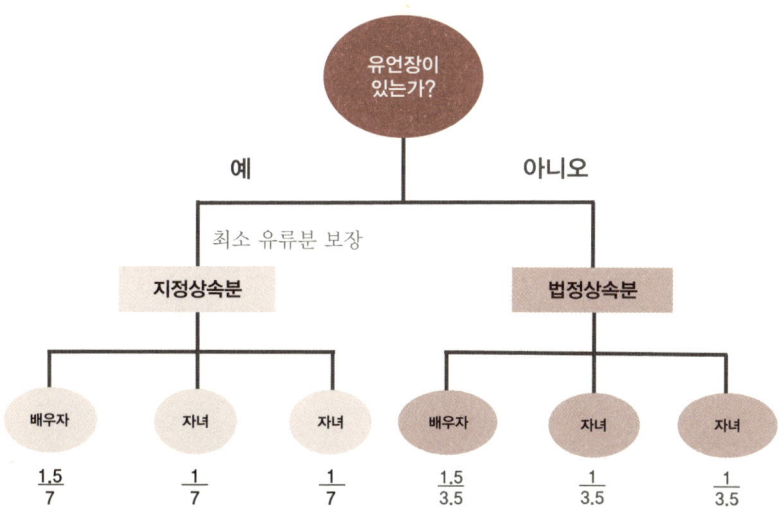

- 배우자 및 직계비속의 유류분 : 법정상속분 x 1/2
- 직계존속 및 형제자매의 유류분 : 법정상속분 x 1/3

    청구 대상은 유류분 이상을 상속 혹은 증여받은 사람이 되며, 그 대상이 여러 명일 경우 각자가 상속받은 재산액에 비례하여 청구할 수 있다.
    여기서 유의해야 할 점은 유류분 반환청구 소멸시효기간은 증여 또는 유증 사실을 안 날로부터 1년 이내이다. 민법 제1117조 이 기간에 유류분 권리자가 반환청구를 하지 않으면 청구권이 소멸되어 더 이상 유류분청구를 할 수 없다. 그리고 상속이 개시된 시점으로부터 10년이 경과되면 증여 또는 유증 사실을 안 시점과 상관없이 유류분반환 청구권은 사라지게 된다.
    그렇다면 상속개시 전 10년 동안에 받은 증여재산만 유류분 대상이 되는 것일까? 아니다. 10년 이내 증여재산이 상속재산에 합산되어 과세되는 것을 말하는 것이지 1977년에 유류분제도가 도입된 이후 증여된 재산은 기간 제한이 없다.

그럼 상속의 개시와 반환하여야 할 증여 또는 유증을 한 사실을 알았을 때가 정확히 언제일까?

✦ 증여 또는 유증 사실을 안 날로부터 1년?

법원의 판례를 보면 상속이 개시되어 자신이 상속인이 되었다는 사실과 증여, 유증의 사실을 알 뿐만 아니라 그것이 유류분을 침해하여 반환청구를 할 수 있게 됨을 안 때를 의미한다고 한다. 대법원 93다52563 판결

그럼 언제든지 내가 안 날로부터 1년의 적용이 가능할까?
답은 NO!
보통 이 시기를 산정하는 부분에서 논란의 소지도 많고 이로 인해 인정이 안 되는 경우도 많다. 그렇기 때문에 최대한 피상속인의 사망일로부터 1년 이내에 청구하는 것이 좋다.

이때 시간을 벌기 위해서는 유류분을 돌려달라는 의사표시를 미리 하는 것이 좋은데 꼭 소장만 효력이 있는 것이 아니라 문자나 내용증명, SNS 또는 구두로 주장해도 청구소멸시효 중단효력이 발생한다.
다만, 반드시 의사 표현을 한 증거자료가 있어야 하며 의사를 표현했음에도 불구하고 상대방이 반환하지 않는다면 6개월 이내에 재판을 청구해야 중단효력이 유지된다.

✦ 상속이 개시된 시점으로부터 10년?

유류분청구 시 피상속인의 모든 재산 현황을 파악하는데 이때 누락된 재산이 나중에 확인될 수 있다.

이런 경우 상속이 개시된 후 10년이 지나지 않았다면 새롭게 찾은 재산에 대해 다시 1년의 소멸시효가 발생한다.

◆ 무조건 유류분을 다 줘야 할까?

유류분청구소송은 상속인 간 즉 가족 간에 청구하는 소송이다. 상속인마다 피상속인의 생전 시 기여도가 다른 경우가 많은데 이는 유류분청구 소송 시 많은 쟁점이 되는 부분이다.

몇 년 전 아이돌 가수 故 구○○ 씨 사건과 천안함 사건, 어느 소방관의 극단적인 선택 이후 생사도 몰랐던 가족이 나타나 자기 몫을 주장한다는 소식이 한동안 세간의 화제가 되었다. 개인적으로는 부양의무를 지지 않은 상속인의 상속권을 폐지하는 것이 맞다고 생각하지만 아직 법제화되지 않아 이와 같은 지속적인 분쟁이 발생하고 있다.

안타깝게도 故 구○○ 씨의 유가족은 기여분 20%를 인정받아 상속분을 주장하던 모친과 5:5가 아닌 6:4의 비율로 상속재산을 분할하게 되었다.

故 구○○법 개정 추진 내용

제1004조 상속인의 결격사유

다음 각호의 어느 하나에 해당한 자는 상속인이 되지 못한다.

고의로 직계존속, 피상속인, 그 배우자 또는 상속의 선순위나 동순위에 있는 자를 살해하거나 살해하려 한 자

고의로 직계존속, 피상속인과 그 배우자에게 상해를 가하여 사망에 이르게 한 자

사기 또는 강박으로 피상속인의 상속에 관한 유언 또는 유언의 철회를 방해한 자

> 사기 또는 강박으로 피상속인의 상속에 관한 유언을 하게 한 자
> 피상속인의 상속에 관한 유언서를 위조, 변조, 파기 또는 은닉한 자
>
> **(개정내용)**
> **피상속인의 직계존속으로서 피상속인에 대한 부양의무를 현저히 게을리한 사람**

위 사례를 보았듯 그나마 다행인 것은 "법적으로 유류분보다 기여분이 우선된다"라는 점이다.

기여분은 상속재산분할 전 선공제되기 때문에 기여분이 인정될 경우 그만큼 유류분의 규모가 감소할 수밖에 없다. 다만 기여분으로 인정을 받기 위해서는 여러 가지 사항을 고려하여 판단하여야 한다.

> 배우자의 가사노동은 배우자 서로 간 부양의무가 있는 것으로 보기 때문에 특별기여로 볼 수 없으며 특별기여는 대표적으로 본래의 상속분만큼 분할하는 것이 기여자에게 불공평한 것으로 확실히 인식되는 경우여야 한다.
> 예를 들어 기여자가 피상속인의 사업을 장기간 무상으로 도와 그 노력과 희생으로 재산을 형성 또는 증식시킨 것이 입증되는 경우 특별기여로 인정된다.

현행 법제도는 유류분반환청구 소송은 민사소송으로, 기여분결정 심판 청구는 가사소송으로 분류되어 가정법원에서 진행한다. 두 개의 재판이 각각의 다른 관할법원이기 때문에 유류분 반환청구 소송에서 기여

분 공제 항변을 할 수 없다는 점을 유의해야 한다.

유류분청구 소송이 발생하는 것은 여러 가지 이유가 있는데 대표적으로 유언이 없는 경우와 유언이 있다 하더라도 불균등한 유언이나 사전증여가 유류분을 침해하는 경우이다.

법은 유류분청구 대상이 공동상속인과 그 외 제3자에 대해 다른 규정을 적용하고 있는데 공동상속인이 아닌 제3자가 증여받은 재산은 사망일로부터 1년 이내의 기간에 증여한 것에 한정된다.

> 공동상속인이 아닌 제3자에 대한 증여는 원칙적으로 상속개시 전의 1년간에 행한 것에 한하여 유류분반환청구를 할 수 있고, 다만 당사자 쌍방이 증여 당시에 유류분권리자에 손해를 가할 것을 알고 증여를 한 때에는 상속개시 1년 전에 한 것에 대하여도 유류분반환청구가 허용된다 (민법 제1114조).

여기서 말하는 제3자는 혈연관계가 없는 완전한 타인뿐만 아니라 법인이나 단체 그리고 친족관계일지라도 공동상속인이 아닌 손주와 사위·며느리를 말한다.

이에 반해 상속인이 증여받은 재산의 경우 위에서 언급했듯이 기간에 대한 제한이 없고, 증여받았을 때 이로 인해 유류분 침해가 발생하는 것에 대해 인식했는지 여부도 필요 없다.

이렇듯 공동상속인의 유류분반환청구 소송이 실제로 진행될 경우 아주 오래전 증여하고 매매가 이루어져 그 가치가 소멸되었다 하더라도 유류분청구대상이 될 수 있다.

그러므로 생전에 피상속인은 불균등한 증여가 있었는지 미리 파악하고 유언을 통해 법에서 정한 최소한의 유류분을 침해하지 않는 재산 분배 계획을 세워 남은 가족 간의 분쟁을 최소화해야 한다.

✦ 증여재산의 가치가 변동되면 유류분에 포함되나?

앞에서 언급했듯 생전에 아주 오래전 증여하고 매매가 이루어져 그 가치가 소멸되었다 하더라도 상속이 개시되면 이 또한 유류분청구대상이 될 수 있다.

증여받을 당시에는 재산의 가치가 크지 않아 문제없던 부동산이 재개발 등의 호재로 인해 크게 가격상승이 오는 경우 이로 인한 분쟁이 실제로도 많이 발생한다.

경제 상황이나 정부의 개발계획으로 인한 시가의 변동이 클 수밖에 없는 부동산은 상속의 개시 시점에 크게 달라질 수 있기 때문이다.

> 재개발로 인한 토지보상 등의 여러 가지 원인으로 가격이 크게 상승했다면 증여받았을 당시의 가치와는 무관하게 상속이 개시되었을 때의 가치로 산출하여 유류분 계산에 반영된다. (대법원 2015.11.12. 선고 2010다104768 판결)
>
> 만약 토지 보상금을 받았을 경우에도 유류분에 포함이 되며 상속인 사망 당시까지의 물가상승률을 가산한다.
>
> (헌법재판소 2010.04.29. 선고 2007헌바144)

쉽게 말해 생전에 증여한 재산은 사망 당시의 가치로 유류분에 포함되어 재계산이 된다.

사실 이러한 모든 과정을 거치게 된다는 것은 이미 가족이란 울타리가 무너졌음을 의미한다.

물론 피상속인은 이러한 상황이 올 것이라 미리 예견하지 못했을 수도 있지만 지금도 많은 예비 상속인들이 상속재산에 대한 기대심리와 불균등 증여로 인한 서운함으로 미리부터 전문가의 조언을 구하고 있다는 것은 공평한 재산의 분배를 받을 수 없을 것이란 생각이 들었기 때문일 것이다.

그러므로 재산 분할 협의 과정에서 한번 돌아선 가족의 마음과 그 관계는 어떠한 방식으로도 회복될 수 없음을 인지하고, 가족 간의 분쟁을 막기위해 미리 대비해야 한다.

유류분 분쟁으로 인한 가족의 해체, 결국 '주는 사람'만이 막을 수 있다.

09. 유언대용신탁 재산을 유류분 대상으로 인정하지 않은 첫 1심 판례의 등장과 아쉬움

최근에 나온 유언대용신탁과 유류분의 관계에 관한 1심 판결이 세간의 이목을 끌었다.

유언대용신탁을 통해 신탁재산의 소유권이 수탁자인 신탁회사로 이전되면 이는 무상 이전의 성격을 띠므로 사전증여의 성격을 가지게 된다.

"수탁자인 신탁회사는 증여받은 제3자가 되고 이때 유류분이 침해된다는 사실을 알 수 없었다고 본 1심 법원은 신탁회사로 이전된 신탁재산은 유류분의 대상이 되지 않는다"라고 판단했다. 수원지방법원 성남지원 2020. 1. 10. 선고 2017가합408489

물론 2심의 판결에서는 원고가 패소하였고 원고가 대법원 상고를 하지 않음으로써 해당 사건은 종결되었지만, 그동안 맹목적으로 유류분을 인정하던 취지를 벗어난 최초의 판결로 상황에 따라 향후 유류분에 대한 모든 기준과 관점이 바뀔 수도 있는 역사적 사건이었다.

유류분의 폐지를 주장하는 일부 학계나 신탁 전문가들에게는 상당히 아쉽게 되었지만, 신탁재산을 유류분 대상에서 제외한다는 첫 판례가 나온 만큼, 앞으로 유류분제도 개선에 대해 우리 모두가 나아가야 할 첫 발걸음이라 생각해 볼 만하다.

이처럼 앞으로도 유언대용신탁을 통한 재산 이전이든 유언 또는 사전증여를 통한 재산의 이전이든 지금까지와 같이 유류분청구소송 자체를 막을 수는 없겠지만 유언하는 사람의 니즈와 취지에 부합하는 방식으로 적극 활용될 가능성은 더 커졌다고 판단된다.

   변화는 작은 것부터 시작하여 걷잡을 수 없이 번지기 때문이다.

10. 상속세 납부계획과 재원은 미리 준비하라!

> 일반적으로 상속재산이 배우자(돌아가신 분의 배우자)가 있는 경우에는 10억 원, 배우자가 없는 경우에는 5억 원 이하이면 상속세는 크게 걱정하지 않아도 된다. (출처: 국세청 세금절약가이드 中)

오랜 세월 동안 상속이나 증여라 하면 부자들만의 일로 여겨져 왔고, 지금도 그렇게 바라보는 시각이 절대적으로 많다. 이는 많은 사람이 상속·증여설계의 주된 목적이 절세에 있다고 생각하기 때문이다.

그러나 부동산 가격 폭등으로 사정이 달라지기 시작했다.

최근 부동산 가격 등 자산가격의 상승으로 별다른 재산이 없다 하더라도 아파트 한 채만 남기는 중산층도 상속세 과세 대상에 포함될 가능성이 커졌기 때문이다.

상속재산이 10억 이하이면 세금이 없다

맞는 말이다. 배우자공제 5억과 일괄공제 5억을 합쳐 총 10억을 기본공제를 해주기 때문에 실세로 발생하는 상속세는 없다.

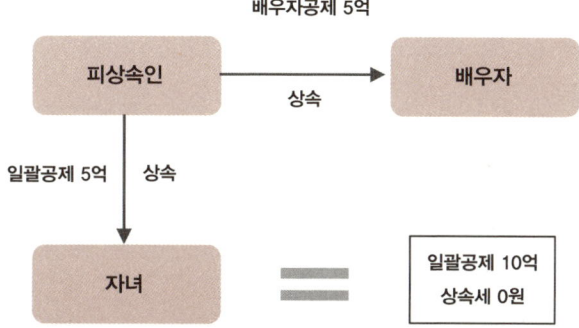

(가정) 성인자녀 1명 / 금융재산,장례비, 공과금, 채무 등 과세 가액 공제 미반영 / 신고세액 3% 반영
위 계산은 현행 세법을 근거로 작성되어 신뢰할 수 있는 내용이나 향후 세법 개정이 있는 경우 변동될 수 있음.

이렇듯 10억 이하 재산이면 그리 걱정하지 않아도 될 것같이 보이지만 실제 상담을 하다 보면 배우자의 사별, 이혼 등의 이유로 배우자공제를 받지 못하거나 자녀가 없는 등의 이유로 생각지 못했던 상속세부담이 발생하는 경우가 많다.

✦ 우리 같은 서민들도 상속세를 낼 줄은 꿈에도 몰랐어요

만약 부모님 중 한 분이 먼저 돌아가시고 남은 부모님이 서울에 10억 상당의 아파트 한 채를 보유하고 있는 경우 실제로 상속인의 구성에 따라 상속세가 어떻게 달라지는지 살펴보자.

배우자와 자녀가 있는 경우에는 상속세는 없었지만 위 사례와 같이 배우자가 없는 경우 일괄공제 5억만 적용되어 8730만 원의 상속세가 발생한다.

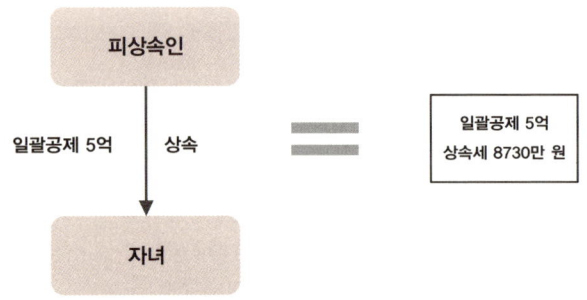

[상속재산 10억, 자녀만 있는 경우]
(10년 이내 사전 증여재산이 없다는 가정)

(가정) 성인자녀 1명 / 금융재산,장례비, 공과금, 채무 등 과세 가액 공제 미반영 / 신고세액 3% 반영
위 계산은 현행 세법을 근거로 작성되어 신뢰할 수 있는 내용이나 향후 세법 개정이 있는 경우 변동될 수 있음.

이렇게 발생한 상속세는 상속 개시일이 속한 달의 말일로부터 6개월 이내에 납부하는 것이 원칙이다.

그러나 우리나라 자산가들뿐만 아니라 일반적인 국민들의 자산구성이 대부분 부동산에 집중되어 있는 만큼 기한 내에 상속세를 납부하기 어려울 수 있다.

그러므로 배우자나 자녀가 없는 경우, 상속재산이 10억을 초과하지 않아도 상속세 납부대상에 포함되는지 검토해야 한다.

✦ 상속세 납세 대책을 친절히 알려주는 척 시늉만 하는 불친절한 세청 씨

2021 세금절약가이드를 보면 국세청이 친절하게 상속세 납부방법을 안내하고 있는 것 같지만 실상은 그렇지 않다.

26 상속세는 장기 세금계획을 세워 미리미리 대비하자.

5) 납세자금대책

상속세는 과세미달자가 대부분이지만 과세되는 경우 수억 원, 수십억 원 등 고액 납세자가 많이 발생한다.
따라서 납세자금 대책을 마련해 놓지 않으면 상속재산을 처분해야 하거나 공매를 당하는 상황이 발생할 수도 있다.
자녀 명의로 보장성보험을 들어 놓는다든지, 사전증여 등으로 세금을 납부할 수 있는 능력을 키워 놓는다든지 아니면 연부연납 또는 물납을 하도록 할 것인지 등 납세자금대책이 검토되어야 한다.
이와 같이 상속세 세금계획은 검토해야 할 사항도 많고 절세 효과를 따져보는 것도 매우 복잡하다.
따라서 상속세 세금계획을 세우고 이를 시행할 때는 전문가의 도움을 받는 것이 좋다.
또한 상속세 세금계획은 단시일 내에 시행할 수 있는 것만으로는 효과가 크지 않으며, 10년 이상의 장기간에 걸쳐 시행해야 효과가 크므로 하루라도 빨리 계획을 수립하여 시행하는 것이 좋다.

자세히 살펴보면 3가지의 납세자금 대책 마련을 제시하는데 자녀 명의의 보장성보험을 활용하라고 알려주거나 사전증여를 하든지 연부연납이나 물납 등의 방법을 검토해야 한다고 안내하고 있다.

솔직히 '사전증여를 하거나 상속세를 미리 준비해야 한다'라는 원론적인 방법들은 누구나 아는 내용이므로 국세청의 납세대책안내라 하기에는 다소 설득력이 떨어진다. 오히려 재원 마련은 알아서 하고 세금은 반드시 납부하라는 말로 느껴지는 건 왜일까?

정말 어이없지만 그게 국세청의 원론적인 입장이다.

그런데 여기서 우리가 주목해야 할 부분이 있다. 보험회사도 아닌 국세청에서 왜 자녀명의의 보장성보험을 활용하라고 권하는 걸까?

우리나라의 상속세는 10%~50%의 높은 세율로 부과된다. 미리 계획하고 준비하지 않으면 상속세를 납부할 자금을 현금으로 마련하는 것은 실질적으로 불가능에 가깝다. 또한 상속 개시 시 부동산이나 주식 등 재산을 처분하여 납세 재원을 마련하는 경우, 상속세가 늘어나거나 급매로 처분하여 불필요한 손해가 발생할 수 있다.

그러므로 현금이 아닌 부동산 위주의 상속재산이 대부분이라면 별도의 유동성 확보를 위해 보장성보험에 가입하여 상속세 부담을 줄이는 방법을 활용하라고 안내하는 것이다.

상속세는 원칙적으로 현금으로 일시에 납부해야 하나 현금이 부족한 경우에는 다음과 같은 방법으로 상속세를 낼 수 있다.

상속세 납부재원 미준비시 상속세 납부방법

자산매각
- 상속재산을 매각하여 납부
- 부동산은 급매 시 시가에 미달
- 비상장주식은 매각이 어려움
- 매각 가액으로 다시 상속세를 계산하여 추징할 위험 있음.

분납
- 납부할 금액이 1천만 원을 초과 하는 경우 현금을 2회에 나누어 내는 방법
- 1회는 신고 때 나머지 1회는 신고기한 경과 후 2개월 내에 납부

물납
- 부동산은 물납 시 대부분 기준 시가로 인정받아 납세자에게 상당한 손해
- 비상장주식의 특별한 경우를 제외하고 원칙적으로 물납을 허가 하지 않음

대출
- 매각과 물납이 여의치 않은 경우 부동산 등을 담보로 대출
- 이자비용을 부담
- 비상장주식은 담보로 받아 주지 않는 경우가 많음
- 담보 부동산은 감정가액으로 재평가하여 상속세 추징 위험

사전준비 방법

종신보험활용
- 종신보험을 활용 시 상속이 언제 개시되든 바로 현금 유입
- 절차가 간편하고 평가의 문제가 발생하지 않음
- 상속포기를 하더라도 수령
- 국세청에서도 권장하는 방식

연부 연납
- 납부할 금액이 2천만 원을 초과하는 경우 연단위로 나눠서 납부(최대 10년)
- 첫 1회는 11분의 1을 상속세 신고 기한 내 납부하고 나머지 10회는 연간 1회로 납부(연 1.2% 가산)
- 다만 각 회분의 분할 납부 세액이 1천만 원을 초과하도록 기간을 설정하고 금액이 적은 경우 그 횟수가 축소될 수 있음

이처럼 상속세 납부 재원 준비가 미흡한 경우 여러 가지 불이익이 발생할 수 있으므로 상속세를 납부할 수 있는 상속세 재원을 사전에 계획하고 준비해두어야 한다.

◆ 보장성보험, 부정적인 인식을 바꾸면 절세가 보인다

상속 개시와 상속세, 그리고 사망보험금은 연결되어 있다. 언제든지 개시되면 발생되고 반드시 지급된다.

우리나라는 보험상품 중 보장성보험에 대한 인식이 매우 낮다.

특히 보장성보험은 암보험이나, 의료실비보험 하나 정도 있으면 된다는 인식이 매우 강한 편인데, 이는 보험에 대한 편견이 얼마나 우리 사회에 뿌리 깊게 자리 잡고 있는지를 알 수 있게 해준다.

그러나 국세청 세금절약가이드에서 말하는 보장성보험은 이런 의료비나 진단금이 나오는 보험을 얘기하는 것이 아니다. 의료보장을 목적으로 하는 건강보험과 사망 보장을 목적으로 하는 보장성보험은 별개로 보는 것이 정확하다.

이유는 아주 간단하다.

건강보험은 진단비나 수술, 입원비는 병원비 등의 치료비를 보장하고 잉여자금으로는 치료하는 동안의 생활비로 사용하는 것이 주 목적이다. 그러나 사망보험금은 피상속인의 남겨진 유족들이 주택담보대출금의 상환이라던지, 어린 자녀의 교육비, 그리고 배우자의 노후자금 등으로 활용하고자 하는 목적이 있으며 여기에 더해 상속세까지 준비할 수 있는 상품이기 때문이다.

그러나 거액의 상속세 결정 통지서를 받은 대부분의 상속인들조차 본인의 상속세 재원을 보장성보험으로 미리 준비해 두는 것에 대해서는 매우 부정적이다.

결국 '주는 사람'피상속인**에게 상속받는 '받는 사람'**상속인**조차 부모 세대와 같은 실수를 반복하게 된다.**

자동차와 부동산에 대해서는 만일의 상황을 대비하기 위한 보험은 가입하면서, 왜 본인의 가족과 재산을 보호하는 보장성보험을 가입하는 것에 대해서는 이리도 인색할까?

내가 가입하는 사망보험금은 남이 아닌 가족에게 지급되는 것이고 또 다른 재산의 이전방식임을 알아야 한다. 실제로 자산가들이 활용하는 유언대용신탁과 종신보험은 상호 보완제의 성격으로 우리의 부정적인 생각보다 엄청난 시너지 효과를 발휘한다.

구분	유언대용신탁	종신보험
신탁재산의 종류	금전, 유가증권, 부동산, 채권 등	보험료
사망 시	사망 시점의 신탁재산과 이익을 수익자에게 지급	사망보험금 지급
계약목적	위탁자의 니즈에 따른 효율적인 재산의 이전 및 보호	사망보험금을 활용한 상속인들이 생계비 및 상속세 재원 마련목적
공통점	신탁재산은 강제집행, 보전처분, 체납처분 제외	사망보험금은 수익자 고유 재산으로 압류 금지 및 상속포기 시에도 수령 가능

그러므로 유언장을 작성하거나 유언대용신탁을 설계하되 재산 대부분이 부동산으로 구성되어 있다면 상속세 또는 그 이전비용 등의 세금은 종신보험을 활용하여 충당토록 하는 방법이 매우 훌륭한 절세전략이라는 것을 그들은 수많은 경험을 통해 알고 있다.

절세는 세법을 공부한다 해서 되는 것이 아니다.

수많은 자산가들의 경험에서 나온 절세전략을 벤치마킹하자.

Chapter 2.
상속을 이해하면 절세가 보인다

인생은 곱셈과 같다.
찬스가 오더라도
내가 제로이면 아무런 의미가 없다.
—나카무라 미츠루—

01. 상속의 개시, 전쟁의 시작

> 상속 개시는 어떤 사람이 사망 또는 실종선고로 인해 그가 생전에 가졌던 모든 재산이 만들어 낸 법률적 권리와 의무(채권이나 채무 등)를 일정한 친족 관계가 있는 사람에게 승계되는 과정이 시작되는 것이다.

어느 날 갑자기 사랑하는 가족을 떠내 보내야 한다는 것… 감히 상상할 수 없을 정도로 슬프고 괴로운 일이 아닐까 생각한다. 사랑하는 아버지, 어머니 그리고 평생을 함께한 배우자와 눈에 넣어도 아프지 않을 것만 같던 나의 자녀, 어린 시절부터 같이 성장하고 의지하던 형제 · 자매와의 이별은 우리 모두 피할 수 없는 현실이다.

우리나라 법에서 정하는 상속개시 시점은 사람의 심장과 호흡, 혈액순환이 완전히 멈추는 시점이다. 상속은 피상속인의 주소지에서 개시되는데 만약 피상속인이 자신의 주소지 이외의 장소(병원이나 기타 지역)에서 사망하더라도 그 주소지에서 상속이 개시된다. 실종으로 인해 생사가 불분명할 때에는 실종선고 기간이 만료되었을 때 상속이 개시된다.

이처럼 우리의 인생이란 저마다의 시작과 끝이 있기 때문에, 언젠가는 이별을 맞이하는 것이 당연하지만 갑자기 그 순간이 오면 남은 가족들이 해야 할 일들은 생각보다 많고 매우 복잡하다.

상속이 개시되면 6개월의 신고 · 납부기간 이후 상황에 따라 몇 년동안 이어지는 국세청과의 기가 막힌 전쟁이 시작된다.

◆ 자택에서 유고가 발생하는 경우 우선 경찰 신고접수부터

만약 자택에서 유고가 발생하는 경우 대부분 119를 부르게 되는데 사망이 확인되는 경우 응급환자로 분류되지 않아 이송하지 않으므로 경찰에 먼저 신고하고 현장 확인 이후 장례 차량 등을 이용해 병원으로 이송해야 한다.

병원 외에서 유고가 발생하는 경우 응급실에 경유하여 사망진단서와 같은 효력을 지닌 시체 검안서를 발급받게 된다. 이때 고인의 기본정보 성명, 주민등록번호, 성별, 집 주소, 사망의 종류, 발급날짜 등을 반드시 확인하고 기재해야 한다. 단 하나라도 틀리면 효력을 상실하게 되니 몇 번이고 반복하여 확인해야 한다.

보통 사망의 종류에는 병원 내 유고 시 병사로 체크되고 병원 외 유고 시 기타 및 불상으로 표시된다. 만약 외인사로 판명되는 경우 경찰서에 소환되어 추가적인 조사를 받게 될 수도 있다.

◆ 사망신고는 반드시 해야 한다

사망신고는 사망일로부터 1개월 이내에 가까운 구청이나 주민센터에서 신고해야 하며 사망진단서와 가족관계증명서, 신고인의 신분증을 준비하면 된다.

이때 사망진단서는 사망신고뿐만 아니라 금융권, 보험정리, 상속 관련 등의 행정업무를 처리하는 데 있어 제출해야 하는 곳이 많기 때문에 10부 이상 발급할 것을 권장한다.

◆ 원스톱 서비스 신청 전
필요한 금전은 먼저 인출하라

일반적으로 사망신고와 동시에 시·군·구청에서 상속세 원스톱 서비스도 신청하는데 이때 피상속인이 보유하고 있는 금융재산의 인출이 일정 기간 제한된다. 그러므로 꼭 필요한 자금을 먼저 인출하고 사망신고와 원스톱 서비스를 신청하는 것이 좋다.

실제, 장례비용 및 고인의 공과금 납부뿐만 아니라 임대료, 직원 급여 등 사업체 관련 자금 등이 필요한 경우가 많고 남은 유족의 생활비도 필요하기 때문이다.

단, 필요한 금액을 인출해 두었다면 반드시 사용근거를 확보해야 한다.

02. 상속인이란?

'피상속인'이란 사망 또는 실종선고로 인하여 상속재산을 물려주는 사람을 말하며, '상속인'이란 피상속인의 사망 또는 실종선고로 상속재산을 물려받는 사람을 말한다.

상속은 1순위로 피상속인의 직계비속과 그 배우자, 2순위로 피상속인의 직계존속과 그 배우자, 3순위로 형제자매, 4순위로 피상속인의 4촌 이내 방계혈족의 순서로 상속받게 된다. 상속인은 반드시 사람이어야 하며, 법인의 경우 유증만 받을 수 있다.

만약 고인이 살아있을 때 유언으로 상속인을 지정한 경우에는 유언상속이 최우선이며, 유언이 없는 경우에는 아래와 같이 민법에서 정한 상속 순위에 따른다.

상속순위	관계	상속인 해당 및 상속재산 분배율
1순위	직계비속, 배우자	배우자 1.5, 자녀 1
2순위	직계존속, 배우자	자녀가 없는 경우 배우자 1.5 고인의 부 1, 모 1
3순위	배우자	직계존비속이 없는 경우 배우자가 단독상속
4순위	형제자매	1, 2, 3순위가 없는 경우 상속인이 된다.

| 5순위 | 4촌 이내 방계혈족 | 1, 2, 3, 4순위가 없는 경우 상속인이 된다. |

출처: 국세청 세금절약가이드

Tip. 민법상 태아, 양자, 성은 다르지만, 어머니가 동일한 형제, 이혼 중인 배우자, 혼외자, 양부모, 양자를 보낸 친부모, 외국 국적의 상속인도 상속인이다. 북한에 있는 상속인도 상속인이 될 수 있다.

 다만, 고의로 피상속인이나 그 배우자 또는 직계존속, 그리고 상속순위에 있어 같은 순위나 우선순위에 있는 사람을 살해하거나 살해미수, 그리고 사기 또는 협박 등으로 피상속인의 유언 또는 유언 변경 및 철회를 방해하거나 사기, 위조, 변조, 파기 또는 은닉한 사람은 상속인이 될 수 없다.

 만약, 상속인에 해당한다면, 상속의 개시 이후 과연 내가 상속을 받을 것인가 아니면 부채가 많아 상속포기 또는 한정승인을 해야 할지에 대한 검토를 진행하여야 하며, 재산분할에 대한 협의를 진행하여야 한다.

03. 복잡한 상속세 신고, 어떻게 하면 될까?

> 이 세상에서 가장 확실한 것은 죽음과 세금이다.
>
> -벤자민 프랭클린-

사랑하는 가족을 영원히 떠나보내는 슬픔과 눈물이 가시기도 전에 남겨진 상속인들은 상속세 납부라는 세금과의 전쟁을 치르게 된다. 그것도 상속 개시일이 속한 달의 말일로부터 6개월 이내에 말이다. 기초적인 지식도 없이 갑자기 상속이 개시되면 6개월의 시간이 그리 길게만 느껴지지 않는다는 걸 알게 된다.

상속세의 경우 사망한 사람의 재산 전체에 대해 세금을 계산한 후 상속인들이 상속지분 비율대로 상속세를 나누어 내거나 연대납세의무를 갖게 된다.

상속인 대부분은 여러 관계기관을 직접 방문하여 서류를 발급받고, 재산분할 협의와 등기까지 완료하고 납부할 상속세에 대해 각종 공제를 적용하는 데 있어 큰 어려움을 겪게 된다. 전문적인 지식이 없는 상태로 과소 신고하거나 사전증여 등 신고 재산이 누락되어 국세청으로부터 추가적인 상속세와 가산세를 부과를 받는 경우도 흔하다.

상속 신고는 상속 개시일이 속한 달 말일부터 6개월 이내에 피상속인의 주소지 관할 세무서장에게 해야 한다. 상속이 개시될 경우 상속인들이 복잡한 신고 절차와 구조를 쉽게 이해하고 적용할 수 있도록 상속세 신고 흐름표를 간단히 정리해 보았다.

상속세 신고 흐름표

기한	처리업무	신청기관	유의사항	필요서류
사망일로부터 1개월 이내	사망신고 정부 3.0 안심상속 원스톱서비스 이용, 모든 재산 조회 신청	관할 주민센터	사망신고는 기한 경과 시 과태료	• 사망진단서 • 가족관계증명서(제적증명서) • 재산조회내역(정부 3.0안심상속 활용) • 재산분할협의서(세무사작성) • 사전증여세신고서 조회(국세청 홈텍스) • 상속개시일 전 10년 이내 금융자료 내역서출력(전금융사)
	보험급 지급 및 신용카드 등 해지	해당 금융기관		
	사업자등록정정신고	관할 세무서		
3개월 이내	상속포기 및 한정승인	가정법원	상속포기, 한정승인 없이 3개월 경과 시 모든 재산과 채무 상속됨	
6개월 이내	배우자 공제 및 향후 재차 상속을 고려하여 상속재산 협의 분할 및 등기, 취득세 납부	등기소 및 시/군/구청	6개월 이내 등기와 취득세까지 신고납부완료기한 경과 시 가산세 부과	
	상속세 신고 및 납부	피상속인 주소지 관할 세무서	6개월이내 신고, 납부까지 완료 기한 경과 시 가산세 부과	
6개월 이후	상속세 조사 및 결정(경정)	피상속인 주소지 관할 세무서		

출처: 국세청 세금절약가이드

흐름표를 보면 처리업무와 기관, 그리고 신고기한이 명시되어 있는데 신고기한을 넘기는 경우 공제를 못 받거나 가산세가 부과되는 등 여러 가지 불이익을 받을 수 있다.

특히 상속포기와 한정승인의 경우 6개월이 아닌 3개월 이내에 신고기한이 별도로 정해져 있으니 주의하자.

04. 상속재산을 모른다면 안심상속 원스톱서비스를 이용하자!

피상속인이 남긴 재산이 얼마나, 어떤 형태로 있는지 상속인들이 다 파악하고 있기는 현실적으로 매우 어렵다.

이러한 불편함을 해소하고자 2016년 2월 15일부터는 상속인이 피상속인의 금융거래, 토지, 건축물, 자동차, 세금 등의 확인을 개별기관을 일일이 방문하지 않고 한 번의 통합신청으로 문자·온라인·우편 등으로 결과를 확인하는 안심상속원스톱서비스를 제공하고 있다.

◆ 안심상속 원스톱서비스 신청자격 및 이용절차

신청자격
- 민법상 제1순위 상속인(직계비속, 배우자)
- 단, 제1순위 상속인이 없는 경우는 2순위 상속인(직계존속, 배우자)
- 1·2순위가 없는 경우는 3순위(형제자매)(가족관계증명원)
- 대습상속인
- 실종선고자의 상속인

신청방법
- 사망신고 할 때 가까운 시청이나 구청, 읍·면·동 주민센터 방문하거나 온라인 신청(정부24: www.gov.kr)
- 사망신고 이후에 신청할 경우에는 사망일이 속한 달의 말일부터 6개월 이내 신청

◆ 신청 시 필요한 서류

- 상속인이 신청할 경우에는 상속인 본인의 신분증(주민등록증, 운전면허증, 여권) 지참
- 대리인이 신청할 경우에는 대리인의 신분증, 상속인의 위임장, 상속인의 본인서명사실확인서(또는 인감증명서) 지참
- 사망신고 이후에 신청할 경우에는 가족관계증명서 제출(사망일이 속한 달의 말일부터 6개월 이내)
- 온라인 신청의 경우, 공인인증서 필요

조회내용
금융거래

은행, 농협, 수협, 신협, 산림조합, 새마을금고, 상호저축은행, 보험회사, 증권회사, 자산운용사, 선물회사, 카드사, 리스사, 할부금융회사, 캐피탈, 은행연합회, 예금보험공사, 예탁결제원, 신용보증기금, 기술신용보증기금, 주택금융공사, 한국장학재단, 미소금융중앙재단, 한국자산관리공사, 우정사업본부, 종합금융회사, 대부업 신용정보 컨소시엄 가입 대부업체

- 국세: 국세 체납액 및 납부기한이 남아 있는 미납 국세, 환급세액
- 연금: 국민연금·공무원연금·사립학교교직원연금, 군인연금 가입 유무
- 토지·건축물: 개인별 토지·건축물 소유현황
- 지방세: 지방세 체납 내역 및 납부기한이 남아 있는 미납 지방세, 환급세액
- 자동차: 자동차 소유 내역
- 건설근로자퇴직공제금: 건설근로자퇴직공제금 가입여부

✦ 조회결과 확인방법

　상속인이 사망자 재산조회 통합처리 신청서에 기입한 조회결과 확인방법에 따라 안내

　자동차 정보는 접수 시, 토지·건축물·지방세 정보는 7일 이내, 금융·국세(국민·공무원·사학·군인)연금 정보는 20일 이내에 결과를 확인

　금융 거래, 국민연금: 각 기관의 누리집에서 조회

- 금융감독원: www.fss.or.kr
- 국민연금공단: www.nps.or.kr
- 국세(국세청): 국세청 홈택스(www.hometax.go.kr)에서 조회
- 토지, 건축물, 지방세, 자동차:직접 방문수령, 우편, 문자(SMS) 중 선택
- 정부24의 경우: 문자(SMS), 우편, 방문수령 가능

출처: 국세청 세금절약가이드

　피상속인이 금융회사와 거래를 한 것으로 판단되거나 의심되는 부동산이 있을 경우에는 금융감독원이나 국토교통부^{지방자치단체지적부서}에 조회하여 상속재산과 부채를 정확히 파악함으로써 공제받을 수 있는 부채를 공제받지 못한다든가, 안 물어도 될 가산세를 무는 일이 없도록 하자.

05. 법정상속분은 어떻게 나누어질까?

법정상속분이란 유언의 형식을 통해 피상속인의 상속분에 대한 지정이 없는 경우 민법에서 정한 규정에 따라 결정되는 상속재산분을 말한다. 쉽게 말해 유언으로 정한 것이 없다면, 법에서 정한 비율대로 나누라는 뜻이다.

사망신고는 기한 경과 시 과태료	상속분	비율
배우자와 자녀가 한 명이 있는 경우	자녀 1 배우자 1.5	2/5 3/5
배우자와 자녀가 두 명이 있는 경우	자녀 1 자녀 1 배우자 1.5	2/7 2/7 3/7
배우자와 자녀가 세 명이 있는 경우	자녀 1 자녀 1 자녀 1 배우자 1.5	2/9 2/9 2/9 3/9
피상속인의 부모와 배우자만 있는 경우	부 1 모 1 배우자 1.5	2/7 2/7 3/7

우리나라 민법은 같은 순위의 상속인이 여러 명일 경우 공평하게 상속재산을 나누는 것을 원칙으로 한다.

그러나 별도의 예외 규정을 두고 있는데 아래와 같다.

> (1) 피상속인의 배우자의 상속분은 직계비속과 공동으로 상속하는 때에는 직계비속의 상속분의 5할을 가산하고, 직계존속과 동등으로 상속하는 때에도 직계존속의 상속분의 5할을 가산한다(제1009조 2항).
>
> (2) 대습상속인의 상속분은 피대습상속인의 상속분에 의한다(제1010조 1항). 그리고 피대습상속인의 직계비속이 수인인 때에는 그 상속분은 피대습상속인의 상속분의 한도에서 전술한 방법(제1009조)에 의하여 결정된다(제1010조 2항 전단). 배우자가 대습상속하는 경우(제1003조 2항)에도 동일하다(제1010조 2항 후단). 그리고 공동상속인 중에 피상속인으로부터 재산의 증여 또는 유증을 받은 자는 특별수익자 그 수증재산이 자기의 상속분에 달하지 못한 때에는 부족한 부분의 한도에서 상속분이 있다(제1008조).
>
> 공동상속인 중에 피상속인의 재산유지 또는 증가에 특별히 기여한 자(피상속인을 특별히 부양한 자 포함)가 있을 때에는 상속개시 당시의 피상속인의 재산가액에서 공동상속인의 협의로 정한 그 자의 기여분을 공제한 것을 상속재산으로 보고 법정상속분 및 대습상속분에 의하여 산정한 상속분에 기여분을 가산한 액으로써 그 자의 상속분으로 한다. 그리고 그것이 협의되지 않거나 협의할 수 없을 때에는 가정법원이 기여자의 청구에 의하여 여러 가지 사정을 참작하여 기여분을 정한다. 그 기여분은 상속이 개시된 때의 피상속인의 재산가액에서 유증의 가격을 공제한 액을 넘지 못한다(제1008조의 2).
>
> *출처: [네이버 지식백과] 법정상속분 [法定相續分]
> 법률용어사전, 2016. 01. 20., 이병태

그러나 반드시 이대로 상속이 이루어진다고 볼 수 없다. 다음과 같이 여러 가지 변수가 존재하기 때문이다.

◆ 고인의 유언이 존재하는 경우

고인의 유언으로 유류분을 침해하지 않는 범위 내에서 재산을 상속하게 되면 법정 기준보다 적거나 많은 재산을 상속받을 수 있다.

◆ 기여분이 인정되는 경우

기여분이란 고인을 특별하게 부양하거나 고인의 재산을 증식하는데 기여한 사람에게 인정하는 추가 상속분이다.

만약 고인의 유언이 없는 상태에서 동일하게 상속이 진행되는 경우, 기여분 청구를 통해 재판부의 인정을 받게 되면, 기여분을 제외하고 나머지 상속재산을 상속인들이 법정상속분대로 나누어 갖게 된다.

◆ 특별수익이 존재하는 경우

특별수익이란 고인이 상속인에게 사전에 증여한 재산을 말한다.

만약 상속인 중 누군가가 사전증여를 받은 재산이 있고 나머지 상속인들이 사전증여를 받은 적이 없다면 현행법에서는 사전증여된 재산을 특별수익이라 하여 미리 상속된 것으로 간주하고 법정상속분에서 특별수익을 제외한 나머지를 상속받게 된다.

◆ 상속인들 간 협의하는 경우

마지막으로 상속인들 간의 협의에 의해 상속받는 재산의 지분이 달라진다.

예를 들어 2차 상속에 대한 고민으로 남은 배우자가 자녀에게 상속받을 지분을 넘겨주거나, 단독상속 등을 협의하여 결정했다면 법정상속분을 초과하여 상속받을 수 있다.

다만 상속인 모두가 찬성해야 하며, 반대하는 상속인의 유류분을 침해하여 협의할 수 없다.

이처럼 유언이 없다면 법정상속분대로 상속이 진행되지만 각자의 기준과 생각이 다르고, 실제 사전증여 받은 재산의 가치와 규모가 다르거나 평소 권리를 침해받고 있었다고 느끼는 상속인이 있는 경우 원만히 협의되지 않는 경우가 흔하게 발생하므로 법정상속분이 도입된 취지를 이해하고 상속재산분할에 대한 계획을 미리 수립해야 향후 상속재산분할에 관한 분쟁을 예방할 수 있다.

06. 대습상속과 세대생략상속이란?

◆ 대습상속이란?

'대습상속인'이란 1순위 상속인이 피상속인의 상속개시 전에 사망하거나 결격자가 된 경우 사망하거나 결격된 사람의 순위에 갈음하여 그 사람의 1순위 상속인이 되는 '피대습인의 직계비속 또는 배우자'를 말한다.

쉽게 말해 할아버지가 돌아가시기 전 상속인인 자녀가 먼저 사망한다면 사위나 며느리, 그리고 손주가 대습상속인이 된다. 이때 손주가 없는 경우, 사위나 며느리가 대습상속인이 된다. 그리고 대습상속은 세대생략상속과는 달리 할증 과세되지 않는다.

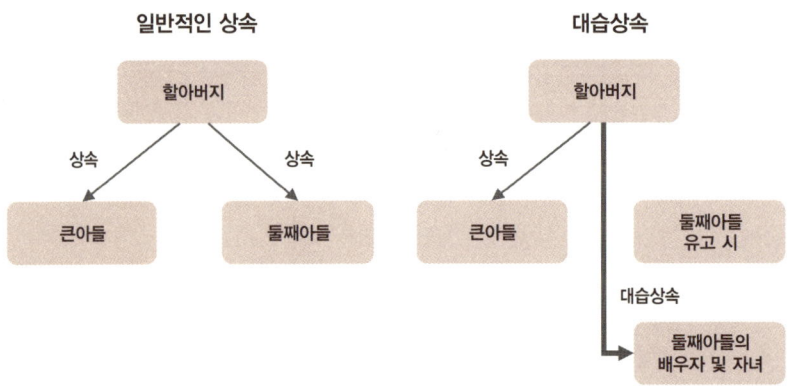

✦ 상속회복청구소송이란?

상속인이나 대습상속인이 상속재산을 받지 못하는 경우가 존재할까? 상담하다 보면 과연 이런 일이 생길 수 있을까 싶기도 하지만, 의외로 우리 주변에서 흔히 일어나는 일이다. 특히 대습상속제도를 알지 못해 상속을 받지 못하는 안타까운 경우가 실제로 많이 있다.

보통 아버지나 어머니가 일찍 돌아가신 이후 평소 왕래가 뜸해진 할아버지나 할머니의 상속이 발생하는 경우다. 가령 부모님이 돌아가신 미성년자인 상속인에게 후견인으로 나서서 자신의 목적을 위해 재산을 처분하는 등 악의적인 목적으로 발생하기도 한다.

대표적으로 상속이 개시된 이후 위임의 목적으로 받은 대습상속인의 인감을 몰래 사용하여 상속포기를 한 것처럼 꾸며 나머지 상속인들끼리 분배를 하거나 상속인들에게 다른 사람에게 부동산을 넘기겠다 하고 다른 자녀의 명의로 이전하는 등의 행위들이 있다.

이때 진행해야 하는 소송이 바로 상속회복청구 소송이다. 이 소송은 '참칭상속권자'의 행위로 발생하는데 스스로 상속인이라고 참칭하면서 상속재산의 전부나 일부를 점유하는 사람을 말한다. 아직 상속등기가 되지 않은 시점에 이 사실을 알았을 경우 상속재산에 대한 분할을 요구할 수 있으며, 협의가 되지 않을 경우 법원에 분할을 청구할 수 있다.

만약, 이미 상속등기가 되어있고 이 사실을 나중에 알았다면 그 침해를 안 날로부터 3년 이내, 상속이 개시된 날로부터 10년 이내에 행사해야 한다.

상속 회복의 재판에서 원고승소 판결이 확정되면 상속인들은 대습상속인의 상속재산 분할청구에 응해야 하며 만약, 이미 상속재산을 처분한 경우에도 그 상속분에 해당되는 가액을 청구할 수 있다.

✦ 세대생략상속이란?

앞서 설명했던 대습상속과 세대생략상속의 차이는 무엇일까?

상속인이 될 사람이 먼저 사망하여 그 사람의 배우자와 자녀가 상속인이 되는 대습상속과는 달리 직계비속에 대한 상속이나 증여를 한 세대 혹은 두 세대 건너뛰어 이루어지는 방식이다.

보통 상속은 본인의 상속인인 자녀에게 재산을 이전하는데, 이렇게 건너뛰어 상속·증여를 하는 이유는 뭘까? 그 이유에 대해 자세히 살펴보도록 하자.

사람들은 대부분 자녀에게 재산을 물려주고 싶어 한다. 재산을 손자녀에게 물려주려는 건 인식의 변화도 있겠지만 상속·증여세 부담 때문이기도 하다. 상속세는 재산 이전을 받은 상속인에게 과세되는 세금이다. 그런데 자녀를 건너뛰고 손자녀에게 재산을 물려주면 두 번 내야 할 세금을 한 번만 내도 된다. 이것이 바로 세대생략상속 또는 세대생략 증여이다.

세대를 건너뛰어 상속하면 부의 이전단계를 축소해서 세금을 줄이는 방식인데 이를 세금회피 목적이 강하다 보고 견제하는 장치가 있다.

1. 손자녀에게 상속하기 위해서는 피상속인의 자녀 모두가 상속을 포기하거나
2. 유언 등을 통해 손자에게 상속하는 경우를 제외하고 손자녀에게 임의로 상속을 하면 대습상속이 아닌 한 상속인에게는 상속세를 그리고 손자녀에게는 상속인으로부터 증여받은 것으로 간주하고 증여세를 부과한다.

세법에서는 일반적인 상속세 수준에서 30%를 할증해 과세하고 미성년자인 경우 상속재산이 20억을 초과하면 40%를 할증과세한다.

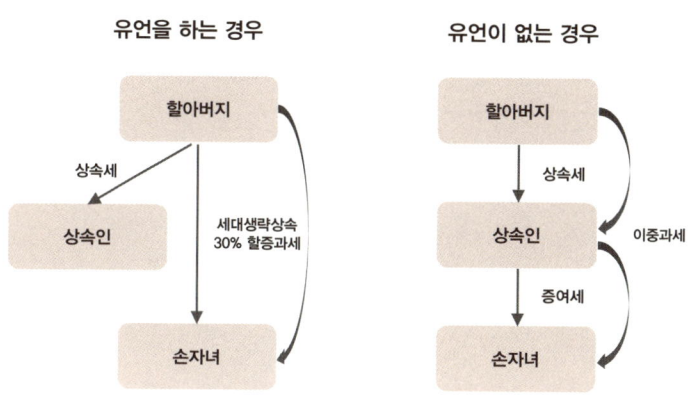

따라서 세대생략상속을 계획하고 있다면 상속인들 전원의 상속포기나 유언을 통해 손자녀에게 재산을 나누어 주겠다는 의사표시를 반드시 해야 한다.

또한, 세대생략상속 시 상속공제금액이 축소되어 상속세가 부과되기도 한다. 상속공제 종합한도를 계산하면서 상속인에게 유증을 한 경우에 상속세 과세가액에서 해당 금액을 차감하여 계산하도록 규정하고 있기 때문이다.

만약 상속재산이 5억 원인 경우 상속인이 받는다면 내야 할 세금이 없지만 5억 전체를 손주에게 세대생략상속을 하는 경우 상속공제를 적용받지 못해 5억 원 전체가 과세표준으로 잡혀 상속세가 부과된다.

그러므로 세대생략상속은 할아버지뿐만 아니라 부모의 재산 규모도 이미 상당하여 추가적인 상속세 부담이 큰 경우에 활용하는 것이 좋다. 이중상속으로 인한 상속세 총액과 재산 가치 증가분에 따른 상속세 변화 추이 그리고 세대생략으로 인한 할증 과세 및 상속공제 축소 등을 고려하여 유리한 쪽으로 선택하면 된다.

Chapter 3.
상속설계,
계산에서 납부 이후까지
모든 것을 계획하라!

모든 사람들은 자기가 결정하지 않은
그런 일들을 겪게 된다.
우리가 할 일은 앞으로 어떻게
할지를 결정하는 것뿐이다.
-〈반지의 제왕〉 中-

01. 상속세는 어떻게 계산할까?

> 성공적인 상속설계를 위해서는 먼저 우리나라의 상속세 구조와 계산 흐름을 이해하고, 예측하여 이에 맞는 나만의 절세 플랜을 세워야 한다.

우리나라의 상속세는 상속인이 한 명이든 여러 명이든 상관없이 상속재산 전체에 대하여 과세가액을 계산하고 각 상속인의 상속지분에 따라 세금을 안배하는 유산과세형의 방식을 채택하고 있다.

상속 개시일 당시 피상속인이 소유하고 있던 경제적 가치를 지닌 모든 재산유산과 상속인이 상속 개시일 전 10년 이내상속인 외 5년에 피상속인으로부터 사전증여받은 재산가액 및 간주·추정상속재산을 합산하여 계산한다. 사전증여 및 간주·추정재산은 '02. 반드시 체크하자! 상속가액에 포함되는 또 다른 재산이 있다' 참조

이렇게 계산된 상속세 과세가액에서 기초공제, 배우자공제, 기타 인적공제, 물적공제 등의 상속공제액과 상속재산의 감정평가수수료를 차감한 과세표준에 세율을 적용하여 산출한다.

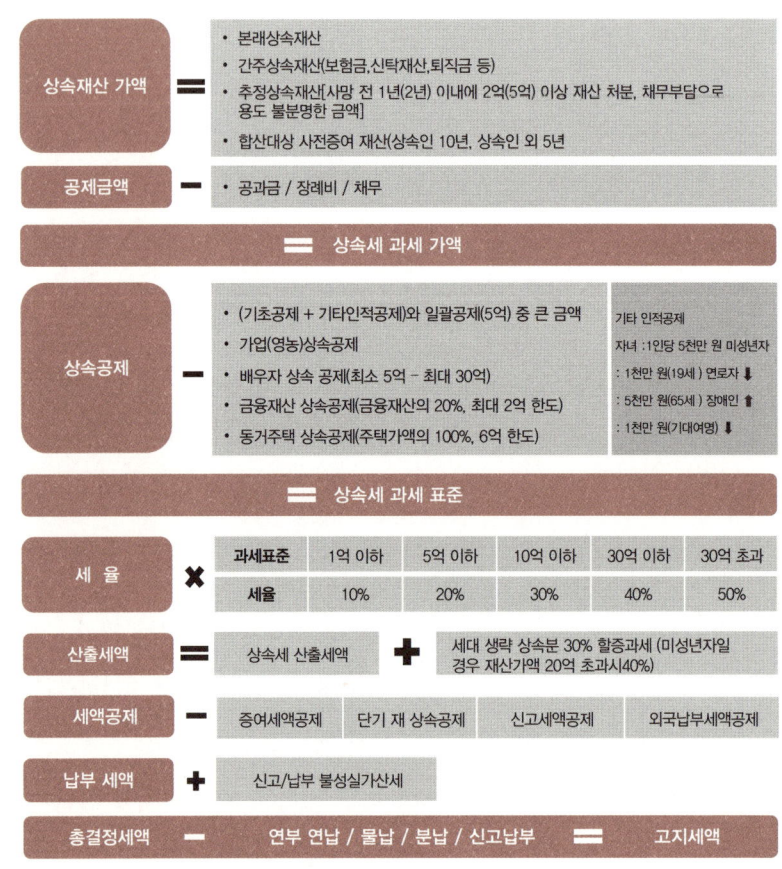

✦ **상속세 구조와 계산 원리**

  상속세율은 과세표준 금액에 따라 10%~50%가 적용되는데 각종 공제금액을 차감하고 남은 상속재산의 총액에 대해 세율을 적용하는 것이다.

상속세율과 누진공제율은 아래와 같다.

과세표준	세율	누진공제
1억 이하	10%	0
1억 초과~5억 이하	20%	1천만 원
5억 초과~10억 이하	30%	6천만 원
10억 초과~30억 이하	40%	1억 6천만 원
30억 초과~	50%	4억 6천만 원

이처럼 상속세의 실효세율은 상속재산이 많으면 많아질수록 같이 늘어나는 누진과세구조이다.

이미 한 번 소득세 과세대상이던 소득이 누적되어 상속세 과세대상이 되는 이중과세라는 지적을 받고 있음에도 불구하고 상속증여세의 부과방식과 세율체계는 왜 유지되는 것일까?

예전에는 소득의 원천이 투명하지 않았고 그로 인한 세원 파악이 어려웠었다. 과거 불투명한 소득으로 직접 과세할 수 없었던 소득세를 보완적 과세방법인 상속증여세로 부과하여 생전에 여러 가지 이유로 누락된 소득세 과세누락분을 정산한다는 입장이다.

그러나 과세체계의 인적 물적 자원이 충분하고 시스템의 발달로 인한 소득 투명성이 크게 향상된 지금은 이러한 과세구조가 현실과 맞지 않아 합리적으로 개편되어야 한다는 지적이 제기되고 있다. 상속세율이 높다면 소득세가 낮든지 아니면 그 반대여야 하는데 우리나라는 OECD 가입국 중 상속세 2위와 소득세 7위로 둘 다 높다.

이로 인해 최근 사망자 재산 전체에 대해 초과누진세율을 적용한 뒤 각자 상속분에 배분되는 세금을 납부하는 유산세형이 아닌 각자의 상속분에 따라 분할 계산하고 각자의 상속분에 초과누진세율을 적용하는 유산취득세를 적용하자는 목소리가 힘을 얻고 있다.

유산취득세는 실제 받은 상속재산에 대해 상속세를 부담하기 때문에 공평한 과세가 될 수 있다는 장점이 있다. 그러나 부의 재분배로 인식되는 일반적인 인식으로 인해 정치권에서도 신중히 접근할 수밖에 없고 거액의 세금을 걷을 수 있는 국가 입장에서도 굳이 선제적으로 나서서 포기할 필요가 없다.

그러므로 상속재산의 규모가 큰 사람일수록 미리 재산을 처분하여 상속재산을 최소화하고 각종 공제제도의 이점을 활용하여 상속인들에게 사전증여하는 등 상속세를 줄이기 위한 계획을 미리 수립하고 준비해야 한다.

02. 상속재산가액에 포함되는 또 다른 재산

> 피상속인의 사망 당시 재산뿐만 아니라 사망개시일로부터 10년 이내(상속인 외 증여 시 5년)에 증여한 재산은 상속재산에 합산되어 상속세가 재계산된다.

상속세를 신고할 때 가장 많은 문제가 발생하는 항목이 바로 이 부분이다. 피상속인의 사망으로 상속이 개시되면 그 시점에 보유하고 있던 재산에 대해서만 신고·납부하면 되는 것으로 알고 있는 경우가 많다.

피상속인이 상속 개시일 전 1년 이내에 2억 원, 2년 이내에 5억 원 이상의 재산을 처분하거나 채무를 부담하거나, 인출한 경우 이를 상속한 것으로 보고 상속재산에 합산하는데 이를 추정상속재산이라 한다.

특히 금융자산은 부동산과 달리 유동성이 좋기 때문에 언제든지 마음만 먹으면 편법적인 상속이나 증여의 수단으로 악용될 가능성이 큰 재산이다.

구분	상속재산가액에 포함되는 재산
증여재산	• 상속 개시일 전 10년 이내에 상속인에게 증여한 재산 • 상속 개시일 전 5년 이내에 상속인 이외의 자에게 증여한 재산

간주·추정 재산	• 피상속인의 사망으로 인해 지급받는 보험금 및 신탁재산, 퇴직금, 퇴직수당, 기타 이와 유사한 것 • 상속 개시일 전 처분한 재산가액이나 채무 부담액이 1년 이내에 2억 원 이상/ 2년 이내에 5억 이상인 경우로서 용도가 객관적으로 불분명한 재산

만약 피상속인이 사망 시점 11개월 전 현금으로 1억 7천만 원을 인출하고, 6개월 전 시가 5억 원의 부동산을 처분했다고 가정하자.

이 경우 현금 1억 7천만 원은 1년 이내 2억 원 미만인 금액이기 때문에 별도의 소명은 없어도 되지만 5억 원의 부동산 매매대금은 1년 이내에 2억 원을 초과하는 금액이므로 상속인의 사용처 소명 대상이 된다.

피상속인이 생전에 처분한 매매대금 5억이 통장에 남아 있다면 아무 문제가 없지만 예를 들어

- 현금으로 인출하여 친척 등 주변 지인들에게 나누어 주는 경우
- 5억 원을 피상속인이 사용한 것은 확인되지만 객관적인 증빙자료가 없는 경우
- 타인에게 지급한 거래내역은 확인되나 지급받은 상대방이 그 사실을 부인하는 경우 등

보통 이러한 자금거래를 할 때 부모님이 자녀들과 미리 상의하거나 객관적 자료를 준비해 놓지 않기 때문에 이런 경우 상속인들은 억울한 세금을 추가로 부담하는 경우가 많다.

그리고 앞에서 언급한 인출금액 1억 7천만 원의 경우 만약 계좌이체 등으로 상속인에게 입금되었다면 이때는 상속재산에 포함된다.

또한, 현금으로 피상속인의 계좌에서 인출되었다고 하더라도 상속인의 통장으로 재입금되는 경우에도 소명 대상에 포함된다는 점을 주의해야 한다.

가장 흔한 사례로는 소득이 있는 자녀가 부모로부터 매월 정기적으로 생활비를 계좌로 지원받는 경우가 많다. 이 경우 갑자기 상속개시가 되었을 때 그동안 받은 생활비 총액이 편법증여로 판단되어 증여세 및 상속세, 그리고 가산세까지 부과될 수 있다.

채무의 경우도 마찬가지이다.
이 경우 보통 일반 가정보다는 사업을 하는 피상속인의 상속 개시시 많이 발생한다. 차입한 대금의 사용처가 불분명하다면 해당 금액 또한 상속인들의 상속재산에 포함될 위험이 있으니 주의가 필요하다.
정말 어쩔 수 없이 현금으로 지급해야 하는 경우 반드시 증빙자료를 갖추어 상속인들이 억울하게 상속세를 추징당하는 일이 없도록 해야 한다.

03. 상속재산의 평가방법은 시가평가가 원칙이다!

> 상속·증여재산의 평가는 상속·증여세 계산의 첫 단계이자 세금을 예측할 수 있는 중요한 기준이다.

일반적으로 나의 재산을 매도할 때는 가장 비싸게, 매수할 때는 가장 저렴하게 책정하고 싶은 것이 인지상정 아닐까? 적정한 가격을 매기기 어려운 부동산이나 재산을 상속받을 때 재산평가를 어떻게 하느냐에 따라 납세자가 부담해야 하는 세금의 액수가 크게 달라지기 때문에 매우 중요하다.

그렇다면 내가 받을 상속재산은 어떻게 평가되는 것일까?

상속세와 증여세는 동일하게 과세되는 재산의 가액을 평가기준일의 시가에 의하도록 규정하고 있다.

시가란 불특정 다수인 사이에 자유롭게 거래되는 경우, 통상적으로 성립된다고 인정되는 가액을 말하며 사람들이 흔히 말하는 '시세가 얼마'라는 말과는 분명히 차이가 있다. 수용 및 공매가격, 감정평가 등 시가로 인정되는 것을 모두 포함한다.

상속재산 중 현금 및 금융자산은 평가하는 데 있어 별로 어려운 것이 없지만 부동산이나, 고가의 미술품, 비상장주식, 가상화폐 등은 평가 기준이 무엇인지를 잘 알아야 세금을 줄일 수 있다.

세법에서는 재산의 가액을 평가기준일의 시가에 의하도록 규정하는데 아파트나 오피스텔의 경우 상속 개시일 전후 6개월 동안 같은 아파트, 같은 크기, 같은 지역에서 매매가 되거나 이 기간에 확인된 감정가, 수용가, 공매, 경매가 등도 시가로 인정한다.

평가 기간 외에도 시가로 인정되는 경우가 있는데 평가기준일 전 2년 이내의 기간에 매매가 있었거나 평가 기간 경과 후부터 법정 결정기한까지의 기간에 매매가 있을 경우이다.

단독주택이나 다가구 주택처럼 직접 비교가 불가능한 부동산의 경우 상증법에 따른 평가를 한다. 주로 기준시가가 평가액이 되는데 상대적으로 실제 시가보다 낮은 것이 일반적이다. 그 금액 차이가 많이 나는 꼬마빌딩이나 상가의 경우 납세자가 기준시가로 신고한다고 하더라도 국세청에서 감정평가를 의뢰한 감정평가액에 의하여 과세하도록 2019년부터 법이 개정되었다.

평가의 원칙인 시가를 확인하기 어려운 경우 재산 종류에 따라 별도로 정한 방법으로 평가한 가액에 의하는데 이를 보충적 평가라고 한다.

구분	주요 재산·종류별 평가방법
토지	개별공시지가(『부동산 가격공시 및 감정평가에 관한 법률』에 따름) 개별공시지가가 없는 토지는 납세지 관할 세무서장이 인근 유사토지의 개별공시지가를 참작하여 평가한 금액으로 한다.
건물	건물(오피스텔과 상업용 건물, 주택제외)의 신축가격·구조·용도·위치·신축년도 등을 참작하여 매년 1회 이상 국세청장이 산정·고시한 가액에 의한다.

오피스텔 및 상업용 건물 등	건물의 종류·규모·거래상황·위치 등을 참작하여 매년 1회 이상 국세청장이 토지와 건물에 대해 일괄적으로 산정·고시한 가액으로 한다. 다만, 고시된 기준시가가 없을 경우 일반건물 평가빙법으로 신징한다.
주택	국토교통부에서 고시한 개별주택가격 및 공동주택가격으로 한다.
코스피/코스닥 상장주식	상속 개시일 전후 각 2개월간에 공표된 매일의 거래소 최종 시세가액의 평균액
비상장주식	비상장주식은 해당 법인의 손익 및 자산가치 등을 감안하여 평가한다. 1주당 손순익가치와 순자산가치를 각각 3과 2의 비율로 가중평균한 가액(부동산 과다보유 법인은 2:3)과 1주당 순자산가치의 80% 금액 중 큰 금액으로 한다.
예·적금	평가기준일 현재 예입총액과 같은 날 현재 이미 지난 미수이자 상당액의 합계에서 소득세법 규정에 의한 원천징수세액 상당 금액을 차감한 가액으로 한다.
저당권 등이 설정된 재산	저당권, 담보권 등이 설정된 재산은 당해 재산이 담보하는 채권액을 시가 도는 보충적 평가액과 비교하여 큰 금액으로 한다.
임대차계약이 체결된 재산	사실상 임대차계약이 체결되거나, 임차권이 등기된 부동산의 경우 1년간 임대료를 12%로 나눈 금액에 임대보증금을 더한 금액과 임대부동산의 시가금액 중 큰 금액으로 한다.
서화·골동품	2인 이상의 전문가가 감정한 가액의 평균액으로 한다. 그 가액이 국세청장이 위촉한 3인 이상의 전문가로 구성된 감정평가심의회의 감정가액에 미달하는 경우 그 감정가액으로 한다.

세법에서 정한 재산·종류별 평가방법은 다음과 같다.

✦ 아직은 대중화되지 않은 미술품의 세금구조

서화, 골동품 등의 고대·근대·현대 미술품을 상속·증여받을 때도 다른 재산과 동일하게 상속·증여세를 신고 및 납부해야 한다. 이때 재산의 평가는 증여 또는 상속일 현재의 '시가'이고, 시가가 없는 경우에는 2인 이상의 전문가가 감정한 가액의 평균액으로 한다.

만약 과세당국이 이 감정가가 부적절하다고 판단되면 해당 세무서장은 3인 이상의 전문가로 감정평가심의위원회를 구성해 감정가를 산출하고, 감정평가심의회에서 감정한 감정가액에 미달하는 경우에는 그 감정가액에 따른다.

> **상증세법 시행령 제52조 【그 밖의 유형재산의 평가】**
> ② 법 제62조 제2항의 규정에 의한 평가는 다음 각 호의 어느 하나에 의한다.
> 2. 판매용이 아닌 서화·골동품 등 예술적 가치가 있는 유형재산의 평가는 다음 각목의 구분에 의한 전문분야별로 2인 이상의 전문가가 감정한 가액의 평균액. 다만, 그 가액이 국세청장이 위촉한 3인 이상의 전문가로 구성된 감정평가심의회에서 감정한 감정가액에 미달하는 경우에는 그 감정가액에 의한다. (2011. 7. 25. 개정)
>
> 가. 서화·전적
> 나. 도자기·토기·철물
> 다. 목공예·민속장신구
> 라. 선사유물
> 마. 석공예
> 바. 기타 골동품
> 사. 가목부터 바목까지에 해당하지 아니하는 미술품

일반적으로 미술품의 시가감정은 신뢰적인 문제로 누구나 할 수 있는 것이 아니다.

우리나라의 경우 미국감정협회AAA의 미국감정사자격증을 소지한 감정사와, 국제감정가협회ISA 등에서 가격 감정 등 감정업무과정을 이수한 전문가들이 미국가격감정시스템에 근거한 감정가를 산정하고 있다.

◆ 미술품의 상속세 물납이 가능해진다 2023.01.01 이후부터 시행

현재는 미술품으로 상속세를 물납현금 대신 납부할 수 없었으나, 故 이건희 회장의 상속이 개시되면서 공개된 소장 미술품에 대한 세금이 이슈가 되었다.

이로 인해 2023년 1월 1일 이후 상속개시부터는 문화재와 미술품에 대한 상속세 납부방식 중 물납을 허용하는 것으로 개정되었다.

상속세 납부세액이 2천만 원을 초과하고, 상속재산의 금융재산가액으로 상속세를 납부할 수 없는 경우에는 역사적, 학술적, 예술적인 가치가 있어 국가에서 인정하는 문화재 및 미술품에 대하여 물납을 허용한다.

상증세법 제73조의 2 【문화재 등에 대한 물납】

① 다음 각 호의 요건을 모두 갖춘 납세의무자는 상속재산에 대통령령으로 정하는 문화재 및 미술품이 포함된 경우 납세지 관할 세무서장에게 해당 문화재 등에 대한 물납을 신청할 수 있다.

1. 상속세 납부세액이 2천만 원을 초과할 것
2. 상속세 납부세액이 상속재산가액 중 대통령령으로 정하는 금융재산의 가액(제13조에 따라 상속재산에 가산하는 증여재산의 가액은 포함하지 아니한다)을 초과할 것

⑤ 제1항에 따라 물납을 신청할 수 있는 납부세액은 상속재산 중 물납에 충당할 수 있는 문화재 등의 가액에 대한 상속세 납부세액을 초과할 수 없다.

법 부칙(2021. 12. 21.) 5조

법 73조의 2의 개정규정은 2023. 1. 1. 이후 상속이 개시되는 경우부터 적용함.

사실 미술품의 거래가격은 사는 사람과 파는 사람에 의해 결정되고 감정사에 의해 진위 여부와 가치가 평가된다고 하지만 수많은 문화재나 미술품에 대한 거래 관련 모든 데이터를 가지고 있는 곳은 미술계가 아닌 국세청이다.

실제 문화재와 서화, 골동품 등의 미술품을 거래할 경우, 양도차익에 대해 기타소득세를 판매자가 원천징수해 납부하고 있으며, 2019년 이후 거래부터는 현금영수증도 발행하고 있다. 뿐만 아니라 미술품 유통업에 종사하는 사업자들은 사업소득을 신고해야 한다.

그러므로 이제는 미술품으로 무신고증여나 무신고상속을 하는 것은 원칙적으로 불가능해졌다.

이처럼 복잡한 평가방법에 따라 산출된 상속재산으로 상속세가 결정되는 만큼 전문가의 조언을 통해 사전증여를 하여 상속재산을 미리 줄이거나 과소신고로 인한 가산세가 발생하지 않도록 해야 한다.

04. 상속 시 적용되는 각종 공제의 종류를 알면 절세가 보인다!

> 준비되지 못한 상속이 개시되면 상속인이 해야 할 것은 상속공제를 최대한 활용하는 것뿐이다.

상속은 누구나 겪을 수 있는 일이기 때문에 상속공제에 대해서 미리 알아보고 준비하는 것이 중요하다. 상속세와 같이 복잡한 세금은 작은 실수만으로도 엄청난 가산세가 부과될 수 있기 때문이다.

우리나라 상속세 및 증여세법에서는 실제 상속받은 재산가액의 한도 내에서 다양한 상속공제를 인정하고 있는데 상속이 개시될 경우 상속공제가 절세에 미치는 영향력은 절대적으로 클 수밖에 없기 때문에 과세당국에서는 공제 종합한도를 적용하고 있다.

만약, 한도를 두지 않고 전부 다 인정한다면 재산의 규모가 커질수록 적용되는 고율의 누진세율 회피 방지를 위해 사전에 증여한 재산을 상속 발생 시 상속재산가액에 합산하도록 한 법의 취지에 맞지 않기 때문이다.

상속공제 종합한도가 적용되는 상속공제의 종류와 한도는 다음과 같다.

기초공제	2억 원(가업상속, 영농상속 추가공제)
배우자 상속공제	법정상속 지분 내에서 배우자가 실제 상속받은 가액(최소 5억, 최대 30억 한도) 배우자 없이 자녀만 있는 경우 배우자공제 배제
기타 인적공제 - 자녀공제	1인당 5천만 원
기타 인적공제 - 미성년자공제	미성년자녀 수 1인당 1천만 원 × 19세까지 잔여연수
기타 인적공제 - 태아공제	2023.01.01. 이후 상속개시부터 적용
기타 인적공제 - 연로자공제	65세 이상 1인당 5천만 원
기타 인적공제 - 장애인공제	1인당 1천만 원 × 기대여명(통계청 매년 고시)연수
일괄공제	Max 5억 원(기초공제 + 기타 인적공제 합계) 자녀 없이 배우자 단독인 경우 일괄공제 배제
금융재산 상속공제	순금융재산가액(금융재산 − 금융채무) − 순금융재산 2천만 원 이하: 전액 공제 − 순금융재산 2천만 원 초과 1억 원 이하: 2천만 원 공제 − 순금융재산 1억 원 초과: 금융재산가액 × 20%(2억 원 한도)
공과금·장례비·채무	피상속인에 귀속되는 공과금과 세금 장례비용(500만 원 이하 전액 인정, 증빙자료 제출 시 1천만 원 한도) 봉안시설 사용금액(500만 원) 상속개시 당시 피상속인이 갚아야 할 채무
재해손실공제	신고기한 내 손실가액 − 보험료 등
동거주택 상속공제	피상속인과 10년 이상 계속 동거한 무주택자인 상속인(직계비속과 배우자)이 상속받는 1주택의 경우 [상속주택가액(부수토지 포함) − 피담보채무(6억 원 한도)]
감정평가비용	감정평가업자 평가수수료: 500만 원 한도 평가위원회 평가수수료: 평가대상 법인 수 및 신용평가 전문기관 수별로 각 1천만 원 한도 미술품·골동품 등 유형재산에 대한 전문가 평가수수료: 500만 원 한도

출처: 국세청 세금절약가이드

일단 상속이 개시되면 상속세 과세가액을 줄이는 유일한 방법은 상속공제를 적용하는 것뿐이다.

이처럼 다양한 상속공제를 적용할 때에는 반드시 세무전문가와 상의하여 상속인들에게 해당하는 사항이 무엇인지 빠짐없이 체크하고 혹시 누락되거나 과대공제되는 부분은 없는지 확인하여야 한다. 상속공제 중 거의 대부분의 상속공제는 정해진 방법에 의해 적용되지만 이에 반해 배우자공제는 비교적 탄력적으로 적용할 수 있는 장점이 있다.

상속세 절세의 절대적인 비중을 차지하는 배우자공제는 무엇이며 어떻게 활용해야 할까?

✦ 배우자 상속공제란?

상속세 및 증여세법에서는 피상속인이 남편이고 상속재산의 명의 또한 남편으로 되어있다 하더라도 배우자의 공동노력으로 만들어진 것으로 보아 실제 상속받은 금액을 일정 범위의 한도 내에서 공제해주는 배우자 공제제도를 두고 있다.

부부 중 단 한 명이 먼저 사망하는 경우에만 적용되므로 2차 상속을 포함한 미혼, 이혼으로 배우자가 없는 경우에는 공제되지 않으며 사실혼 관계에 있다 하더라도 법으로 인정하는 배우자가 아닌 만큼 배우자 공제는 받지 못한다.

그밖에 별거 중이나 이혼소송 중 확정판결 전에 상속이 개시되는 경우 그리고 재혼으로 배우자의 지위가 인정되는 경우에도 적용된다.

일괄공제 5억에서 실제 상속받은 가액 중 민법상의 법정지분에 해당하는 금액 최대 30억 한도까지 적용되는 배우자공제는 상속공제제도의 핵심이다.

상속재산이 10억을 초과하지 않는다면 상속세는 발생하지 않으므로 배우자는 상속을 포기하고 자녀들이 상속받는 것이 유리하다.

만약 상속재산이 10억을 초과하여 상속세가 발생한다면 배우자의 법정상속분이 30억을 초과하지 않는 경우, 배우자에게 법정지분만큼 상속하는 것이 좋다.

다만, 실무적으로는 1차 상속재산 분할과정에서 배우자 공제를 어떻게 적용하는지에 따라 향후 발생할 2차 상속에 대한 절세설계를 준비할 수 있는 유일한 기회가 다시 한 번 부여되는 시기인 만큼 단순하게 당장의 절세만을 이유로 배우자에게 법정지분만큼의 재산을 일괄적으로 분할하기보다 누구에게, 무엇을, 어떻게, 얼마나 분배할지에 대한 명확한 기준을 정해야 한다.

예를 들어 임대소득이 발생하는 부동산은 배우자가 아닌 자녀에게 상속하고 현금, 보험 등의 금융자산은 배우자에게 상속한 후 자녀들의 상속세를 대납해주는 등의 방식이 배우자 상속공제를 활용한 대표적인 절세설계이다.

05. 상속재산보다 부채가 많다면 상속포기가 더 유리하다

> 상속포기제도는 상속재산보다 부채가 많은 경우 상속포기나 한정승인제도를 이용하여 상속인의 고유재산을 보호하는 데 그 목적이 있다.

◆ **어릴 때 집을 나가 생사도 모르던 아버지의 빚이 저에게 상속된다고 연락이 왔습니다. 어떻게 해야 할까요?**

상속받을 것이 재산이 아닌 빚뿐이라면 참 난감한 일이다. 피상속인의 사망으로 인해 상속이 개시되면 재산상의 모든 권리와 의무도 같이 상속된다. 이를 단순승인이라 하는데 피상속인의 권리와 의무를 무조건, 무제한으로 승계하는 것을 말한다.

단순승인은 상속재산이 부채보다 많다면 별문제가 없으나, 부채가 상속재산보다 많은 경우에도 상속인의 의사와 상관없이 법률상 모두 상속인이 물려받게 된다. 이때 상속인의 고유재산으로 부채를 갚아야 하는 문제가 발생한다. 민법에서는 상속인의 특별한 의사표시를 통해 '한정승인'이나 '상속포기'를 신청하는 '상속포기제도'를 두어 상속인을 보호하고 있다.

✦ 상속포기

상속포기란 상속인이 피상속인의 상속재산에 대한 모든 권리와 의무의 승계를 부인하고 상속의 효력을 소멸시키는 단독 의사표시이다.

==상속을 포기하려면 상속의 개시가 있었음을 안 날로부터 3개월 이내에 가정법원에 상속포기 신고를 해야 한다.==

상속인으로서의 자격을 포기하는 것으로 상속재산 전부의 포기만이 인정되며 일부 또는 조건부 포기는 허용되지 않는다. 공동상속인의 경우 개별적으로 단독 포기가 가능하며, 그 상속분은 다른 상속인의 상속분 비율로 다른 상속인에게 귀속된다.

상속포기의 취소는 원칙적으로 금지하고 있으나 예외적으로 상속인의 착오·사기·강박에 의한 상속의 승인과 포기를 한 경우 취소가 가능하다.

==다만 그 시효를 정하고 있는데 추인할 수 있는 날로부터 3개월, 승인 또는 포기한 날로부터 1년 이내에 행사하여야 한다.==

✦ 한정승인

한정승인이란 상속재산의 한도 내에서 피상속인의 채무와 유증을 변제하는 조건부 승인이다. 상속채무가 상속받을 재산보다 많다면 상속으로 취득한 재산으로 채무를 부담하는 것을 조건으로 하므로 초과분에 대해서 상속인 본인의 고유재산으로 변제할 의무가 없다.

상속인은 상속개시를 안 날로부터 3개월 이내에 상속재산의 목록을 작성하여 가정법원에 신청해야 한다.

만약 상속인이 고의나 부정적인 방법으로 상속재산을 은닉하거나 처분하여 그 자금을 사용하기 위해 재산목록에 기입하지 않은 경우에는 단순승인으로 간주된다.

✦ 부모님이 생전에 지인분들로부터 빚이 많으셨던 걸 아는데, 저희가 잘 모르는 경우 어떻게 하나요?

생전에 피상속인의 채무관계에 대해 알고 있었던 경우 한정승인제도를 활용하면 변제 의무를 지지 않게 되지만, 빚이 있다는 사실을 상속인들이 알지 못해서 3개월의 시점이 지난 이후 채권자가 나타나는 경우도 종종 있다.

이런 경우 중대한 과실 없이 상속개시가 있음을 안 날로부터 3개월 이내에 알지 못하고 단순승인을 한 경우 그 사실을 안 날로부터 3개월 이내에 '특별한정승인'을 신청할 수 있다.

이때 '중대한 과실'이란 상속인이 조금만 주의를 기울였다면 상속채무가 상속재산을 초과한다는 사실을 알 수 있음에도 이를 게을리함으로써 그러한 사실을 알지 못한 것을 말한다.대법원 2010.6.10., 선고, 2010다7904판결.

✦ 한정승인을 받았는데 양도소득세가 나왔어요

채권자에 대한 변제를 위하여 상속재산의 전부나 일부를 매각할 필요가 있는 때에는 『민사집행법』에 따른 경매를 해야 한다. 채권자들이 경매를 신청하여 처분되는 경우 만약 이때 양도차익이 발생하게 된다면 상속인들에게는 양도소득세가 발생할 수 있다.

상속으로 취득한 상속재산이 경매된 경우 양도인은 상속인이기 때문에 경락대금과 양도소득이 상속인에게 귀속된다. 따라서 상속재산의 경매로 재산처분 시 양도소득이 발생했는지에 따라 양도인인 상속인에게 부과될 수 있다.

◆ 한정승인을 받았는데 상속부동산에 대한 취득세도 내야 하나요?

만약, 상속재산에 부동산이 있다면 상속의 한정승인 시 상속을 원인으로 등기를 하기 때문에 부동산 취득세를 내야 한다.

부동산 취득세는 재산의 이전이라는 사실 자체에 부과하는 유통세의 일종이기 때문에 부동산의 취득자가 실질적으로 완전한 내용의 소유권을 취득하는지와 관계없이 소유권 이전의 형식에 의한 경우에는 취득세를 부담해야 한다.

이렇듯 상속은 세법이나 용어가 어려워 전문적으로 접근하지 않으면 작은 실수 하나로 엄청난 피해를 볼 수 있는 만큼 자세히 알아보고 상황에 맞추어 대응하여야 한다.

06. 상속포기를 하더라도 받을 수 있는 재산이 있다

> 보통 상속포기를 하면 모든 재산 이전에 대한 권리를 포기한다고 생각하는데 보험회사에서 지급되는 사망보험금은 포함되지 않는다. 그 이유는 사망보험금은 사망자가 생전에 가지고 있던 재산이 아닌 보험계약상 보험수익자가 받는 고유재산이다.

앞에서 언급했던 것처럼 상속인은 상속개시가 있음을 안 날로부터 3개월 이내에 단순승인이나 한정승인, 또는 상속포기 신청을 할 수 있다.

피상속인이 피보험자인 보험계약의 사망보험금을 받을 권리를 상속하는 것이 아니라 사망이라는 보험사고 발생으로 인해 직접 보험회사로부터 보험금을 받을 권리를 취득한다고 본다. 또한, 사망보험금은 상속인의 고유재산이므로 수익자를 지정하는 경우 상속재산 협의 분할 대상도 포함되지 않는다.

그러나 사망보험금은 간주상속재산으로 상속을 포기한 경우라도 보험금을 수령하게 되면 상속세 납세의무는 발생한다. 이때 고인이 남긴 채무 중에서 지방세, 자동차세, 주민세 등의 국세에 대해서는 수령한 보험금 한도 내에서 납부의무도 같이 상속된다는 점을 유의하여야 한다.

만약 상속포기와 한정승인이 예상된다면 사전에 계약자와 수익자를 상속인으로 설정하고 피보험자를 피상속인으로 지정하는 보장성보험계약을 체결하면 피보험자가 사망하더라도 상속세에 합산되지 않고 국세납세의무도 상속받지 않으므로 다양한 절세설계가 가능하다.

이러한 장점으로 인해 채무가 많은 부모의 경우 유태인의 성인식 '바르 미츠바Bar Mitzvah'를 벤치마킹하여 갑작스럽게 사망하게 되면 남겨질 가족이 상속포기를 하여도 최소한의 생활을 영위할 수 있도록 종신보험에 가입하고 있다.

◆ 유태인의 성인식 '바르 미츠바Bar Mitzvah'

> "율법의 아들 혹은 율법의 딸이라는 의미"
>
> 1. 12~13번째 생일 때 성경책 + 손목시계 + 축의금(5~6만 달러) 선물
> 2. 1900년대 초 미국으로 이민을 온 대부분의 유태인들은 당시 가진 재산이 아무것도 없었고 일자리마저 변변치 않았다. 그러나 그들은 좌절하지 않고 '가난이 자식들에게 대물림될까 봐' 필라델피아의 한 보험회사를 찾아가 자신이 죽으면 자식들에게 물려줄 돈이 나오는 상품을 만들어 달라고 요청했다. 그렇게 만들어진 것이 바로 종신보험의 시작이었다. 이후 유태인들은 보험료가 가장 저렴한 최초 가입시기가 되면 의무적으로 종신보험에 가입하고 장기간 복리 저축의 장점을 극대화해 몇 대에 걸쳐 상속하면서 가난이 아니라 후손들이 살아갈 수 있는 기반을 대물림해주었다.

사망보험금 이외의 상해·질병 보험금이나, 해약환급금 등의 보험금 지급은 상속재산에 합산된다.

그리고 아주 드문 경우이지만 계약자와 피보험자, 수익자를 모두 본

인으로 하는 계약은 상속재산에 합산되어 상속포기를 하게 되면 상속재산에 합산되어 수령할 수 없다.

이 외에 산업재해보상금과 국민연금, 공무원연금 등에 대한 유족연금은 사망보험금과 마찬가지로 유가족의 고유재산으로 귀속이 되지만 사망보험금과는 달리 상속재산에 합산되지 않는다.

그 이유는 가족이 사망한 경우 남겨진 유족들은 가족을 잃었다는 충격과 슬픔만으로도 견디기 힘든 상황일 텐데, 유족연금에 대한 상속세까지 납부토록 한다는 것은 결국 유족들에게 정신적이나, 경제적으로 이중의 고통을 가하는 결과를 초래할 수 있기 때문이다. 특히 가정의 생계를 책임지는 가장이 사망한 경우 대부분의 유족들은 경제적 어려움에 처할 것이라 예상할 수 있는 만큼, 사망으로 인한 산업재해보상금 및 유족연금 미지급금에 대해서는 상속세를 부과하지 않으며 상속포기를 하더라도 받을 수 있다.

07. 국내 비거주자와 상속세 문제

◆ **비거주자는 상속·증여 공제 적용이 안돼서 세금이 많이 나온다던데 맞나요?**

<u>국내에서 재산을 형성한 거주자가 사망 당시 비거주자로 구분되는 경우 국내 보유재산에 대해 상속세가 발생하지만 각종 공제 한도가 제한되면서 세액이 높게 산정될 수 있다.</u>

우리나라의 상속·증여세법은 사망 당시 거주자인지 비거주자인지에 따라 과세대상과 상속공제금액이 달라진다. 거주자인 경우에는 국내외의 모든 재산에 대해 부과하고 비거주자인 경우에는 국내 재산에 대해서만 과세한다. 세법상 국내에 주소를 두거나 183일 이상 거소를 둔 사람을 거주자로 구분하고 그렇지 않은 사람을 비거주자로 구분한다.

단, 내국인으로서 해외이주법에 의해 해외이주 신고를 하고 출국한 사람은 국내에 주소가 없는 것으로 판단되어 비거주자로 구분된다. 하지만 이는 단순한 세법상의 규정이라는 점을 주의해야 한다. 실제 상속이 개시되면 납세자들은 자신에게 유리한 쪽으로 판단하곤 하는데 당시의 여러 사정을 종합하여 거주자 여부를 판단해야 한다.

예를 들어 여러 가지 이유로 고국이 그리워 시민권 또는 영주권을 포기하고 국내로 들어오는 것뿐만 아니라 국내 거주자들도 은퇴나 자녀의 교육 목적으로 해외 이민을 가는 경우도 많다.

이처럼 거주자와 비거주자의 구분이 명확하지 않은 경우 국내에 주민등록 신고가 되어있거나 반대로 해외에 이주신고를 하거나 영주권을 취득했는지 여부와 본인은 해외에서 근무하고 거주하고 있다 하더라도 생계를 같이하는 가족이 어디에 거주하는지, 국내에서 직장을 다니면서 생활하는지 등 생활 관계와 재산상태 등을 고려해야 한다.

이처럼 거주자와 비거주자 중 어느 쪽에 해당하는지에 따라 상속공제가 어떻게 적용되는지 알아보자.

거주자·비거주자의 상속공세 적용 차이

구분		거주자의 사망인 경우	비거주자의 사망인 경우
과세대상 범위		국내외 모든 재산	국내의 모든 재산
신고기한		상속 개시일이 속하는 달의 말일부터 6개월 이내	상속 개시일이 속하는 달의 말일부터 9개월 이내
과세가액공제	공과금	상속 개시일 현재 피상속인이 납부해야 할 공과금으로 납부되지 않은 금액 공제	국내 소재 상속재산에 대한 공과금만 공제
	장례비	피상속인의 장례비용	×
	채무	모든 채무 공제	국내 소재 상속재산을 목적으로 담보된 채무만을 공제

상속공제	기초공제	○ (2억 + 기타인적공제)	○ (2억 원)
	일괄공제	○ (5억 원)	×
	배우자상속공제	○ (5억 원~30억 원)	×
	가업상속공제	○	×
	영농상속공제	○	×
	금융재산상속공제	○	×
	재해손실공제	○	×
	동거주택상속공제	○	×
	감정평가 수수료	○	○

　이렇듯 국내에서 재산을 형성한 거주자가 사망 시 비거주자에 해당되면 상속공제에서 매우 불리하고 반대로 해외에서 재산을 형성한 사람이 사망 당시 거주자에 해당되면 국내외의 모든 재산에 상속세가 부과되어 엄청난 세금을 부담해야 할 수 있다.

　그러므로 거주하는 국가의 상속세와 국내의 상속세를 종합적으로 비교해 필요에 따라 어느 곳의 재산을 처분하는 것이 유리한지는 조세 전문가와 상담을 통해 본인에게 맞는 대응전략을 수립해야 한다.

08. 상속세를 미신고하면 페널티가 발생할까?

> 어떠한 세무조사도 상속세 조사보다 집요하고 끈질긴 것은 없다. 오직 경험해본 사람만이 그 차이를 알 수 있다.

재산을 상속받은 상속인은 세법에서 정한 기한 이내에 신고 및 납부해야 한다. 거주자는 사망개시일이 속한 달의 말일로부터 6개월, 비거주자는 9개월 이내에 신고해야 한다. 신고기한 내에 신고하면 산출세액의 3%를 공제받을 수 있다. 만약 기한 내에 상속세 신고를 안 할 경우 배우자공제 5억은 받을 수 있지만, 그 밖에 자녀공제 및 연로자공제, 장애인공제, 미성년자공제 같은 인적공제가 적용되지 않는다.

이러한 공제들은 상속세 절세의 핵심인 만큼 기한 내에 반드시 신고해야 한다.

◆ **성실하게 신고했는데 납부가산세가 나오는 경우도 있나요?**

상속세 신고를 하고 납부까지 완료했다고 끝난 것이 아니다. 신고하고 난 이후 국세청에서 납세자가 신고한 내용과 국세청이 수집한 부동산, 금융재산 조회자료, 보험금 및 퇴직급 지급내역 등을 대조하여 상속인들이 모르는 금융거래나 사전증여 등 신고 누락분에 대해 상속인들에게 소명을 요구하는 경우가 많다. 소명을 못 하는 경우 세법에서 규정하는 납세의무를 성실하게 이행하지 않은 것으로 보고 본세 이외에 추가로 부과하는 세금이 발생하는데 이것이 바로 가산세이다.

실수로 미신고하는 경우에는 납부세액의 20%를 가산세로 부과하며 악의적인 부정 무신고는 신고불성실 가산세 40%를 부과한다. 이것으로 끝나는 것이 아니라 만약 이런 추징세금이 발생했을 경우 납부지연가산세 22/100,000가 추가로 부과된다.

◆ 납부세액가산세도 냈는데 납부지연가산세를 또 내나요?

납부지연가산세는 조세법상 부과된 협력의무의 이행을 확보하기 위한 행정적 제재制裁의 성격 이외에 성실히 납부한 사람과 그렇지 않은 사람과의 형평성을 고려하여, 납세자가 납부기한을 지키지 않아 납부하지 않은 기간 동안 얻게 된 미납액에 대한 이자 상당의 이익을 박탈함으로써 적기에 재원을 확보하고 국고 재정과 손익을 조정하는 데 그 목적이 있다. 쉽게 말해 지연이자의 성격이라 보면 된다.

구분	일반 무신고	부정무신고	일반 과소신고	부정과소신고시
상속세액 가산세	무신고납부세액의 20%	무신고납부세액의 40%	일반과소신고 납부세액의 10%	부정 과소신고납부 세액의 40%
납부지연가산세	*[기간]미납기간 : 납부기간 다음 날 ~ 자진납부일 초과환급기간 : 환급받은 말 다음 날 ~ 납세고지일 [이자율]22/100,000			

출처: 국세청 세금절약가이드

이렇듯 상속인의 입장에서 세금 내는 것도 부담될 수 있는데 가산세까지 납부하게 되면 정말 난처한 상황이 생길 수 있다.

가산세가 발생했다면 자세히 알아보지 않고 미리 준비하지 못한 것을 후회하더라도 이미 때는 늦었다.

그렇다면 가산세 발생을 사전에 예방하는 방법은 없을까?

다행히도 조세의 형식을 지닌 징벌적인 성격의 가산세를 줄이는 방법은 분명히 존재한다.

상속이 개시되기 전 피상속인은 직전 10년간의 금융거래 및 부동산 재산처분 등에 대한 소명자료를 확보하고 상속인들과 공유하는 것이 좋다.

물론 본인의 재산거래 내역 일체를 상속인들과 미리 공유한다는 것은 현실적으로 쉽지 않다. 그러나 사전에 문제점을 파악하고 이를 해결해 나아가면서 자칫 모르고 있다가 발생할 수 있었던 거액의 상속·증여세와 가산세 등을 해결해왔던 수많은 실무경험으로 인해 아무리 강조해도 과하지 않다고 생각한다.

그러므로 본인의 부동산 취득 및 처분, 그리고 금융거래가 활발하다면 사전에 반드시 체크하고 근거를 만들어 두어 향후 상속인들이 억울한 상속세와 가산세를 내지 않도록 준비해야 한다.

상속이 개시되기 전이라면 얼마든지 기회가 있다.

기회는 내 것으로 만들고자 하는 사람에게만 복을 준다.

09. 부담스러운 상속세, 나에게 맞는 납부방법은?

◆ **상속세가 예상한 것보다 많이 나왔어요. 부동산이 대부분이고 바로 처분할 수 없을 것 같습니다. 미리 준비된 현금도 없는데, 어떻게 납부하는 것이 유리할까요?**

실무에서 상속이 개시되면 가장 많이 듣는 질문 중 하나이다.

상속세의 결정과 통지는 상속세 신고기한으로부터 6개월 이내에 이루어지게 되며, 세무서에서 상속인들에게 납세고지서에 과세표준과 세액의 산출근거를 명시하여 통지하면 신고기한 내에 납부하면 된다.

상속인들은 상속세 신고 흐름상 상속개시 이후 3개월~4개월 정도 지나면 대략적인 상속세를 예상할 수 있다. 일반적으로 상속재산 중 현금은 부족하거나 거의 없고 부동산을 처분하기에는 상속인 간의 협의가 어렵거나 급매로 인한 손실이 발생할 수도 있으므로 상속인들에게는 세금 납부가 현실적인 부담으로 다가오게 된다.

상속이 개시되면 최우선적으로 현금과 사망보험금 등의 금융재산의 규모가 얼마나 되는지 파악하고 어떻게 상속세를 납부할 것인지에 대한 전략을 짜야 한다. 그러나 고령의 부모님의 경우 사망보험금이 있는 종신보험에 가입되어있는 경우는 거의 찾아보기 힘들기 때문에 대부분 손실이 나 있는 주식이나 펀드, 저축성 보험 등을 환매하여 납입하는 경우도 많다.

이렇듯 상속세는 일반 세금과 달리 납부해야 할 금액이 거액인 경우가 많고 상속재산의 대부분이 유동성이 낮은 재산이므로 세법에서는 일정한 요건을 갖춘 경우 분납 또는 연부연납과 물납을 다음과 같이 허용하고 있다.

상속세 납부재원 미준비시 상속세 납부방법

분납
- 납부할 금액이 1천만 원을 초과하는 경우 현금을 2회에 나누어 내는 방법
  1회는 신고 때 나머지 1회는 신고기한 경과 후 2개월 내에 납부

연부 연납
- 납부할 금액이 2천만 원을 초과하는 경우 연단위로 나눠서 납부(최대 10년)
- 첫 1회는 11분의 1을 상속세 신고 기한 내 납부하고 나머지 10회는 연간 1회로 납부 (연 1.2% 가산)
- 다만 각 회분의 분할 납부 세액이 1천만 원을 초과하도록 기간을 설정하고 금액이 적은 경우 그 횟수가 축소될 수 있음

물납
- 부동산은 물납 시 대부분 기준 시가로 인정받아 납세자에게 상당한 손해
- 비상장주식의 특별한 경우를 제외하고 원칙적으로 물납을 허가하지 않음

◆ **상속세는 분납이 된다** 최대 2회

먼저 분납은 납부세액이 1천만 원을 초과하고 총 2천만 원 이하면 1차로 1천만 원을 납부하고 나머지 금액을 2개월 이후에 납부할 수 있다.

상속세	1차 납부(신고기한 이내)	2차 납부(2개월 이후)
1920만 원	1천만 원	920만 원

만약 납부할 세금이 2천만 원을 초과하는 경우에는 상속세액의 50% 이하 금액은 분납이 가능하다.

상속세	1차 납부(신고기한 이내)	2차 납부(2개월 이후)
1억 원	5천만 원	5천만 원

일반적으로 상속세는 자산이 현금화되어 있지 않는 상황에서 과세되기 때문에 납세의무자의 과중한 부담을 줄여주기 위해 더 길게 연 단위로 납입 기간을 연장해주거나 연부연납 실물자산을 납부하는 물납도 할 수 있다.

✦ 부담되는 상속세, 연부연납으로 나누어 내자 최대 10년

연부연납의 요건은 상속세액이 2천만 원을 초과하는 경우 상속인들 전원이 상속세 신고기한 내 또는 납세고지서상 납부기한까지 신청하여야 하며 상속인 중 1인만 연부연납 신청하는 것은 불가하다. 2020년 2월 11일 이후 연부연납을 신청하는 경우 수정신고 시에도 연부연납이 가능하며 2021년 1월 1일 이후는 기한 후 신고 시에도 연부연납이 가능하다.

최대 10년의 기간 동안 연부연납을 신청할 수 있고 연 1.2%의 가산세가 부과된다.

연부연납 신청 시 상속세액 이상의 담보를 제공해야 하며 담보제공시 담보할 국세의 120%현금, 납세보증보험증권 또는 은행법에 따른 은행의 납세보증서의 경우에는 110% 이상의 가액에 상당하는 담보를 제공해야 한다.

납세담보에 해당되는 재산은 다음과 같다.

> ① 금전
> ② 국채증권, 지방채권, 특수채증권 등 대통령령으로 정하는 유가증권
> ③ 납세보증보험증권
> ④ 은행법에 따른 은행, 신용보증기금등의 납세보증서
> ⑤ 토지
> ⑥ 보험에 든 등기 또는 등록된 건물, 공장재단, 광업재단, 선박, 항공기 또는 건설기계

실무에서는 부동산을 담보로 제공하는 것이 일반적이다. 다만 부동산에 선순위채권이 있다면 이 채무액을 제외한 평가액이 담보제공가액보다 커야 하며 임대차계약이 있는 경우 임대차계약서도 제출해야 한다.

연부연납을 신청하더라도 상속인에게 발생하는 허가에 필요한 비용은 없으나 상가건물의 경우 화재보험에 가입하여 가입증권을 제출해야 한다.

고지서는 매년 정해진 납기일에 맞추어 납세의무자에게 발송되며 연부연납의 기간은 변경하거나 미리 선납할 수 있다.

✦ 현금이 없다면 물납도 방법이다!

물납이란 상속세 납부를 금전이 아닌 상속받은 재산으로 대신 납부하는 것을 말한다.

상속세 및 재산세만 물납이 가능하며 물납은 분납이나 연부연납보다 더 까다로운 조건을 적용하다. 상속받은 금융재산으로 상속세 납부가 가능한 경우 물납이 불가능하다.

물납의 허용조건은 다음과 같다.

① 상속재산 중 부동산과 유가증권 가액이 상속재산의 2분의 1을 초과할 것
② 상속세 납부세액이 2천만 원을 초과할 것
③ 상속세 납부세액이 상속재산가액 중 현금, 예금 등 금융재산의 가액을 초과할 것
④ 상속세 과세표준 신고기한이나 결정통지에 의한 납세고지서상 납부기한까지 물납신청할 것
⑤ 관리 처분이 부적당한 재산이 아닌 재산으로 신청할 것
⑥ 관할세무서장이 납세자의 물납허가 필요

물납 시 충당 가능한 부동산과 유가증권은 다음과 같다.

① 국내에 소재하는 부동산
② 국채 · 공채 · 주권
③ 내국법인에서 발행한 채권 · 증권
④ 신탁업자가 발행하는 수익증권
⑤ 집합투자증권
⑥ 종합금융회사에서 발행한 수익증권

※ 유가증권 중 상장주식은 거래소에서 매각해 현금을 확보할 수 있기 때문에 물납 대상에서 제외되지만 법령에 의해 처분이 제한되는 경우에는 가능하다.
※ 비상장주식은 상속의 경우로서 다른 상속재산이 없거나 선순위물납대상 재산으로 상속세 물납에 충당하더라도 부족한 경우 가능하다.

물납 시 충당하는 재산은 상속인이 정하는 것이 아니라 세무서장이 인정하는 정당한 사유가 없는 한 다음 순서에 따라 신청하고, 허가를 받아야 한다.

① 국채와 공채
② 물납허가통지서 발송일 전일 현재 '자본시장법'에 따라 처분이 제한된 상장주식
③ 국내에 소재하는 부동산
④ 비상장주식(물납 충당이 가능한 자산에 한함)
⑤ 상속개시일 현재 상속인이 거주하는 주택 및 그 부수토지

상속·증여세법에서는 물납의 경우 물납신청을 받은 재산을 평가할 때 일반적으로 알고 있는 시가에 의하지 않고 개별공시지가나 공시가격 같은 기준시가에 의해 평가하므로 실제 내야 할 금액과 기준시가 상당액을 대비하여 산정해야 한다.

해당 물납재산에 지상권·지역권·전세권·저당권 등 재산권이 설정되어 있어 공매를 하기 어렵거나 토지의 일부에 묘지가 있는 경우에는 물납 불허가 대상으로 규정한 관리·처분이 부적당한 물납재산으로 판단하여 물납재산의 변경을 요청할 수 있다.

이처럼 처분이 어려운 재산은 물납의 승인이 어려운 만큼 물납을 하고자 하는 경우 먼저 관할 세무서에 문의해보고 신청하는 것이 좋다.

◆ **분납이나 연부연납 그리고 물납이 여의치 않은 경우에는 어떻게 해야 할까?**

상속재산을 처분하여 상속세를 납부하는 자산매각방법과 대출을 일으켜 상속세를 납부하는 방법 등이 있다.

분납, 연부 연납, 물납 불가 시 상속세 납부방법

자산매각	대출
• 상속재산을 매각하여 납부	• 매각과 물납이 여의치 않은 경우 부동산 등을 담보로 대출
• 부동산은 급매 시 시가에 미달	• 이자비용을 부담
• 비상장주식은 매각이 어려움	• 비상장주식은 담보로 받아 주지 않는 경우가 많음
• 매각 가액으로 다시 상속세를 계산하여 추징할 위험 있음.	• 담보 부동산은 감정가액으로 재평가하여 상속세 추징 위험

상속재산을 매각하거나 대출을 받는 경우 분납, 연부연납 및 물납이 불가능한 경우 어쩔 수 없지만 권장하고 싶지 않은 전략이다.

이는 매각가액 및 감정가액의 변동으로 과표구간 자체가 높아져 세 부담이 더 커질 위험이 있다. 또한 급매로 인한 경제적 손해가 발생할 수도 있고 대출이자의 부담도 생긴다.

단, 10년 내에 사전증여 받은 재산이 상속재산에 합산되더라도 최초 증여가액으로 합산되기 때문에 상속재산이 아닌 사전증여받은 재산을 담보로 대출을 받는 경우에는 상속세의 변동이 없다.

이처럼 상속세 납부 시에도 사전증여가 유리하게 활용될 수 있다.

✦ 상속세는 미처 예상하지 못한 시기에 거액의 세금을 납부해야 하는 경우가 대부분이다

미리 상속세를 준비해 두었다면 다행이지만 그렇지 못하는 경우가 대부분이며 실무적으로는 대부분 상속재산 내에서 해법을 찾으려 한다. 그러나 해법이라 해도 결국 상속세가 2천만 원을 기점으로 적다면 분납을, 많다면 연부연납이 가장 많이 사용되는 방법이다.

위의 여러 가지 납부방법들을 비교하여 본인에게 맞는 방식으로 준비한다고 하더라도 상속세 납부 부담을 최소화할 수 있는 또 다른 방법은 없을까?

배우자나 자녀에게 현금이나 임대소득 등이 발생하는 부동산을 증여하고 그 재원을 활용하여 사망보험금이 발생하는 보장성보험을 가입하는 것이 좋다.

피상속인을 피보험자로, 계약자와 수익자를 배우자나 자녀로 하는 보장성보험에 가입하는 경우 이 사망보험금은 상속재산에 합산되지 않기 때문에 상속세 납세 대책으로써 최적의 플랜을 제공한다.

만약 소득이 있다면 반드시 그 소득을 활용하여 가입하고 소득이나 증여할 재산이 없다면 보험상품 자체를 증여하도록 한다.

단, 보장성보험은 아무리 돈이 많고 사회적 명망이 있다 한들 나이가 많거나 건강하지 않으면 가입이 제한되거나 거절될 수 있으니 최대한 빨리 준비하는 것이 바람직하다.

이처럼 미리 준비되지 않은 상속이 개시되는 경우 결국 분납에 대한 이자 부담과 자산 매각으로 인한 손실 등이 발생할 수밖에 없다.

그러므로 상속이 개시되기 전에 미리 준비하고 계획하는 과정에서 가장 중요한 절세 포인트는 미리 주고, 분산해서 주더라도 불가피하게 발생할 수밖에 없는 상속세 재원을 만드는 것에 있다.

납세대책을 수립하는 것, 그 자체만으로도 바로 절세가 시작되는 것이다.

늦었다고 생각할 때가 가장 빠르다는 이야기처럼 지금이라도 준비하여야 한다.

아무런 준비도 대책도 없이 내 재산의 50%를 국가가 상속받는 것을 원치 않는다면 말이다.

10. 상속세는 증여세와 달리 가족의 대납이 가능하다

✦ 증여는 세금을 대신 내줘도 증여재산에 합산되는데 상속세는 증여세 없이 대납이 가능하다고요?

세금을 대신 내주면 그 증여세액 대납액도 합산되는 증여세와 달리 상속세는 그렇지 않다.

그 이유는 바로 '연대납세의무'에 있다.

상속인 또는 수유자_{사인증여의 수증자 포함}는 상속세 및 증여세법에 따라 부과된 상속세에 대하여 상속재산 중 각자가 받았거나 받을 재산_{자산총액-부채총액-상속세액}을 한도로 귀속비율에 의하여 상속세를 납부할 의무가 있다. 이때 연대납세의무 대상이 되는 상속세에는 가산세, 가산금, 체납처분비를 포함한다.

따라서 이 경우 받을 재산의 한도로 연대납세 납부의무가 있으니 그 범위 내에서 다른 상속인이 납부해야 할 상속세를 대납하더라도 증여가 아니다.

다만 자신이 받았거나 받을 재산의 한도를 초과하여 다른 상속인 등이 부담해야 할 상속세를 내준다면 그 초과분은 다른 상속인에게 증여한 것으로 보아 증여세를 부과할 수 있다. 그렇기 때문에 상속세 납부 시 상속받은 재산의 범위를 초과하지 않고 자녀의 상속세를 대납해주면 2차 상속세까지 절세할 수 있게 된다.

세금을 대납해줘도 유일하게 증여로 보지 않는 연대납세제도를 적극 활용하자.

✦ 연대납세의무제도를 악용하는 경우도 있지 않을까?

공동상속의 경우 공동상속인 중 일부가 상속세를 납부하지 않은 경우에는 어떻게 될까?

앞서 설명했듯이 과세관청은 공동상속인 전원에게 연대납세의무의 책임지도록 하고 연대납세의무 범위 내에서 다른 상속인들에게 징수할 수 있다.

만약 상속인 중 누군가가 그럴 가능성이 많다고 판단될 경우에는 미리 전문가와 상의하여 계산된 예상 상속세에 해당되는 상당액을 제외하고 나머지 상속재산을 분배하는 것이 좋다.

그러나 그것조차 여의치 않다면 나머지 상속인들이 먼저 대납을 하고 민사소송으로 해당 금액의 반환을 청구할 수 있다.

11. 연대납세의무제도를 활용하면 2차 상속세도 절세된다

> 준비 안 된 1차 상속이 예고된 참사라면 아무도 고려하지 않은 2차 상속은 아주 큰 재앙으로 다가온다.

최소 20억 이상의 상속계획을 수립할 때에는 반드시 배우자공제가 적용되지 않는 2차 상속까지 설계해야 한다. 그러나 실무적으로는 이혼을 예상하는 경우나 증여세의 발생, 자금출처 증빙의 어려움을 이유로 자산가 대비 그 배우자의 재산이 비교적 적은 경우가 많다.

이러한 부부간의 재산 규모 불균형은 상속이 개시되면 상속공제에도 악영향을 끼친다.

남편이 사망했을 때 남긴 재산은 2차 상속이 개시되면 배우자의 명의로 된 재산과 함께 자녀에게 상속된다. 이때, 기본 5억부터 최대 30억까지 적용되는 배우자공제를 받지 못하여 일괄공제 5억을 제외한 거의 모든 재산이 상속재산가액으로 계산되므로 거액의 상속세가 발생한다.

◆ 배우자공제를 활용하여 자녀의 상속세를 대신 납부하자

만약 부부가 고령인 경우 단기간에 2차 상속이 예상된다면 배우자공제를 활용하여 2차 상속세를 절세하는 방법도 상속설계 시 반드시 고려되어야 한다.

먼저 부의 사망으로 상속이 개시되면 배우자공제에 해당하는 법정지분만큼의 현금성 자산을 배우자인 모가 상속받아 자녀가 납부해야 하는 상속세를 대납해준다면 2차 상속세도 절감하는 효과가 발생한다.

상속재산가액별로 배우자공제를 적용 및 미적용하였을 때 상속세 차이는 다음과 같다.

상속자산/배우자/자녀수 별 예상 상속세
- 장례비, 공과금, 채무 등 공제 미반영/금융재산 상속공제 2억 반영
- 배우자의 법정상속지분 반영/신고세액공제 3% 적용

상속재산가액	배우자 자녀1명		자녀 1명 (배우자 없음)		배우자 자녀2명		자녀 2명 (배우자 없음)	
	상속세율	납부세액	상속세율	납부세액	상속세율	납부세액	상속세율	납부세액
10억	0%	0	20%	48,500,000	0%	0	20%	48,500,000
20억	10%	9,700,000	40%	349,200,000	20%	76,214,285	40%	349,200,000
30억	20%	87,300,000	40%	737,200,000	40%	238,342,859	40%	737,200,000
40억	30%	203,700,000	50%	1,154,300,000	40%	460,057,143	50%	1,154,300,000
50억	40%	349,200,000	50%	1,639,300,000	40%	681,771,428	50%	1,639,300,000
80억	50%	1,639,300,000	50%	3,094,300,000	50%	1,639,300,000	50%	3,094,300,000

표에서 알 수 있듯이 배우자공제가 적용되지 않는 2차 상속 시에는 1차 상속 때보다 더 많은 상속세가 발생한다.

① 배우자와 자녀가 1명인 경우 50억을 상속받으면 상속세는 3억 4920만 원이 발생하지만
② 배우자가 없는 경우 50억을 상속받을 때에는 16억 3930만 원의 상속세가 발생된다.
③ 배우자와 자녀가 1명인 경우 50억을 상속받는 것과 배우자가 없는 경우 자녀가 20억을 상속받는 것과 세금이 같다.
  50억보다 적은 20억을 상속받는데 배우자가 있고 없음에 따라 상속세는 똑같은, 정말 어이없는 일이 벌어지는 것이다.

✦ 만약 재산이 없는 배우자의 상속이 먼저 개시되고 2차로 자산가의 상속이 개시된다면 어떻게 될까?

사전에 준비되지 않는 2차 상속의 피상속인이 자산가인 경우 매우 치명적이다. 실무적으로도 이런 경우 예상치 못했던 거액의 세금이 발생한다. 그만큼 배우자공제가 상속공제에서 차지하는 비중이 크다는 걸 다시 한번 상기시켜 준다.

재산이 없는 배우자의 상속재산이 만약 10억 이내인 경우 10억까지는 자녀에게 상속하는 것이 유리하다. 재산이 많은 사람이 배우자의 사망으로 10억 이내로 상속받은 경우 납부할 상속세가 없다고 하더라도 본인의 재산과 합산되면 차후에 2차 상속 발생 시 고율의 상속세가 부과되기 때문이다.

그러나 1차 피상속인이 부부 중 누가 먼저 될지는 예측하기 어렵다. 부부가 소유하고 있는 재산의 규모와 보유형태, 그리고 평소 건강상태

와 연령 등을 고려하여 부부 중 누가 먼저 1차 피상속인에 해당하더라도 대비할 수 있도록 계획을 수립하여야 생각지 못한 거액의 상속세를 절세할 수 있다.

12. 상속신고가 끝났어도
   끝난 것이 아니다

✦ **상속세 납부까지 완료했는데, 세무서에서 세무조사통지서를 보냈어요. 신고 및 납부까지 완료하면 끝나는 게 아니었나요?**

상속세는 종합소득세나 부가가치세와 달리 신고·납부하였다고 하더라도 그 세액이 확정되는 것이 아니다. 상속인이 직접 신고하든 세무대리인이 신고하든 누가 신고했는지가 중요한 것이 아니라 상속재산을 어떻게 평가하느냐에 따라 세금이 달라질 수 있기 때문에 신고·납부한 내역과 세무서에서 확인된 내용을 심의하여 최종세액을 결정한다.

따라서 상속세 신고를 하면 일단 세무조사를 통해 검증이 진행된다고 생각을 해야 한다.

기한 내 상속세를 신고·납부까지 완료하면 그 시점으로부터 6개월 이내에 시작되지만 경우에 따라 1년이 지난 시점에 시작되는 경우도 있다. 일반적으로 조사 기간은 30일에서 90일 정도 소요된다.

만약 상속재산가액이 50억을 초과하거나 조사결과에 따라 50억 원이 넘을 것 같은 경우 '지방국세청 조사국'에서 진행되며 그 이하 금액은 '일반세무서 재산세과'에서 조사한다.

✦ 국세청은 이미 사망 전부터 고인의 재산현황과 거래내역을 미리 알고 있다!

상증법 제 85조[납세자별 재산과세자료의 수집·관리]를 보면 국세청장은 재산규모, 소득수준 등을 고려하여 대통령령이 정하는 자에 대해서는 상속세 또는 증여세의 부과·징수업무를 효율적으로 수행하기 위해 세법에 따른 납세자 등이 제출하는 과세자료나 과세 또는 징수의 목적으로 수집한 부동산·금융재산 등의 재산자료를 그 목적에 사용할 수 있도록 납세자별로 매년 전산조직에 의하여 관리하도록 되어 있다.

개인별 재산과세자료의 수집 및 관리대상은 다음과 같다.

> ① 부동산 과다보유자로서 재산세를 일정 금액 이상 납부한 자 및 그 배우자
> ② 부동산 임대에 대한 소득세를 일정 금액 이상 납부한 자 및 그 배우자
> ③ 종합소득세(부동산임대에 대한 소득세를 제외한)를 일정 금액 이상 납부한 자 및 그 배우자
> ④ 납부자본금 또는 자산규모가 일정 금액 이상인 법인의 최대주주 및 그 배우자
> ⑤ 고액의 배우자 상속공제를 받거나 증여에 의해 일정 금액 이상의 재산을 취득한 자
> ⑥ 일정 금액 이상의 재산을 처분하거나 재산이 수용된 자로 일정 연령 이상인 자
> ⑦ 일정 금액 이상의 상속재산을 받은 자
> ⑧ 기타 상속세 또는 증여세의 부과·징수업무를 수행하기 위하여 필요하다고 인정되는 자로서 기획재정부령이 정하는 자

이처럼 국세청에서는 생전에 수집된 과세자료를 바탕으로 기본적인 상속세 세원관리를 하고 있음을 알 수 있다.

그러므로 상속세 세무조사가 시작되면 '자료증빙'이 얼마나 중요한것인지 인지하여야 한다.

상속세의 조사과정에서는 국세청의 모든 인적·물적 인프라가 동원되는데 가장 기본적으로 확인하는 내용은 고인의 금융거래 내역 중 상속 개시일로부터 10년 이내에 증여세 신고 없이 자녀와 배우자에게 흘러 들어간 내역과 부동산 취득 및 처분, 그리고 거액의 현금 인출금액 등이 대상이다.

국세청은 상속세의 결정 및 경정을 하기 위해서 조사를 하는 경우 TIS를 통해 사망일 전 일정 기간의 금융소득 및 부동산 보유현황을 파악하고 상속인과 증여 및 수증자의 금융재산에 대한 과세자료를 일괄조회한다.

특히 상속재산이 20억을 초과하는 경우 금융재산 일괄 조회를 반드시 실시하며 20억 미만이어도 의심스러운 경우에도 조회할 수 있으니 반드시 검토되어야 한다.

이 과정에서 추가적인 보완자료가 필요하면 각종 증빙서류를 요청하게 되고 상속인들은 직접 또는 세무대리인을 통해 적극적으로 해명을 하는 등의 쟁점 합의를 통해 최종적으로 세무조사를 종결한다.

이 기간에 별 무리 없이 세무서의 결정세액이 정해졌다 하더라도 추가적인 과세가 끝난 것은 아니다.

30억 이상의 상속재산인 경우 상속개시 이후 5년 동안 상속인의 재산 변동 파악을 하는 등 꾸준히 모니터링을 하여 상속재산의 탈루 여부를 점검한다. 상속개시 당시와 비교하여 상속인의 재산이 급격하게 증가한 경우 자금출처 증빙 요구를 할 수 있으며 이때 증빙을 하지 못하는 경우 상속재산의 탈루 및 은닉재산의 처분 등으로 판단되어 추가 과세할 수 있다.

만약 억울한 세금이 부과되면 어떻게 해야 할까?

세무조사가 종결된 이후 납세자는 30일 이내에 '과세처분이 있기 전에 미리 이를 다투어 위법 또는 부당한 과세처분을 미연에 방지하기 위한 사전적 권리구제제도'인 과세전적부심사청구절차를 신청할 수 있다.

심사 청구의 인용 또는 기각 결정에 따라 상속세 고지서를 수령한 후 90일 이내에 사후적 권리구제제도인 이의신청 또는 심사청구, 심판청구와 조세소송 등의 불복절차신청을 진행하면 된다.

상속세 세무조사는 준비되어 있지 않은 상속인들에게 절망과 고통만을 남긴다.

상속인들이 아무리 최선을 다해 준비한다 하더라도 국세청의 정보력을 따라잡을 수는 없다.

피상속인이 생전에 행한 모든 재산의 취득 및 처분, 금융거래 내역, 차명재산, 사업상의 문제 등 일체의 행위를 알지 못하는 상속인들에게 국세청은 누적된 전산자료와 데이터를 활용하여 충분한 증거를 수집하고 소명을 요구하기 때문이다.

사실상 피상속인의 사망 이후 상속인들이 이를 입증해내기는 거의 불가능하다. 실무적으로도 세무조사 시기에 상속인들이 몰랐던 금융재산이나 부동산 취득·처분금액의 사용 출처 증빙이 불가하여 적잖은 상속세와 증여세 그리고 가산세가 나오는 경우가 많다.

이렇듯 사전에 미리 준비하고 공유하지 않은 상황에서 상속이 개시되면 남겨질 상속인들이 겪어야 할 고충은 매우 클 수밖에 없다.

지금이라도 나 스스로 점검하고 확인하는 것, 그것보다 완벽한 상속세 절세전략은 존재하지 않는다.

모든 상속재산에 대한 정보를 상세하게 아는 사람, 모든 재산의 취득 및 처분 그리고 금융거래내역과 관련 증빙자료를 준비하고 대처할 수 있도록 미리 계획할 수 있는 사람은 상속인도 세무대리인도 아닌 바로 '피상속인, 즉 주는 사람 본인'임을 명심해야 한다.

나보다 내 재산에 대해 잘 아는 건 국세청밖에 없다는 걸 잊지 말자.

13. 단기재상속에 대한 2차 상속세액 공제

✦ **2년 전 아버님이 돌아가시고, 지금 어머님께서도 병원에 입원 치료 중이신데 만약 2차 상속이 일어나면 어떻게 되는 건가요?**

통계청에서 작성한 자료에 의하면 2020년 연령별 남자의 기대수명은 80.5년, 여자는 86.5년으로 전년 대비 남녀 모두 0.2년 증가했다. 특히 기대수명의 남녀 격차는 6.0년으로 1985년 8.6년을 정점으로 감소하고 있는 추세이다.

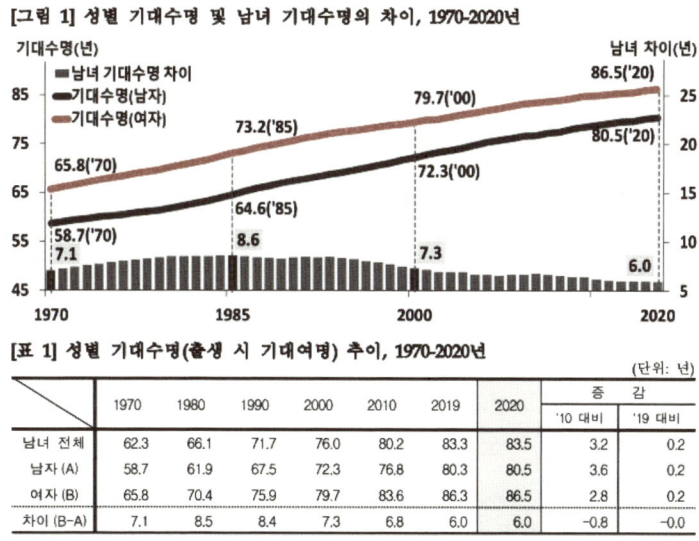

출처: 통계청 2020 생명표

이는 급속도로 발전하는 의학기술과 대중화된 건강검진, 그리고 개선된 생활습관의 영향으로 현대인의 기대수명이 늘어나고 남녀 간의 격차가 줄어들고 있다는 걸 보여준다. 이를 반영하듯 상담을 하다 보면 '피상속인의 배우자가 고령이고 유병자인 경우 2차 상속'에 대한 것들이 많다.

단기에 2차 상속이 발생하는 경우 세법에서는 단기재상속에 대한 세액공제를 적용하고 있다. '단기재상속이란 상속개시 후 10년 이내에 상속인이나 수유자의 사망으로 다시 상속이 개시되는 경우 재상속분에 대한 전의 상속세 상당액을 상속세 산출세액에서 공제해주는 것'을 말한다.

부모님이나 배우자의 사망으로 인해 발생되는 상속재산에 대해 상속세를 납부하였는데 단기간 내에 재상속이 이루어질 경우 동일한 재산에 또다시 상속세를 중복부과하는 결과를 초래할 수 있기 때문이다. 이를 고려하여 납부한 상속세를 재상속 기간에 따라 일부 또는 전부의 금액을 차감해주는 세액공제규정을 적용하여 세부담의 공평성을 기하고 있다.

(1) 공제율

재상속기간	공제율	재상속기간	공제율
1년 이내	100%	2년 이내	90%
3년 이내	80%	4년 이내	70%
5년 이내	60%	6년 이내	50%
7년 이내	40%	8년 이내	30%
9년 이내	20%	10년 이내	10%

다음 산식에 의해 계산된 금액을 위의 공제율에 곱하여 산출한다.

$$\text{(2) 전의 상속세 산출 세액} \times \frac{\text{재상속분의 재산가액} \times \frac{\text{전의 상속분 과세가액}}{\text{전의 상속재산가액}}}{\text{전의 상속분의 과세가액}}$$

단기재상속공제액 = (1) × (2)

위 계산식대로 산출하여 공제를 해주는데 만약 재상속된 것이 전의 상속세 과세액 상당액을 초과하더라도 환급해주지 않는다. 단기재산상속에 대한 세액공제는 전체 상속재산에 적용하는 것이 아니라 재상속된 각각의 상속재산별로 구분하여 계산된다.

예를 들어 아버지의 상속재산을 받은 어머니가 10년 이내에 돌아가실 경우 어머니의 고유재산에는 상속세가 정상적으로 부과되고 아버지로부터 어머니가 받은 상속분이 재상속되는 것에 대해서만 기간에 따라 적용된다.

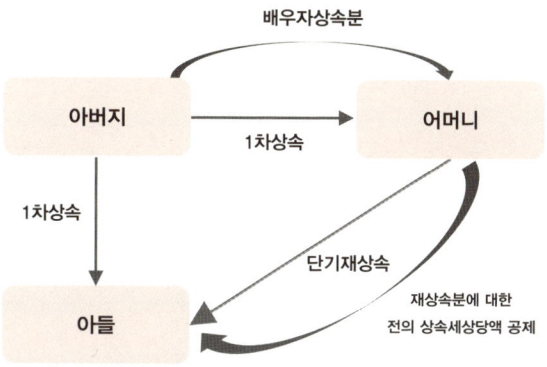

이처럼 10년 이내에 배우자의 2차 상속이 개시되는 경우 단기세액공제에 해당하는지를 확인하여 상속세 계산 시 누락되는 일이 없도록 확인해야 한다.

Part 2
슬기로운 증여, 아름답게 시작하라

말하자마자 행동하는 사람,
그것이 가치 있는 사람이다.
-엔니우스-

Chapter 1.
증여는 시기와 절세가 포인트다!

내일은 어떻게 되겠지 하고 생각한다면 이미 늦은 것이다.
현명한 사람은 이미 어제 다 끝낸 일이다.

-찰스 호튼 쿨리-

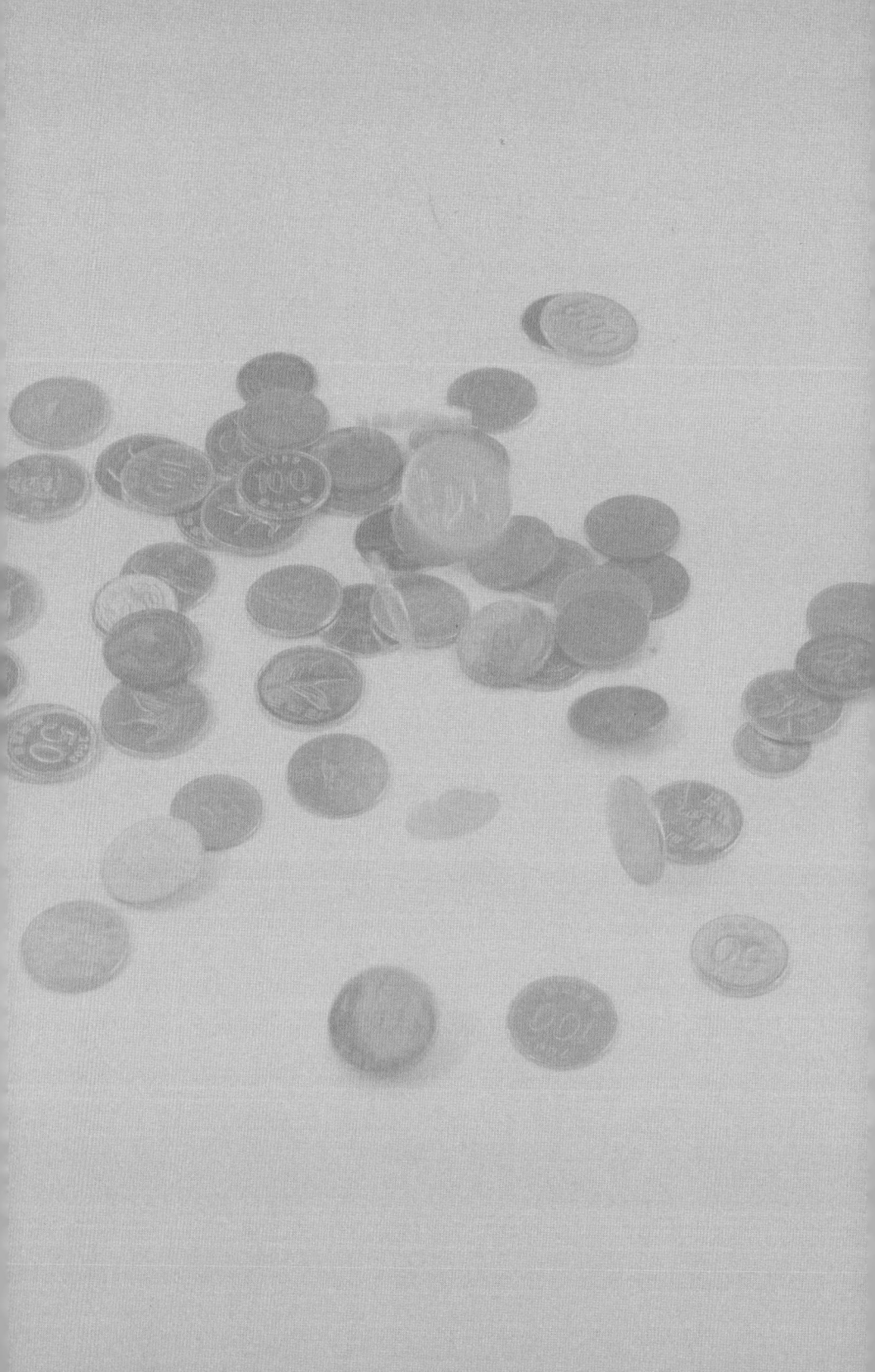

01. 유대인의 교육열과
바르 미츠바 Bar Mitzvah 를 벤치마킹하라!

> 세계인구의 0.2% 수준인 유대인은 살아남기 위한 방법으로 엄청난 교육열과 성인식 바르 미츠바(Bar Mitzvah)를 통해 전체 노벨상의 40%와 억만장자의 30%를 유대인으로 채웠다.

예로부터 우리나라 사람들의 교육열은 정말 대단하다. 가히 '교육이 종교'라는 말이 나올 정도이다.

한때 '개천에서 용이 난다.'라는 말이 유행했듯이 가난한 집안에서 겨우겨우 대학을 나와 온 가족의 뒷바라지를 받으며 사법고시나 의사면허 시험에 합격하면 엄청난 출세를 하게 되고 자신과 가족의 운명도 바꿀 수 있었던 시절이 있었다. 그래서일까? 아무리 시대가 변했어도 예전이나 지금이나 교육이 신분 상승의 기회를 잡을 수 있는 동아줄의 역할을 한다는 생각에는 큰 변함이 없는 것 같다.

지금도 학원가가 밀집해 있는 대치동이나 목동에는 휴일에도 열심히 공부하는 수많은 학생으로 인산인해를 이룬다.

이러한 사회적 현상을 바라본 미래학자나 경제학자들은 '한국의 미래는 밝다, 부모의 교육열과 자녀의 학습열이 정말 대단하기 때문이다.'라고 공통적인 이야기를 할 정도이니 더 이상 무슨 설명이 필요할까?

그러나 우리나라 사람들보다 교육열이 몇 배 더 강한 민족이 있다. 바로 유대인이다.

미국에서 한국 사람이 좋은 학군을 찾아가면 반드시 유대인들이 집단거주하고 있고 초·중·고등학교의 30~40%는 유대인 교사가 차지하고 있다. 미국 유명대학의 법대, 의대, 경영 관련 학과의 절반가량이 유대인이고 그 학과의 교수 또한 대부분 유대인이란 말이 돌 정도이다.

이처럼 교육, 법률, 금융, 의료, 언론 등과 같은 지식산업 전반에서 세계적인 강자가 되어있는 유대인들의 교육방식은 우리에게도 이미 유명하다. 이러한 유대인의 엄청난 교육열로 인해 미국 월가를 발칵 뒤집은 유명한 일화가 있다.

==2002년 미국 2위의 장거리 유선전화업체인 월드컴이란 회사가 부실회계로 큰 문제가 된 적이 있다.==
==살로먼스미스바니(시티금융그룹의 자회사)의 간판 투자분석가였던 잭 그럽맨은 샌디 웨일 시티그룹 회장의 지시를 받아 월드컴에 대한 왜곡된 장밋빛 전망의 투자분석보고서를 작성하여 투자자들을 오도함으로써 월가에 큰 충격을 안겨준 사건이었다.==
==이 사건으로 잭 그럽맨은 1500만 달러의 벌금형과 증권업계에서 영구 추방되었다.==

이처럼 엄청난 위험을 감수하고도 잭 그럽맨이 기업 분석을 허위로 해주는 대가로 원한 것은 놀랍게도 금전적인 대가나 승진이 아니었다. 그가 부탁한 것은 자신의 쌍둥이 자녀를 뉴욕의 부촌에 위치한 '92스

트리트 Y'라는 유치원에 입학시켜 달라는 것이었다.

월가를 뒤집어 놓을 만큼 엄청난 회계부정의 뒷거래가 단순히 유치원의 입학이었다는 것이 알려지면서 이 유치원은 미국 전역에서 화제가 되었고 언론을 통해 세상에 널리 알려지게 되었다.

뉴욕에서 가장 돈 많은 유대인들이 자신의 자녀를 입학시키려 하는 이유는 이 유치원에 입학만 하면 명문 초·중·고등학교를 거쳐 아이비리그대학까지 진학할 수 있고 이 과정에서 자연스럽게 엄청난 인맥이 형성될 수 있을 것으로 판단한 부모들의 엄청난 교육열 때문이다.

여기서 우리가 눈여겨봐야 할 것은 부정회계의 대가로 쌍둥이 자녀의 입학을 청탁한 잭 그럽맨이나 이사장을 맡고 있는 샌디 웨일 시티그룹 회장 등 유치원과 관련된 사람들 대부분이 유대인이라는 것이다. 실제 세계적인 영화감독이자 배우로 유명한 유대인 우디 앨런과 그의 한국계 부인이 입양해 키우는 아이도 이 유치원에 다닌다는 사실이 알려져 화제가 되기도 했다.

이처럼 유대인들이 자녀의 교육에 엄청난 노력을 쏟아붓는 것은 종교적 신념 외에도 생존에 필요한 것이 무엇인지를 경험을 통해 잘 알고 있기 때문이다.

영토도, 힘도, 가진 것이 없고 핍박받던 유대인들은 교육과 유대인의 성인식 '바르 미츠바'를 통해 자녀세대가 살아남을 수 있는 힘, 즉, 지식과 기술 그리고 재산을 물려주는 것, 그것이 진정한 증여의 의미가 아닐까 생각한다.

유대인들은 남자아이들이 13살, 여자아이들이 12살 때 성인식인 바르 미츠바 Bar Mitzvah**를 한다. 성인식이 거행되면 가족, 친지, 지인**

등이 모여 나중에 사회에 나가서 사용할 수 있도록 축하자금을 선물로 준다. 이 돈은 부모와 자녀가 함께 관리하며 그들이 사회에 첫발을 내딛는 시점에 겪게 될 실물경제에 종잣돈으로 사용된다.

우리도 유대인에 못지않은 교육열이 있다. 그러나 미리 재산을 물려주는 것에 대해서는 아직 사회적 인식이 부족하다. 대부분 엄청난 사교육비 지출로 인해 증여는커녕 부모의 노후 은퇴 설계 자체가 불가능하거나 빈곤으로 빠질 가능성이 큰 경우가 대부분이다.

과거와는 달리 우리의 자녀들은 로스쿨을 나와 변호사가 되거나 의대를 졸업하고 개업을 할 때도 엄청난 경쟁을 해야 한다.

물론 돈이 목적이 아닌 사명감으로 일하는 분들이 대부분인 것을 감안하면 실력의 차이가 무한경쟁 속에서 살아남을 수 있는 장점은 될 수 있다.

그러나 이제는 전문 자격을 갖추었다 해서 반드시 부의 상승이 동반되지 않는 시대에서 살고 있음을 알아야 한다. 이런 현상이 우리에게 주는 교훈은 인생을 살아가는 데 있어서 단 한 번의 성공이 우리의 삶에 미치는 영향력이 줄었다는 것이다.

그러므로 한 사람이 태어나서 직업을 갖는 시기까지 대략 20~30년 정도 소요된다고 가정하면 그 기간 동안 부모는 자녀에게 올바른 교육뿐만 아니라 경제적 자립의 기회도 함께 제공해줌으로써, 성장을 뛰어넘어 성공하기 위한 발판을 만들어 주어야 한다.

02. 왜 사전증여를 계획하고
   실행해야 할까?

> 수많은 한국의 청년들이 사회에 진출하여 종잣돈을 만들기 위한 노력을 할 때 사전증여를 통해 이미 종잣돈이 만들어져 있는 유대인 청년들을 보면 우리 청년들의 미래가 걱정된다.
> 이미 사회생활의 출발부터가 너무나도 다르기 때문이다.

◆ 돈은 버는 게 아니라 불리는 것이다

부(富)의 대물림을 할 수 있는 방법, 즉, 부모의 재산을 다음 세대로 이전하는 방법은 상속과 증여가 있다.

상속재산 총액에 부과되는 '유산세' 방식의 상속세보다 각자 받은 재산에 대해서 부과하는 '유산취득세' 방식인 증여세가 세 부담 측면에서 유리할 수 있고 주는 사람의 의지가 반영되어 향후 상속이 개시되었을 때 발생할 수 있는 가족 간의 갈등도 최소화할 수 있기 때문에 최근 증여에 대한 관심이 폭발적으로 늘고 있다.

증여세는 지금까지 상속세와 더불어 부자들만 해당되는 세금이라 여겨져 왔지만, 이제는 일반인들도 반드시 알아야 하는 기본 상식이 되었다.

2020년 2월, 코로나19의 팬데믹 이후 일시적으로 폭락했던 글로벌 증시가 단기간 반등에 성공하고 상승 랠리가 이어지면서 오랜 시간 동안 은행에 잠자고 있던 자녀들의 세뱃돈과 용돈, 심지어 청약통장에 있던 돈들이 주식시장으로 흘러들어왔다.

특유의 현금 선호와 안정성을 추구하던 '주는 사람' 세대보다 주식투자에 더 친숙한 '받는 사람'의 세대가 "주식의 하락은 저점매수의 타이밍이고 이는 곧 자녀에 대한 증여의 기회"라는 니즈에 부합되면서 벌어진 현상이었다.

때마침 등장한 가치투자로 유명한 자산운용사 대표의 주식투자 강의가 투자 광풍을 불러일으켰고 주식투자 관련 유튜브 구독 수가 폭발적으로 늘어나면서 수많은 자녀들이 삼성전자의 소액주주가 되던 가치투자의 신드롬이 일어난 시기였다. 이러한 사회적 현상에 자연스레 자녀에 대한 증여 문의도 엄청나게 증가했다.

이렇듯 요즘 같은 시대에 어린 자녀에게 금융과 투자 그리고 자산을 소유하는 것이 본인의 삶에 어떠한 영향을 미치고, 그것이 무엇을 의미하는 것인지를 가르치는 것은 인생에서 꼭 필요한 일이다.

이제는 용돈이나 급여가 발생하면 적금을 들어 단순하게 적립하는 시대에서 주식이나 펀드 등의 투자를 직접 경험케 하는 시대로 바뀌었다.

경제나 금융에 대해 전혀 모르는 우리 자녀들에게 투자의 중요성을 깨우치게 하는 방법 중 하나는 자산을 사전에 증여하는 것이다.

우리에게도 익숙한 탈무드에서는 '돈은 버는 것이 아니라 불리는 것'이라고 가르치고 있는데 돈을 크게 불리기 위해선 우선 종잣돈을 마련하는 것이 매우 중요하다.

어릴 때 부모로부터 처음 증여받은 재산은 자녀가 성인이 되어 사회에 나아가야 할 때 첫발을 훨씬 수월하게 내딛도록 도와준다. 자녀가 어렸을 때부터 사전증여받은 재산을 부모님과 함께 의논해 나아가면서 직접 관리하는 능력을 키워주면 성인이 되었을 때 자연스럽게 경제와 금융에 관심을 가질 수밖에 없고, 자산을 어떤 방식으로 운용하는 것이 좋을지에 대한 판단능력이 생기게 된다.

이렇듯 증여는 자녀들이 부모로부터 독립하여 사회에 진출하기 전에 종잣돈을 만들어 주고 경제교육과 자산관리 능력을 자연스럽게 키워줄 수 있다.

혹자는 증여해줄 만한 자산이 없다거나 그렇게 증여하는 사람이 얼마나 되겠냐는 질문도 할 것이다. 물론 이 말도 맞다. 그러나 한꺼번에 증여할 자산은 없지만, 자녀가 성인이 되는 시기까지의 시간은 누구에게나 충분히 있다.

다만, 주고자 하는 의지가 없을 뿐이다.

지금부터 조금씩이라도 나의 자녀에게 슬기롭고 아름답게 증여하자. '증여는 실행만이 정답이다.'

03. 증여는 이제 트렌드가 되었다

> 코로나 19가 세상을 바꾸어 놓았다. 그 예로 증시폭락과 가상화폐 등의 등장으로 부자들의 전유물로 인식되던 증여가 점점 대중화되어가고 있다.

부富의 대물림 방식이 상속에서 증여로 변화하고 있다. 최근의 예를 들어보면 2021년 기준 직계비속 간 증여는 155,638건으로 그 총액은 52조 7716억에 이를 정도이며 전년 대비 15.8% 증가하였으며 건물이 가장 많고 그다음으로 금융자산, 토지 순이다.

이는 2006년 관련 통계 이후 매년 최대치를 갱신하고 있다. 이는 우리나라도 사전증여를 통해 부富의 대물림을 미리 계획하고 실행하는 사람들이 늘어나고 있음을 의미한다.

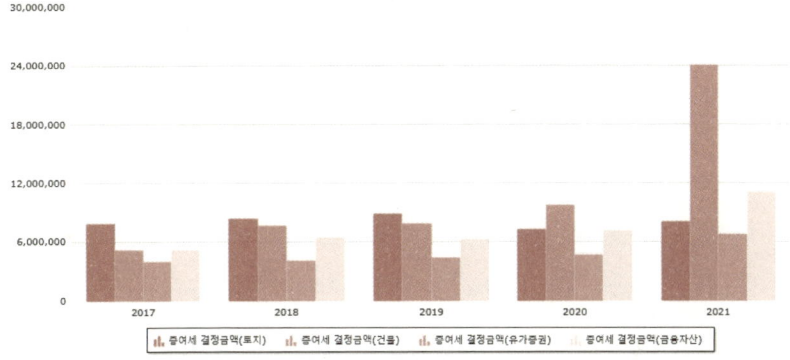

증여세 결정 현황(증여재산종류별)

구분	2017	2018	2019	2020	2021
증여세 결정금액 (토지)	7,990,026	8,498,186	8,973,107	7,456,116	8,167,303
증여세 결정금액 (건물)	5,363,730	7,772,499	8,016,712	9,872,886	24,220,447
증여세 결정금액 (유가증권)	4,120,435	4,202,322	4,527,522	4,837,109	6,896,250
증여세 결정금액 (금융자산)	5,304,174	6,573,361	6,373,298	7,282,214	11,295,892

출처: 국세통계 6-4-4

　미리 사전증여를 하게 되면 주는 사람증여자의 입장에서는 상속재산이 줄어 세부담이 감소하고 받는 사람수증자의 입장에서는 증여받은 재산을 활용해 생활자금 용도로 활용하거나 재산을 증식할 수 있는 등의 장점이 있다.

① 미리 현금이나 부동산을 증여하고 10년(상속인 외 5년)이 지나면 상속재산에 합산되지 않는다.
② 수회에 나누어 실시한 사전증여가 상속보다 전체적인 세부담에서 유리할 수 있다.
③ 증여재산의 가치 상승과 임대료 등의 수익을 자녀에게 귀속되어 장기적으로 재산을 증식시킬 수 있다.
④ 증여받은 재산은 향후 소득 증빙이 되는 자금조달 원천으로 사용된다.
⑤ 사전증여를 통해 상속인 간의 재산분배 갈등을 최소화할 수 있다.
⑥ 증여재산을 활용해 미리 상속세 재원을 준비할 수 있다.
⑦ 상속은 불확실한 발생 시기와 불분명한 재산파악으로 인해 세금의 규모가 예측이 불가하지만, 증여는 사전에 예측이 가능하다.

✦ 세금 때문에 못 팔 거라면 차라리 증여를 하겠다

고강도의 부동산 세금규제로 인해 퇴로가 막힌 어느 집주인이 언론과의 인터뷰에서 한 말이다.

2022년 4월 기준 한국부동산원 자료에 따르면 서울 아파트 평균 매매가격은 11억 5041만 원으로 2021년 7월 11억 930만 원 처음으로 10억을 돌파한 이후 지속적으로 상승하였다.

이와 같이 급격한 부동산 시장의 가격폭등은 여러 차례의 부동산 규제와 대책을 발표하는 정부의 대응 노력에도 불구하고 좀처럼 진정이 되지 않았고 일부 종부세 취소 소송과 같은 조세저항으로 이어지기도 했다.

결국 정부의 각종 세금규제와 거액의 양도소득세부담 등으로 매매를 하지 못하던 다주택자들이 자녀에 대한 사전증여를 선택하는 결과로 이어졌다.

이는 지금 당장 증여세를 납부한다고 하더라도 향후 증여재산의 가치 상승과 임대, 이자, 배당 등의 투자수익을 자녀에게 귀속시킴으로써 자녀가 합법적인 자산을 형성하는 효과와 '부동산은 반드시 오른다.'라는 기대심리가 같이 작용했기 때문으로 판단된다.

2022년 10월 기준 미국 연준의 자이언트 스텝과 한국은행 빅스텝 등 유례없는 금리 인상으로 인해 부동산 시장의 상승세가 다소 진정되고 점진적으로 하락세를 보이나 2022년 07월 21일 발표된 세법개정안 내용 중 양도소득세 이월과세 합리화[5년▷10년 이상 2023.01.01 이후 증여분부터]와 부동산가격 하락에 따른 증여재산가액 감소 효과로 하반기에도 부동산에 대한 증여는 지속적으로 증가할 것으로 예상된다.

04. 증여는 절세전략의 설계가 가능하다

◆ **똑똑한 증여는 흔적을 남기고 조금이라도 더, 그리고 빨리 주는 것**

일반적으로 증여를 하는 경우 대부분 증여세 공제 한도_{성인 5천만 원, 미성년자 2천만 원} 내에서 증여가 이루어진다. 증여세를 내지 않기 위해서 흔히 선택되는 방법이다. 그러나 필자는 증여를 문의하는 분들에게 최소 10% 이상의 증여세를 부담하더라도 조금 더 증여해주는 것을 권한다.

공제 한도 내에서 증여하는 것과 증여세 최소 세율인 10%를 부담하고 증여하는 것 중에 어느 것이 더 나은 선택일까?

위 두 가지 방법으로 자녀의 출생 시부터 30세가 될 때까지의 총 증여액과 세 부담금을 비교해보았다.

공제 한도 증여 VS 최저 10% 최저세율 증여세 비교

구분		출생 시	10세	20세	30세	비고
CASE 1	증여금액	2천만 원	2천만 원	5천만 원	5천만 원	30년간 총 증여액 1억 4천만 원
	증여세	없음	없음	없음	없음	(증여세없음)
CASE 2	증여금액	1억 2천만 원	1억 2천만 원	1억 5천만 원	1억 5천만 원	30년간 총 증여액 5억 4천만 원
	증여세	1천만 원	1천만 원	1천만 원	1천만 원	증여세 4천만 원

> **절세 Tip.** 증여세가 발생하지 않는다 하더라도 향후 입증이 어려울 수 있으니 증여세 신고를 통해 근거를 무조건 남기는 것이 유리

CASE 1의 경우 자녀가 30세가 되었을 때 30년간 증여받은 총액은 1억 4천만 원이며 이로 인한 증여세는 없었다. CASE 2의 경우 자녀가 30세가 되었을 때 30년간 증여받은 총액은 5억 4천만 원이며 이로 인한 증여세를 4천만 원을 납부하였다.

최저세율 구간인 10%의 증여세를 부담한다고 하더라도 자녀가 30세가 되는 시점까지 공제 한도 내 증여보다 훨씬 많은 재산이 이전되는 것을 알 수 있다.

✦ 10%의 증여세를 내는 건 좀 아깝다는 생각이 들어요

당연히 세금을 내는 것을 좋아하는 사람은 없다. 특히 세금을 내야 한다는 부분에서 많은 사람이 증여하려고 했던 그 취지를 잊어버리곤 한다.

증여는 재산뿐만 아니라 그 증여재산으로 인해 발생하는 미래소득과 투자이익을 함께 주는 것이 포인트다.

만약 10%의 증여세를 내더라도 그 증여받은 재산을 미국의 S&P[1] 500 지수에 투자했다고 가정하자. 누군가는 이 기간에 수익이 떨어지면 어떻게 할까 하며 불안해 할 수 있다.

---

1) 미국의 신용평가회사 스탠더드 앤드 푸어스(Standard & Poor's)에서 개발한 미국의 주가지수. 다우존스 산업평균지수, 나스닥 종합지수와 더불어 미국증시의 3대 주가지수로 불리며, 실질적으로 미국증시를 대표하는 주가지수이다.

그러나 앞으로도 계속 자본주의 사회가 존재하고 수익을 추구하는 기업들이 존재하는 한, 외계인 침공이나 핵전쟁으로 이 세상이 망하지 않는다면 수익률의 등락이 반복될지언정 혁신을 하는 기업이 지속적으로 등장하고 사회가 발전해 나아가면서 이에 따른 수익률도 상승할 것이라 믿는다.

참고로 자본시장이 발달한 미국의 S&P 500지수의 장기수익률은 연 10%가 넘는다.

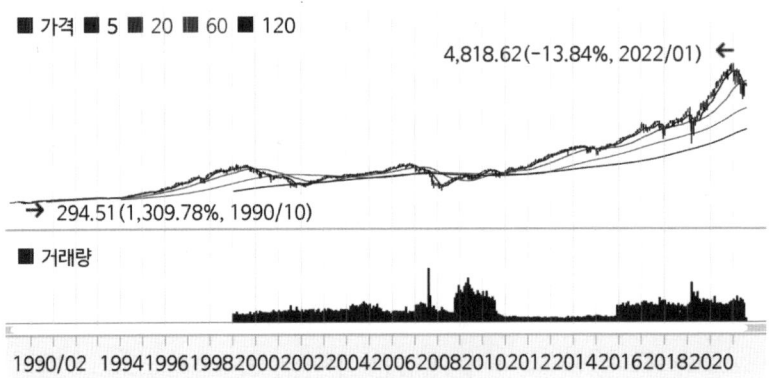

물론, 30년간 총 4회에 걸쳐 4천만 원의 증여세가 발생하겠지만 이는 자녀가 정말 이 돈을 사용해야 할 때까지 그 이상으로 회복시키면 될 일이다.

같은 기간 동안 증여세를 두려워하지 않고 장기간 증여를 계획하고 실행하여 향후 성인이 된 자녀가 창업자금 및 결혼, 부동산 취득 시 사용할 수 있는 합법적인 자녀의 자금으로 만들어 주는 것이 바로 절세이다.

◆ 아직은 때가 아닌 것 같아요, 나중에 아이가 성인이 되면 그때 가서 생각해볼게요

실무에 있어서 아이가 어리다는 이유로 사전증여를 꺼려하는 부모들도 꽤 있는 편이다. 본인들도 일찍 증여받지 못하고 관리를 해본 경험이 없기에 이런 인식은 다음 세대로 자연스럽게 이어지게 되는데, 이 연결 고리를 끊어내는 것이 얼마나 중요한 일인지 고민해보아야 한다.

만약 사전증여를 고민하다 자녀가 30세가 되는 시기에 결혼 등으로 일시에 5억 4천만 원을 증여했다 가정하자. 이때 발생하는 증여세는 다음과 같다.

30세가 되는 시점에 5억 4천만 원 일시 증여	
증여재산가액	5억 4천만 원
증여재산공제	5천만 원
과세표준	4억 9천만 원
증여세율	20%
누진공제액	1천만 원
산출세액	8800만 원

지금 태어난 자녀가 30세가 되는 시점에 창업이나 결혼, 부동산 구입을 하려는 경우 어떤 방식의 증여가 절세에 유리할까?

> ① 자녀가 30세가 되는 시기까지 30년간 총 4회에 나누어 5억 4천만 원을 증여하고 증여세 4천만 원을 납부.
> ② 자녀가 30세가 되는 시기에 5억 4천만 원을 일시에 증여하고 8800만 원의 증여세를 납부.

같은 금액을 증여하더라도 증여 시기에 따라 증여세의 세율과 크기가 달라지는 것을 확인할 수 있다.

당신의 선택은 무엇인가? '판단은 주는 사람이 하는 것이다.'

물론 가정경제 상황을 고려하여 증여할 규모가 정해져야 하는 것은 당연하다. 그러나 증여는 증여일로부터 10년 이내^{상속인 10년, 상속인 외 5년}에 또다시 증여할 경우 재합산되기 때문에 여유가 된다면 공제 한도 내에서 증여하는 것보다 증여세를 부담하더라도 최대한 많이 증여해주는 것이 좋다.

실제 상속재산이 많아 높은 상속세율이 적용되는 것보다 조금이라도 낮은 증여세율이 적용되는 것이 주는 사람과 받는 사람의 입장에서도 절대적으로 유리하기 때문이다.

똑똑한 증여가 상속세를 절감시키는 방법은 다음 단락에서 자세히 설명한다.

증여를 해주는 증여자 입장에서 보유한 재산이 많을수록 재산세나, 종합소득세, 사회보험료 등의 부담이 줄어들어 다주택자 또는 종합소득세 신고 대상자인 경우 증여를 통해 세 부담을 경감시키는 절세 차원으로 활용을 많이 한다.

그렇다면 증여재산별로 어떠한 절세효과가 있는지 알아보자.

✦ 금융자산의 증여 효과

이자 및 배당 소득은 연간 2천만 원까지 15.4% 분리과세가 적용되며 초과분부터 다른 소득과 합산되어 종합소득 신고를 해야 한다.

만약 이자 및 배당 소득이 연간 2천만 원을 초과하는 종합소득 과세

대상자의 경우 예금이나 펀드 등의 금융자산을 배우자와 자녀들에게 증여하여 이자 및 배당 소득을 분산하면 종합소득세와 사회보험료 감소 등의 절세효과가 생긴다.

✦ 주식의 증여 효과

주가가 하락하는 시점에 주식을 증여하고 상승 시 그 이상의 이익을 자녀가 수령토록 하여 재산의 이전을 시키기 위해 많은 부모들이 어린 자녀에게 증여하는 대표적인 방법이다. 주식의 경우에도 증여자의 입장에서는 배당소득이 줄어 종합소득이 감소하고 상속세가 줄어든다.

✦ 부동산자산의 증여 효과

금융재산과 마찬가지로 부동산을 증여하면 증여자의 기준으로 재산세와 종합부동산세, 그리고 임대료 등으로 인한 종합소득세는 감소하여 절세할 수 있으며, 증여자가 10년 이상 생존한다면 상속재산에서 빠지므로 상속세도 절세할 수 있다.

또한, 증여를 받은 지 5년 2023.01.01부터 10년 적용예정 이후 양도를 하는 경우 증여자의 최초 취득일 매매가가 아닌 증여 당시 증여가액을 기준으로 보아 계산되므로 차익이 발생한다면 양도소득에 대한 절세효과도 생긴다.

그 밖에 자녀에게 임대소득이 발생할 경우 자금출처 증빙이 되는 재산이기 때문에 이 돈으로 생활비를 충당하거나 향후 나머지 재산의 상속세 및 증여세 납세 재원을 만들기 위한 플랜으로 많이 사용되고 있다.

05. 똑똑한 증여는 상속세를 감소시킨다

◆ **증여를 하면 상속세 절세가 된다고 하던데, 배우자와 자녀들에게 어떤 방식으로, 그리고 얼마나 증여하면 좋을까요?**

일단 상속이 개시되면 각종 공제가 적용된다고 하더라도 그 한도와 규제가 엄격하게 적용되고 있기 때문에 상속인들이 선택할 방법은 거의 없다고 봐도 무방하다.

수많은 전문가들은 똑똑한 증여만이 상속세 절세의 핵심이라며 "10년 주기로 장기적인 증여계획을 수립하여 상속세를 줄여나가는 것이 좋다."라고 추천한다.

왜 증여가 상속세 절세의 가장 핵심이란 것일까?

증여는 상속에 비해 증여 시점과 증여재산을 언제, 어떻게 줄 것인지 예측이 가능하고, 그 시기와 방법에 따라 상속세의 절세를 여러 단계에 거쳐 계획하고 실행할 기회를 제공한다.

그중 가장 중요한 절세 포인트는 피상속인이 가지고 있는 재산의 처분, 사전증여, 등을 통해 상속재산의 규모를 줄여 최대한 낮은 상속세율을 적용받는 것이라 할 수 있다.

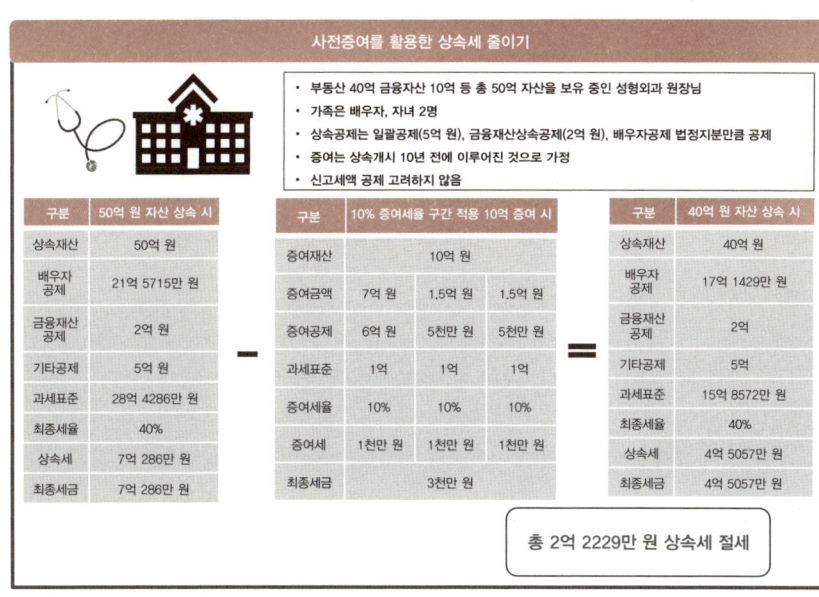

그렇다면 어떤 방식의 증여를 활용해 상속세를 줄일 수 있을까? 전문가가 추천하는 대표적인 증여방법은 다음과 같다.

① 배우자와 인적공제를 적극적으로 활용하라

10년마다 배우자의 경우 6억 원, 성인 자녀 5천만 원, 미성년자 2천만 원, 기타 친족 1천만 원의 증여재산 공제가 가능하다. 따라서 사전증여는 출생 시부터 시작하여 10년 주기로 하는 것이 좋으며, 상속될 재산이 많아 30% 이상의 고율과세가 예상된다면 면세점을 기준으로 삼지 말고 최저 10% 이상의 증여세율이 적용되더라도 과감한 증여를 하는 것이 유리하다.

또한 배우자에게 부동산을 증여하는 경우 종합부동산세와 양도소득세 등을 절세하는 효과가 있다.

양도차익이 많이 발생할 것으로 예상되는 재산을 배우자 배우자공제 6억 원에게 증여하면 최초 취득가액이 아닌 증여 당시 취득가격으로 재계산되어 향후 양도소득세를 절세할 수 있다.

다만, 증여받은 시점으로부터 5년 이내 2023.01.01. 이후 10년 매도하면 증여받은 시점이 아닌 최초증여자의 취득가액을 기준으로 하여 양도소득세가 재계산됨을 주의하여야 한다.

② 어여쁜 손주에게는 세대생략증여를 하라

조부모와 외조부모, 그리고 부모 모두가 생존하고 있는 경우 손주에게까지 최대 6회에 걸쳐 상속이 이루어진다. 그렇기 때문에 조부모와 외조부모, 그리고 부모로부터 상속받을 재산이 많다면 세대생략증여를 하는 것이 유리하다.

이때 손주는 조부모와 외조부모의 상속인이 아니기 때문에 증여 후 5년이 지나면 상속재산에 합산되지 않는다.

고령의 조부모와 외조부모의 상속재산에 대한 절세플랜을 계획할 때 반드시 고려되어야 할 사안이며 실제 많은 사람이 실행하고 있는 절세방법이다.

③ 재산을 줄 때 부채도 같이 증여하라

부채와 함께 증여하는 것은 부담부 증여라 하는데 증여할 재산에 대출이나 보증금 등의 채무가 있는 경우 이를 승계하여 증여받는 것으로서 재산가액에서 채무 금액만큼을 차감한 가액에 대해서 증여세가 과세되고, 증여자에게는 채무액에 해당되는 양도소득세를 부담하는 구조이다.

'받는 사람'이 증여세를 납부할 능력이 부족한 경우로서 향후 가치 상승이 예상되는 재산을 증여할 때 활용하는 것이 좋다.

다만 부담부증여를 통해 채무를 승계하는 경우 국세청에서 수시로 채무상환에 대한 모니터링을 하고, 부채 상환 시 자금출처 증빙 요구를 하는 등의 사후관리가 다른 증여에 비해 까다롭다.

④ 금융자산 중 보장성보험과 납입재원을 증여하라

금융자산 증여 시 가장 선호하는 펀드와 주식의 경우 상속세를 납부하는 시점에 매도하면 수익률이 저조하여 이에 따른 손실이 발생되는 경우가 많다. 본인 명의로 계약된 사망보험금이 발생하는 종신보험을 자녀에게 증여하거나 배우자공제를 활용하여 증여하면 본인의 상속재산도 감소하며, 동시에 상속인들에게 필요한 상속세 납부 재원까지 만들어 줄 수 있다.

이는 어떤 방식으로 증여하느냐에 따라 여러 가지 효과를 기대할 수 있다. 본인 명의 보험계약의 계약자와 수익자를 배우자 또는 자녀에게 **변경** 및 증여하고 향후 피보험자의 사망이 발생하면 사망보험금을 통한 재산상속이 가능해진다.

만약 보험계약자를 배우자로 변경하여 증여하였는데 만약 배우자가 먼저 사망하는 경우에는 상속인인 자녀가 이 보험계약을 승계토록 하여, 2차 상속 발생 시 상속세 재원으로 활용토록 하면 배우자공제에 버금가는 효과를 볼 수 있다.

단, 증여 이전 납입분에 대해서는 과세될 수 있음을 주의해야 한다.

⑤ 여러 명에게 나누어 분산 증여하라

자녀와 배우자사위, 며느리, 그리고 손주에게 분산하여 증여하는 경우 증여재산가액이 분산되어 낮은 증여세율을 적용받을 수 있고 증여재산 공제도 사람별로 각각 받을 수 있다.

특히 '주는 사람'증여자의 갑작스러운 상속이 개시되는 경우 자녀의 배우자와 손주는 상속인이 아니므로 증여받은 지 5년이 경과되었다면 상속재산에 합산되지 않아 상속세가 감소하는 효과가 발생한다.

⑥ 증여 후, 가치 상승이 예상되거나, 소득이 발생하는 재산을 증여하라

만약 증여하고자 하는 재산이 향후 가치가 상승할 것이라 예상된다면 현금을 증여하는 것보다 더 나은 방법이 될 수 있다. 만약, 임대소득이 발생하는 부동산의 경우 '받는 사람'에게 그 임대소득도 귀속되므로 자금출처 증빙에 매우 용이하고, 이 소득으로 증여세를 분납토록하여 증여세 일시납에 대한 부담도 완화시킬 수 있는 장점이 있다.

다만, 소득이 없는 비주거용 부동산은 증여재산가액을 공시지가로 평가할 수 있어 선호되었으나, 2020년부터 시행된 국세청의 감정평가사업으로 인해 증여재산가액이 높아질 수 있어 평가에 유의하여야 한다.

위 6가지의 세부내용은 Chapter 2. 참조

◆ 상속재산이 10억 이하라면 굳이 증여할 필요까지는 없다

부모님 중 한 분이 먼저 돌아가시는 경우 최소한 10억 원을 공제해주며, 나머지 한 분이 생존해 계시다가 사망한 경우에도 5억을 공제해준다. 이때 돌아가신 분이 부담해야 할 부채나 공과금 등이 있으면 이 또한 공제해준다.

그렇기 때문에 보통 10억 이내의 상속이 개시되는 경우 대부분의 사람들에게는 상속세가 발생하지 않아 걱정할 필요가 없지만 만약 10억을 초과하거나 10년 이내에 사전증여를 받은 경우 또는 상속인 이외에 자가 상속받는 경우에는 세무전문가와 상의하는 것이 좋다.

  그 이유는 만약 사전증여 이후 10년 이내에 사망 시 사전증여 재산은 상속재산에 다시 합산되는데, 사전증여재산에 대해서 상속공제를 적용받지 못해 의도치 않은 상속세를 내야 할 수도 있기 때문이다.

06. 상속세 절세의 핵심인 증여, 왜 주저하는 걸까?

◆ 내 건물의 반은 언젠가 국가의 소유, 나도 모르게 국가의 재산을 관리해주면서 오히려 세금도 내는 불편한 진실

건물농이란 단어를 들어본 적이 있는가? 과거에는 소작농이 있었다면, 현대시대에는 건물농이 있다.

임대소득에 대한 최고세율 49.5%_{지방세 포함}까지 과표구간에 해당되는 소득세를 매년 내고 여기에 재산세, 건강보험료 등의 각종 세금을 내며 상속 시 50%의 재산을 국가에 헌납해야 하는 현대판 소작농, 다름 아닌 건물주를 일컫는 말이다.

물론 혹자는 받은 임대료로 내는 세금인데 무슨 걱정이냐고 할 수도 있지만 임대소득이 발생하는 건물주가 죄라면 우리는 죄인이 되기 위해 건물주를 꿈꾸며 열심히 살아가는 것인지 되묻고 싶다. 이처럼 증여를 망설이다 보면 재산의 절반을 상속세로 낼 수 있다는 얘기를 많이 들어보았을 것이다. 실제로 여러 가지 이유로 사전증여를 하지 않고 있다가 갑자기 상속이 개시된 이후 엄청난 세금에 많은 상속인들이 어려움을 겪는 것은 어제오늘 일이 아니다.

그런데 정말 놀라운 것은 '주는 사람'_{증여자}도 이 사실을 매우 명확히 알고 있다는 것이다.

> "나 죽으면 알아서 세금 내고 가져가면 되지!"

필자가 상담을 하다 보면 아주 흔하게 듣는 말이다.

심지어는 '주는 사람'증여자이 아닌 '받는 사람'수증자조차 같은 얘기를 한다. 나이와 상관없이 '받는 사람'도 '주는 사람'이 되기 때문일까?

남이 아닌 나의 사랑하는 가족에게 주는 것인데 왜…….

막상 증여를 계획하고 실행해야 하는 것은 알지만 왜 주저하는 것일까? 실무적으로 상담을 통해 알게 된 '증여를 주저하는 대표적인 이유'는 다음과 같다.

✦ 증여세 부담이 크다

막상 증여를 계획하다가 실행단계에서 가장 많이 멈추는 대표적인 이유이다. 증여세는 증여하고자 하는 자산의 가치에 비례하여 변동되는 구조이다. 어차피 상속 또는 증여로 자녀세대에게 부富의 대물림을 해야 할 자산이라면 그 자산가치가 가장 낮을 때 증여하는 것이 가장 효과적인 절세전략이라는 것은 누구나 인정할 것이다.

그러나 대부분의 사람들은 자산의 미래가치 상승과 상속세 절세 등의 절세효과의 중요성을 알지만, 당장 눈앞에 보이는 증여세나 부동산등기 비용 등의 세금이 부담되어 실제 증여로 이어지지 않는다.

지금 당장 부담할 세금이 없다는 이유로 나중으로 미루다가 결국 종합부동산세나 양도소득세, 또는 종합소득세 등의 다른 세금 부담이 눈

앞에 다가오는 시점을 마주할 때가 되어서야 급하게 판단하고 결정하려 한다. 아이러니하게도 증여하고자 하는 자산의 가치가 가장 낮을 때가 가장 좋은 시기임을 놓치고 자산의 가치가 가장 높을 때 증여를 하려 하는 것이다.

그러나 더 많아진 세금에 또다시 주저하고 실행하지 못하는 경우가 대부분이다. 증여를 미룬다면 지금 당장 부담해야 할 세금은 없겠지만 언젠가는 저율의 증여세보다 더 가혹한 상속세로 반드시 되돌아온다.

이렇듯 상속세 절세의 핵심인 증여를 눈앞의 세금만으로 판단하고 결정하지 않는 것은 상속인들에게 치명적인 독이 될 수 있음을 명심해야 한다.

◆ 미리 주면 부모에 대한 부양의 의무를 다하지 않을 것이다

친구나 지인분들의 모임에 참석하면 빠지지 않는 단골 주제가 바로 이것이다.

"증여를 해주었지만 잘 찾아오지도 않는다."라거나 "증여받았을 때 그때뿐"이라는 얘기를 전해 듣고 "증여를 미리 하면 안 된다."라는 인식을 갖게 되신 부모님들이 의외로 많다.

증여하기 위해서는 부富의 대물림에 앞서 증여받는 자녀가 올바른 가치관과 건강한 정신을 바탕으로 증여받을 자산을 제대로 관리하고 부모에게 효도할 수 있는 그릇인지 잘 살펴서, 증여하는 시기와 방법을 잘 선택하면 된다.

혹시 모를 분쟁에 대비하여 부양의무를 책임진다는 내용이 기재된 일명 '효도계약서'증여계약서를 작성하거나 유언대용신탁을 통해 언제라도 증여취소가 가능하도록 조치하면 된다.

✦ 미리 주면 자식들의 버릇이 나빠진다

다시 한번 강조하지만 상속세를 절세하는 가장 손쉬운 방법은 미리 주는 것이다. 앞서 언급했듯이 미리 주면 자식들의 버릇이 나빠진다거나 나중에 자식들에게 버림받을 것을 생각해 사전증여를 하지 않는 경우가 의외로 많다.

부모 스스로 자녀보다 재산운영능력이 더 뛰어나다고 판단하기 때문에 증여하지 않기도 하고, 자녀의 연이은 사업실패로 인한 재산의 소멸 혹은 검소한 부모세대와 달리 증여받은 재산의 탕진으로 이어질 것 같은 우려로 증여를 하지 않는다.

그러나 '부富의 대물림, 즉 자녀세대로의 재산 이전은 어차피 풀어야 할 부모의 숙제'와도 같다.

결국 증여하지 않고 내 재산이 자녀에게 대물림될 수 있는 방법은 상속뿐이다.

그러므로 자녀가 어렸을 때부터 금융 및 경제 교육을 통해 올바른 경제 관념을 갖도록 하는 것이 좋으며, 증여받은 또는 증여받을 자산의 관리를 자녀와 함께 하는 것도 중요하다.

만약 우려대로 증여할 재산이 사업실패 또는 낭비로 인한 소멸이 예측 가능한 상황이라면 '증여신탁'이나 '유언대용신탁' 등을 통해 재산의 처분 및 수익의 분배 등을 사전에 통제토록 준비하여야 한다.

다시 말해, 생전에 계획하는 증여는 결국 '주는 사람' 증여자이 결정하는 것이다. 내가 증여를 해주는 것이 내 자녀의 삶과 가족에게 어떠한 영향을 미치게 될지, 증여재산의 보존 및 증식이 가능한지를 잘 따져보고 고민하고 판단해야 한다.

07. 노인이 노인에게 증여하는 시대, 국가가 상속받는다.

✦ 부모의 권위를 지키고, 불확실한 노후에 대비해 최대한 늦게 주려 한다

'노老노老증여', 노인이 노인에게 증여하는 시대가 왔다.

베이비붐 세대1955~1963년생의 제일 맏형인 55년생이 2020년에 만 65세 법정 노인이 된 이후 그전과는 차원이 다른 고령화가 시작되었다.

우리나라는 고도의 경제성장으로 부富의 축적이 늘어나면서 과거와 달리 상속 문제로 인한 가족 갈등이 점점 늘어나는 추세이다. 세계에서 가장 빠르게 진행되는 우리나라의 고령화가 상속 및 증여에도 많은 변화를 일으키고 있다.

'노老노老상속·증여'란 '주는 사람'인 부모와 '받는 사람'인 자녀 모두 고령층이란 현상을 뜻하는데 우리나라보다 먼저 초고령화 사회로 진입한 일본의 경우가 대표적인 사례이다.

우리나라도 일본처럼 노부모가 50~60대 노령의 자녀에게 상속과 증여를 하는 '노老노老상속·증여'가 점점 늘어나고 있다.

물론 요즘 시대에 50~60대가 무슨 노령이냐고 반문할 수도 있다. 그러나 가장 경제적 활동이 왕성하고 건강한 시기인 20~40대를 지난 50대 이후가 되어서야 부모로부터 상속을 받거나 증여받은 재산을 다시 다음 세대로 이전하기까지 남은 시간은 생각보다 충분하지 않다.

더 안타까운 건 늦게라도 부모로부터 '받은 사람'은 겨우 받은 재산을 바로 넘겨줄 생각이 없는 '주는 사람'의 입장으로 바뀌게 되어 결국 노인이 노인에게 상속하고 증여하는 시대가 다음 세대로도 계속 이어지게 되는 것이다. 이것이 정말 바람직한 현상이라 생각하는 사람은 아무도 없을 것이다.

실제, 이러한 현상은 2021년 기준 국세청에 신고된 상속 과세대상 피상속인 14,951명 중, 80대 이상 피상속인의 비중이 7,516명이고 그다음으로 70대 이상이 3,884명을 차지하는 통계로도 확인이 가능하다.

구분	2021년 상속과세대상 피상속인 수(출처:국세통계포털)							
	합계	40세 미만	40세 이상	50세 이상	60세 이상	70세 이상	80세 이상	기타
2021년	14,951	118	400	1,041	1,974	3,884	7,516	18

전체 피상속인 14,951명 중 78%에 해당하는 11,400명이 70~80대 이상의 고령인 것을 감안하면 상속받는 자녀 대부분이 50~60대라는 것을 의미한다. 이러한 '노老노老상속·증여'는 사회적으로도 많은 문제점을 갖고 있다.

대표적인 예로 노후 생활에 필요한 거주주택과 노후 생활비 등을 남은 여생을 위해 보유해야 된다는 불안감에 사전증여를 하지 못하고 고령자의 안정추구 성향 특유의 현금 선호와 장기저금리 기조 등이 겹치면서 고령자들이 돈을 은행에 쌓아두거나 사용하지 않는 '장롱 예금' 현상이 나타났다.

그 이유는 주택 구입, 자녀 교육, 부동산투자 등의 수요처가 많은 30~40대와 달리, 고령층은 수입 없는 장기간의 노후를 걱정해 자산을 쌓아두는 경향이 강하기 때문이다. 이렇듯 자산이 젊은 사람들에게 이전되지 않고 고령층에만 머물게 되면 전반적으로 소비가 위축되고, 투자가 감소하게 된다.

평균여명의 증가로 치매 환자가 늘면서, 본인의 의사를 확인할 수 없어 자산이 실질적으로 자산이 동결되는 이른바 '치매 머니' 현상도 많아졌다.

이로 인해 많은 전문가들이 '인認인認 상속'을 문제로 지적하고 있다. 여기서 말하는 '인認'이란 '인지증'을 말한다. 사망한 치매 환자의 자식상속인도 치매 환자인 '인認인認 상속'이 사회적 문제로 비상인 일본의 경우 '인認인認 상속재산'의 규모가 2030년에는 215조 엔까지 늘어날 것으로 예상되는데, 이는 일본 국내총생산GDP의 40%에 이르는 규모다.

노후에 대한 불안함 심리와 여러 가지 이유로 인한 자녀의 재산 탕진 우려 그리고 상속 시까지 자산을 소유함으로써 자녀에게 부모로서의 권위를 계속 유지하고자 하는 복합적인 원인으로 증여를 꺼리게 된다.

이는 경제적 도움이 필요한 시기에 자녀가 부모의 도움을 받을 수 없게 만들 뿐만 아니라 사전증여만이 가지고 있는 상속세 절세효과를 무용지물로 만들어버리는 결과를 초래한다.

앞에서 나열한 여러 가지 이유로 증여를 하지 않는다면 결국 '받을 사람수증자'는 '주는 사람'증여자의 동의 없이 재산 이전을 통해 부富의 대물림을 할 수 있는 방법은 거액의 상속세를 납부하는 방법밖에 없다.

'증여 다음의 차선책은 상속뿐이다.'라는 것을 명심하고 지금이라도 증여를 하는 것이 바로 절세하는 것이다.

08. 증여를 하면
반드시 효도계약서를 작성하라!

◆ 부모와 자식 간에 효도계약서라니요, 우리 아이들은 그럴 일 없으니 괜찮아요

이 세상 어느 부모가 자기 자식에 대한 흉을 보고 다닐까? 증여 이후 증여취소소송이 늘어나고 있는 이유는 여러 가지 원인과 각각의 상황이 있었겠지만, 참으로 안타깝기 그지없다. 이런 소송이 세상에 알려지기 시작하고, 해마다 점점 늘어나고 있다는 것은 아마도 세상살이가 너무 힘들어진 이유 때문일지도 모르겠다.

사전에 모든 재산을 자녀에게 증여한 이후 자녀가 부모에 대한 부양의 의무를 다하지 않아 자녀를 상대로 증여무효취소소송을 진행했다던 이야기는 대부분 한 번쯤 들어보았을 것이다.

그래서일까? 홀로 계신 부모님을 직접 모시겠다거나 사업자금이 필요하다는 이유로 재산을 미리 증여받은 후 연락을 끊거나 제대로 된 부양의무를 이행하지 않는 경우를 우려하는 부모님들이 생각보다 많은데 실제로도 소송을 진행한다 하더라도 증여재산을 돌려받지 못하는 경우가 많다.

그 이유는 바로 '효도계약서'를 작성하지 않았기 때문이다.

'효도계약서'는 민법상 조건부증여 법리를 차용한 부모와 자식 간의 계약을 뜻한다. 부모가 원하는 부양의 의무 범위와 내용을 정하고 증여하고자 하는 재산의 목록과 금액, 계약 해제 요건 등을 구체적으로 명시하여 작성하면 된다.

우리가 증여 시 작성하는 일반적인 증여계약서와는 조금 다른 의미인데 증여계약서에 특약으로 명시해도 가능하다.

실제 대법원에서 인정한 '효도계약서'의 내용은 다음과 같다.

> **효도계약서**
>
> '본 건 증여를 받은 부담으로 부모님과 함께 동거하며 부모님을 충실히 부양한다. 아들은 위 부담 사항 불이행을 이유로 한 부모님의 계약 해제 기타 조치에 관해 일체의 이의나 청구를 하지 아니하고, 즉시 원상회복 의무를 이행한다.'

이런 내용이 기재되어 있으면 증여가 완료된 자산이라도 증여취소를 할 수 있다고 판결했다. 물론 이런 '효도계약서'가 있다 하더라도 자녀와 소송으로 다투어야 한다는 심리적 고통과 승소하더라도 증여받은 재산을 돌려주지 않아 돌려받기까지 길고 긴 시간과 노력이 추가로 더 들어가는 경우도 많다.

실무적으로 해당 내용을 기재하도록 권유하면 대부분의 부모님은 "부모·자식 간에 굳이…."라며 손사래를 치며 거부하곤 한다.

그러나 증여계약서에 부양에 대한 내용이 제대로 기재되어 있지 않다면 자녀가 패륜 행위를 저지르더라도 증여한 재산을 찾아오기는 매우 어렵다. 다만 '부양료지급청구소송'은 제기할 수 있지만 평생을 믿었던 자녀에게 소송까지 불사하는 부모의 마음을 위로받기에는 턱없이 부족할 것이다.

그러므로 '주는 사람' 입장인 부모는 조건부증여를 통해 일종의 심리적 안정을 얻을 수 있고 '받는 사람'의 입장인 자녀는 효도는 당연한 것이라 생각하고 살아갈 수 있는 효도계약서의 작성은 혹시 모를 가족 간의 분쟁을 막는 보험 같은 성격을 띠고 있음을 이해해야 한다.

효도계약서를 작성하면 공증을 받을 필요까지는 없지만 혹시 모를 시비를 대비해 공증까지 받는 것이 좋다. 절차는 의외로 간단하다. 증여 시 증여계약서를 작성하면 되는데 이때 문구를 기재하기만 하면 되며 추가 비용은 공증에 관련된 것 이외에는 발생하지 않는다.

증여를 계획하고 실행하고자 한다면 반드시 부모에 대한 부양 의무 사항을 반드시 증여계약서에 포함하는 것이 좋다.

Chapter 2.
증여설계, 계산에서 납부 이후까지 모든 것을 계획하라!

할 수 있다고 믿는 사람은 그렇게 되고
할 수 없다고 믿는 사람도 역시 그렇게 된다.

―샤를 드골―

01. 받은 만큼 내는 증여세, 어떻게 계산될까?

> 우리는 10년마다 주기적으로 주고, 여러 명에게 분산하여 주고, 세대를 뛰어넘어 손주에게도 주고, 그렇게 계속 주기 위한 노력을 해야 한다. 그것이 절세이기 때문이다.

증여는 각자 받은 증여재산에 대한 세금을 각자에게 부과하는 '유산취득세'의 방식을 채택하고 있다. 다시 말해 증여는 개인이 증여받은 만큼 내는 세금이며 이는 '받은 만큼 낸다.'라는 공평과세에 적합한 방식이다.

그러나 여기에 더해 10년 이내에 동일인(그 배우자 포함)에게 재차 증여받은 재산에 대하여 합산되어 다시 증여세가 재계산되는 증여자별 과세방식도 적용하는, 두 가지의 과세방식이 혼합되어 있는 구조임을 간과해선 안 된다.

상속과 증여받는 재산가액을 낮추어 낮은 세율을 적용받도록 하는 것이 절세의 핵심인 것을 생각한다면 기본적인 증여세 계산법을 활용하여 10년마다 증여하고 여러 명에게 분산하는 것이 얼마나 중요한 것인지 알 수 있다. 실제 이 두 가지의 과세방식이 상속세와 증여세를 엄청나게 증가시키는 주요 원인이기 때문이다.

그렇다면 상속과 증여의 기본 개념과 차이는 어떻게 다른지 알아보도록 하자.

상속세와 증여세의 차이

구분	상속세	증여세
발생시기	피상속인의 사망으로 인해 상속인에게 재산이 이전되는 시기	증여자가 생전에 수증자에게 재산을 무상으로 이전하는 시기
계산방식	유산세	유산취득세
납세의무자	상속인 연대납세의무	개인
신고, 납부기한	상속개시일이 속한 달의 말일로부터 6개월 이내	증여받은 날이 속한 달의 말일부터 3개월
관할기관	피상속인의 주소지 관할 세무서	수증자의 주소지 관할 세무서
장점	상속공제액이 다양함	수증자별 과세로 낮은 증여세율 적용
단점	상속재산 전체에 대한 고세율 적용	배우자를 제외한 인당 증여재산 공제액이 낮음

상속에 비해 증여는 각자 받은 재산에 대해 과세되는 만큼 인당 공제 한도가 상당히 낮은 편이다.

한국의 증여세의 최고세율은 50%로 상당히 높은 세율을 적용하고 있다. 그렇다 하더라도 증여는 상속에 비해 미리 계획하고 실행할 수 있다는 장점 하나만으로도 필자는 다행이라고 생각한다. 장기적인 계획과 실행으로 절세를 할 수 있는 증여가 상속세 절세의 유일한 대안이기 때문이다.

증여 절세의 핵심인 증여공제와 증여세를 계산하는 증여세율은 어떤 방식으로 결정되는지 알아보자.

증여공제금액

구분	세율	참고사항
배우자	6억 원	증여받은 날로부터 10년 경과 시 상속재산 합산 배제(상속인 이외 기타 친족 및 타인은 5년) 10년 내 동일인(직계존속의 경우 그 배우자 포함)으로부터 재증여 받는 경우 합산하여 신고
직계 존/비속	5천만 원/미성년자 2천만 원	
기타 친족	1천만 원	

    재산을 증여받은 경우에는 '주는 사람'증여자과 '받을 사람'수증자의 관계에 따라 다음과 같이 증여공제를 적용하여 증여세를 계산한다. 증여받은 재산가액에서 증여공제 부분을 차감하고 10년 이내에 사전증여 받은 재산이 있다면 이를 합산한 후 재계산되어 증여세가 부과되는데 다음과 같은 5단계의 단계별 초과누진세율을 적용한다.

증여세율

과세표준	세율	누진공제
1억 이하	10%	0
1억 초과~5억 이하	20%	1천만 원
5억 초과~10억 이하	30%	6천만 원
10억 초과~30억 이하	40%	1억 6천만 원
30억 초과	50%	4억 6천만 원

    풀어서 설명하면 증여세는 증여받은 증여재산가액에서 증여공제금액을 빼고 그 금액에 해당하는 증여세율을 곱하여 계산한다.

이때 10년 이내에 사전증여한 재산이 있다면 합산하고, 만약 부담부 증여인 경우로서 수증자가 인수한 채무 금액과 감정평가 수수료 등을 차감하고 계산한다.

이러한 과정을 거쳐 최종적으로 증여세가 결정되는 구조와 원리는 다음과 같다.

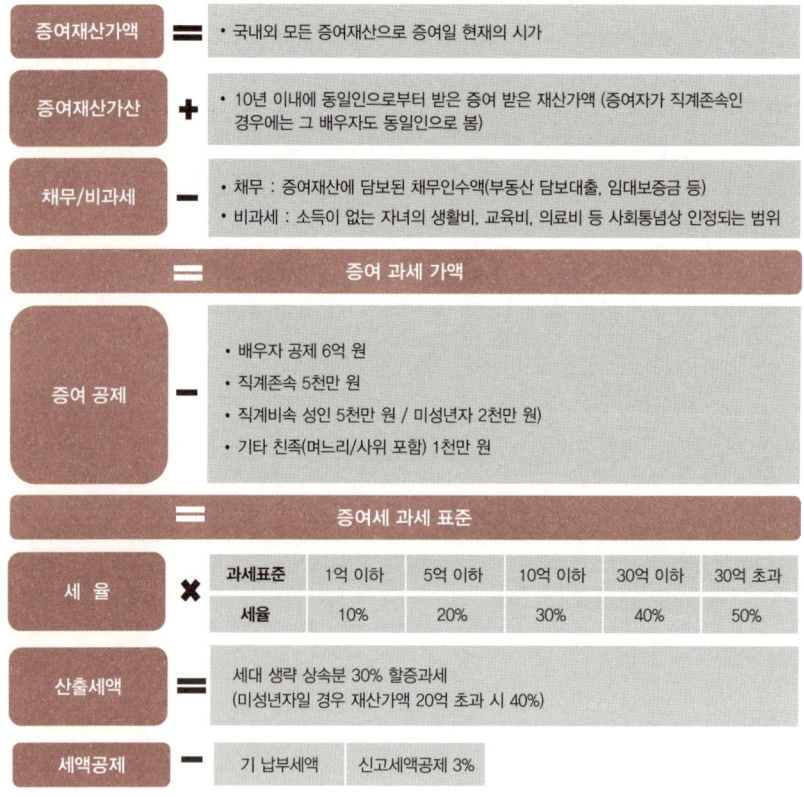

증여세 구조와 계산 원리

✦ 비과세되는 증여가 있다?

> "자녀에게 생활비를 보내주고 있는데 이것도 증여인가요?"

사회 통념상 인정되는 안의 범위에서 소득이 없는 자녀에게 생활비, 교육비, 의료비 등을 지원해주는 것은 증여로 보지 않는다. 여기서 가장 중요한 것은 '소득이 없는' 자녀인 경우와 '사회 통념상 인정되는 범위 내'라는 것이다.

그러나 실제로는 자녀가 소득이 있음에도 불구하고 생활비를 지원해주는 경우가 많다.

> "이 정도는 괜찮지 않나요?" 또는 "현금이라 괜찮다던데요?"
> "절대 아닙니다."
> "제 지인들도 다 그렇게 준다는데 아직 문제된 적이 없어요."
> "네, 아직 상속이 개시되지 않으셨으니까요."

이러한 무분별한 생활비 증여는 반드시 상속세 조사과정에서 적발되고 증여세와 상속세 그리고 가산세까지 부과되는 흔한 사례이다. 이에 대한 자세한 내용은 별도로 다루었다.

이외에도 영농자녀 등이 증여받는 농지 등과 공익법인 출연재산과 공익신탁재산은 증여세 과세가액에 포함되지 않는다.

또한, 장애인에 대해서는 연간 4천만 원 이하로 수령하는 보험금은 증여세를 부과하지 않고, 장애인신탁의 경우 5억 원을 한도로 비과세한다.

증여로 보지 않는 비과세에 대한 내용은 별도의 장에서 자세히 설명하겠다.

이처럼 각종 공제항목 외에도 차감할 수 있는 비과세항목들을 꼼꼼히 살피는 노력을 기울여야 한다.

사전에 계획하고 점검하는 것만으로도 아까운 세금이 발생하는 것을 충분히 막을 수 있다.

세금은 아는 만큼 줄일 수 있다.

> 꼭 기억해야 하는 증여세 기초상식!
> - 증여세는 증여받은 사람이 납부해야 하고 증여세를 대신 내주면 합산되어 과세된다. 다만 할아버지가 증여자인 경우 아버지가 증여세를 내주는 것은 증여재산에 합산되지 않고 별도의 증여로 본다.
> - 10년 이내에 증여면세점(배우자 6억, 성인 자녀 5천만 원/미성년자 2천만 원/기타 친족 1천만 원)까지는 과세되지 않는다.
> - 세대생략증여로 손주에게 증여 시 증여세의 30%(미성년자인 경우 20억 초과 시 40%)가 할증된다.
> - 상속인은 10년, 상속인이 아닌 자는 5년이 경과된 이후에 상속이 개시되는 경우 상속재산에서 배제된다.

02. 헷갈리는 증여공제제도 제대로 이해하자!

우리나라의 증여세는 배우자, 직계 존·비속 또는 친족으로부터 증여를 받는 경우 기본적으로 공제되는 금액이 있다.

배우자는 6억, 성인 자녀는 10년간 5천만 원, 미성년자녀는 2천만 원, 기타 친족은 1천만 원까지 증여재산에서 기본 공제된다.

이처럼 증여 절세의 방법 중 증여재산공제가 매우 중요한데 의외로 사람들이 몰라서 헷갈리는 경우가 많아 다음과 같이 유형별로 정리해 보았다.

✦ 증여재산공제는 동일그룹으로 구분된다

사람들이 가장 많이 혼동하는 것 중에 하나가 바로 이 부분이다. 실제 동일그룹으로 묶이는 것을 모르고 증여 이후 합산되어 재차 증여세와 가산세를 내는 경우가 흔하게 발생한다.

직계존속의 경우 아버지와 어머니, 친할아버지와 할머니, 외할아버지와 외할머니 각각이 아닌 같은 직계존속의 동일그룹으로 구분되어 공제가 10년간 5천만 원까지만 적용되는 것을 주의하여야 한다.

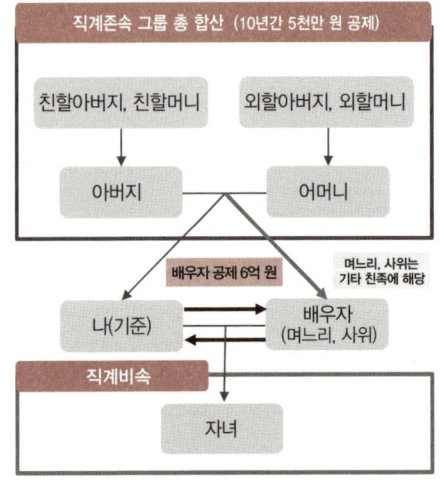 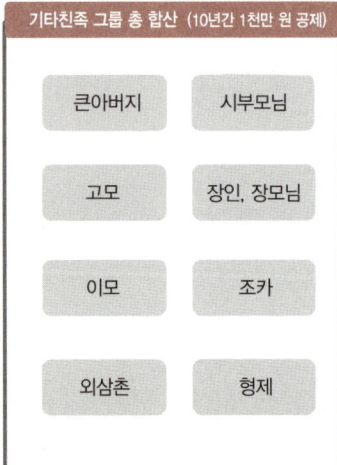

　그 밖에 기타 친족이 증여하는 경우에도 고모, 삼촌 각각 1천만 원씩 공제되는 것으로 많이 알고 있다.
　이 또한 기타 친족의 동일그룹으로 보고 10년간 1천만 원까지 공제를 적용하며 이를 초과할 경우 증여세를 부과한다.

① 친할아버지가 손주에게 증여하고, 10년 이내에 외할머니가 증여하는 경우, 동일 직계존속그룹으로 보고 합산하여 증여세를 부과한다.
　이때 공제는 동일그룹 내 한도만큼 10년에 1회만 공제되며 동시에 증여하는 경우에는 공제금액을 각각 나누어 공제한다.

② 할아버지가 증여하고 10년 이내에 아버지가 증여하는 경우, 동일 직계존속그룹으로 보지 않아 증여재산에 합산되지 않으나 공제금액은 동일하게 10년에 1회만 공제된다.

③ 남편이 증여하고 10년 이내에 시어머니가 증여하는 경우, 동일그룹으로 보지 않아 증여재산은 합산되지 않으며 공제금액도 각각

적용받는다.

증여자	증여자	증여재산 합산여부	공제한도
아버지	어머니	합산	합산
친할아버지	친할머니	합산	합산
외할아버지	외할머니	합산	합산
친할아버지	외할아버지	합산	합산
삼촌	고모	합산	합산
외삼촌	이모	합산	합산
외삼촌	이모	합산	합산
친할아버지	아버지	비합산	합산
어머니	이모	비합산	비합산
아버지	삼촌	비합산	비합산
남편	시어머니	비합산	비합산

그렇다면 시어머니가 며느리에게 증여할 때도 5천만 원을 공제해줄까? 마치 세법에서조차 딸 같은 며느리와 아들 같은 사위의 존재를 부정이나 하듯이 애석하게도 답은 '아니오'이다.

며느리와 사위는 기타 친족으로 분류되어 1천만 원만 기본 공제받는다. 다만 증여재산은 다른 동일그룹 내에서 동시에 증여하는 경우 합산되지 않는 각각의 증여재산으로 보며 공제도 각각 적용한다.

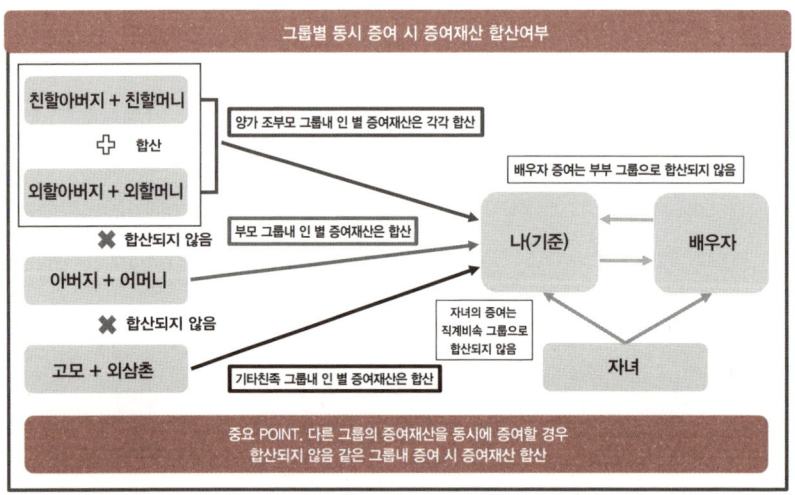

✦ 비거주자는 증여공제를 받지 못한다

중요한 것은 거주자만 증여공제를 받을 수 있다는 점이다.

'주는 사람'증여자의 거주 여부는 상관없으나 '받는 사람'수증자의 국내 거주자인지 비거주자로 구분되는지가 중요하다.

그러나 증여공제는 받지 못하지만 '받는 사람'수증자이 비거주자인 경우 증여세의 납세의무는 '주는 사람'증여자에게 있다.

즉, '주는 사람'이 증여세를 대신 내주어도 재차 증여로 합산되지 않는다는 장점이 있다.

그러므로 어떤 방식의 재산 이전이 더 이익인지 잘 따져보고 증여를 결정해야 한다.

03. 배우자공제를 적극적으로 활용하여 증여하면 다른 세금도 줄어든다

◆ **배우자에게 증여는
아직 고민해본 적이 없습니다**

부부의 자산은 공동의 자산이라 생각해 부부간에 증여하는 것의 필요성을 대부분 느끼지 못하지만, 자녀는 양육의 대상이자 부모가 평생 보호해야 하는 위치에 있다고 생각하기 때문에 부부간 '수평적 증여'보다 자녀세대로의 부富의 대물림되는 '수직적 증여'에 더 관심이 많다.

아이러니하게도 부부간의 빈부격차는 엄연히 존재한다.

부부간의 불화와 재산관리의 편의성, 그리고 나의 부모로부터 재산을 공동으로 증여받지 못하는 정서적 불편한 진실 등은 부부간 자산의 격차를 더욱 벌어지도록 한다.

실제로 상담을 하다 보면 부부의 재산 중 한 명의 재산이 전체의 80~90%를 소유하고 있는 경우가 많다. 심지어는 본인의 건강상태가 매우 안 좋은데도 불구하고 배우자의 명의로 재산을 취득하거나 증여하는 것을 극도로 꺼리는 사람도 많다.

◆ 살아있을 때 주기 싫은 걸까?
  아니면 이혼을 생각하고 있기 때문일까?

여러 가지 이유로 배우자에게 재산을 증여하는 것을 생각조차 하기 싫어하는 당신에게 이 이야기를 전하고 싶다. 살아있을 때 주기 싫다는 것은 내가 선택하고 판단한다는 것인데 이는 본인이 생존해 있기 때문이다. 그러나 언젠가 본인이 사망하고 나면 의지와 상관없이 나의 재산 중 일부분은 자연스럽게 배우자에게 재산이 이전된다.

또한, 유언장이 있더라도 유류분만큼은 상속된다. 그리고 이혼하는 경우에도 어차피 부부간 재산분할 협의를 통해 배우자에게 재산이 이전되게 되어있다.

이혼 시 재산분할

[대법원 2009. 6. 9., 자, 2008스111, 결정]

【판시사항】

[1] 제3자 명의의 재산이 재산분할의 대상이 되는 경우

[2] 부부 중 일방이 상속받았거나 이미 처분한 상속재산을 기초로 형성하였거나 증여받은 재산이 재산분할의 대상이 되기 위한 요건

[3] 재산분할액 산정의 기초가 되는 재산가액의 평가 방법

【판결요지】

[1] 제3자 명의의 재산이더라도 그것이 부부 중 일방에 의하여 명의신탁된 재산 또는 부부의 일방이 실질적으로 지배하고 있는 재산으로서 부부 쌍방의 협력에 의하여 형성된 것이거나 부부 쌍방의 협력에 의하여 형성된 유형, 무형의 자원에 기한 것이라면 재산분할의 대상이 된다.

[2] 부부 중 일방이 상속받은 재산이거나 이미 처분한 상속재산을 기초로 형성된 부동산이더라도 이를 취득하고 유지함에 있어 상대방의 가사노동 등이 직·간접으로 기여한 것이라면 재산분할의 대상이 되는 것이고, 이는 부부 중 일방이 제3자로부터 증여받은 재산도 마찬가지이다.

[3] 민법 제839조의2에 규정된 재산분할제도는 혼인 중에 취득한 실질적인 공동재산을 청산 분배하는 것을 주된 목적으로 하는 것이므로, 부부가 이혼을 할 때 쌍방의 협력으로 이룩한 재산이 있는 한, 법원으로서는 당사자의 청구에 의하여 그 재산의 형성에 기여한 정도 등 당사자 쌍방의 일체의 사정을 참작하여 분할의 액수와 방법을 정하여야 하는 것이고, 재산분할액 산정의 기초가 되는 재산의 가액은 객관성과 합리성이 있는 자료에 의하여 평가하여야 한다.

✦ 심지어 국민연금도 분할된다

상대방의 귀책사유 등을 떠나 혼인지속기간과 재산형성기여도 등을 법원이 판단하여 분배하지만 결론적으로 배우자의 재산이 적으면 적을수록 많이 줘야 하는 상황이 발생할 수 있다.

그러므로 사망이든 이혼이든 반드시 배우자에게 재산이 이전된다는 것을 인지하고 차라리 어떤 재산을 증여할지에 대한 실질적인 고민을 하는 것이 바람직하다.

그렇다면 배우자 증여를 어떠한 방식으로 활용하면 좋은지 자세히 알아보자.

◆ 양도차익이 많이 발생하는 부동산은 배우자에게 증여하라

양도소득세는 재산을 취득할 당시의 취득가액에서 양도 시 발생하는 차액인 양도차익에 부과되는 세금이다. 배우자나 자녀 등에게 증여하는 경우 증여받은 당시 증여가액으로 취득가액은 변동된다.

증여받은 지 5년이 지난 이후 양도를 하는 경우 '받는 사람'수증자이 증여받은 당시 증여가액을 취득가액으로 계산되기 때문에 배우자 5년이라는 기한을 넘겨 매도할 계획이었다면 절세가 가능했다.

그러나 2022년 7월 21일 발표한 세법개정안에 양도소득세 이월과세 제도 합리화 방안5년에서 10년으로이 포함되면서 2023년 1월 1일 이후 증여분부터는 10년이 적용된다.

만약 가족 내 증여재산을 5년 이내2023.01.01. 이후 10년에 양도하는 경우 '주는 사람'증여자이 취득 당시 금액을 취득가액으로 계산하고, 이미 납부한 증여세를 필요경비로 공제하는 이월과세제도를 적용한다.

이때 장기보유특별공제나 세율은 '주는 사람'증여자의 기준으로 적용한다. 이월과세를 적용하는 이유는 배우자 사이의 증여에 대해서는 10년간 6억 원의 공제가 적용되는 것을 활용하여 증여하고 단기간 내에 매도하여 양도소득세를 절세하고자 하는 편법증여를 원칙적으로 막기 위해서이다.

이로 인해 2022년 말까지 증여를 해야 하는지에 대한 문의가 늘어나고 있다.

여기서 우리가 주목해야 할 부분은 10년으로 늘어난다고 하더라도 배우자에 대한 공제액이 6억 원으로 다른 증여공제에 비해 월등히 크다는 점이다. 이를 잘 활용하면 배우자에게 증여하는 것이 얼마나 절세에 유리한지 알 수 있다.

사업가 A씨는 노후를 대비하기 위한 투자 목적으로 고민하던 중 평소 친하게 지내던 지인의 권유로 2020년 1월에 비사업용토지를 1억 원에 매수하였다. 2년이 지난 2022년 8월, 재개발이 확정되면서 이 토지의 시세는 6억 원으로 급격하게 상승하였다.

> "시세 차익을 얻고 싶은데 양도소득세 때문에 고민입니다. 지금 팔면 세금이 50%나 나온다던데 방법이 없을까요?"
>
> "배우자에게 증여하고 5년 이후에 양도하면 양도소득세가 절세됩니다. 만약 매도를 고민하고 계신다면 2022년 이내에 증여하시고 양도하는 것을 추천드립니다."

만약 단기간 내에 시세 차익을 얻고자 한다면 양도소득세를 내야 하지만 지금 당장 처분이 필요한 상황이 아니라면 배우자 사이의 증여공제 6억 원을 활용하면 증여세도 없고 양도소득세까지 줄일 수 있다. 취득세 4%가 발생하지만, 거액의 양도소득세가 발생하는 것에 비하면 극히 미미한 수준이라 볼 수 있다.

이처럼 지난 10년간 A씨가 부인에게 다른 재산을 증여하지 않았다면 6억 원까지는 증여공제가 되므로, 증여세는 나오지 않는다. 또한, 증여 당시 증여가액 6억으로 취득가액이 계산되어 5년 2023.01.01. 이후 증여분부터 10년 이후에 양도 시 양도소득세도 발생하지 않는다.

만약 거래가격이 6억 이상으로 가치가 상승하여 차액이 초과 발생한다 하더라도 이미 증여 당시의 취득가액 6억 원으로 계산되어 6억까지는 양도소득세는 비과세되었으니 이보다 더 좋은 절세 방법이 있을까?

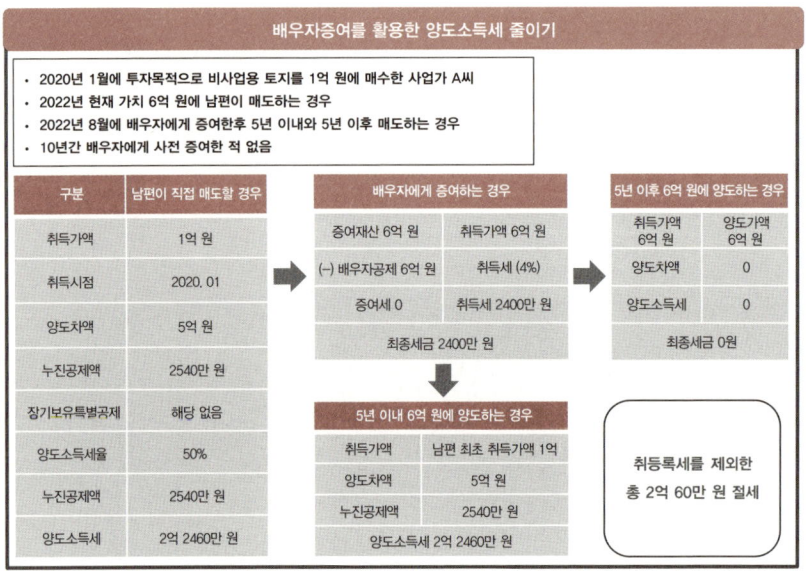

10년으로 적용된다 하더라도 장기보유특별공제를 감안하면 배우자에게 증여하는 것은 절세측면으로도 여전히 유효하다.

그러므로 양도소득세 문제로 처분이 곤란한 재산의 경우 배우자 증여를 적극적으로 활용하면 양도소득세, 임대소득세, 종합부동산세, 상속세 등이 같이 줄어드는 효과도 발생한다.

✦ 해외주식 양도세, 배우자 증여 뒤 팔면 절세

최근 많은 투자자들이 미국주식에 투자하는 해외주식투자 열풍이 불어오면서 양도소득세 관련 문의가 많아지고 있다.

> "갖고 있던 해외주식을 매도하려 보니 양도소득세를 내야 한다고 들었습니다. 대주주도 아닌데 왜 양도소득세를 내야 하나요?"

이유는 의외로 간단하다. 해외주식은 국내주식과 달리 소액주주 비과세가 적용되지 않기 때문이다. 단 1주를 팔더라도 양도소득세가 발생한다. 1년에 250만 원을 공제하고 남은 과세표준에 22%_{지방소득세 포함}를 부과하기 때문에 1천만 원의 수익이 발생하는 경우 해외주식은 220만 원의 세금을 떼고 780만 원만 받을 수 있다.

그러므로 해외주식 양도세를 아끼기 위해 가장 많이 쓰는 방법으로 배우자 증여를 활용한다.

앞서 언급했던 것처럼 가족 내 증여 시 이월과세되는 것을 활용하면 거액의 양도소득세를 절세할 수 있다. 배우자공제가 10년간 6억 원까지 증여세가 비과세되는 것을 해외주식 양도에 적용하면 '받는 사람'_{수증자}도 증여세가 과세되지 않고 '주는 사람'_{증여자}도 양도세 없이 주식을 넘길 수 있다.

먼저, 증여하는 주식의 증여재산가액은 증여일을 기준으로 전후 2개월간의 종가 평균액에 증여일의 기준 환율을 곱해 계산한다. 이렇게 산출된 평가액이 증여받는 배우자의 주식취득가액이 되기 때문에 증여받아 바로 팔면 양도세가 거의 발생하지 않는 것이다. 만약 배우자에게 증여하지 않고 직접 매도한다면 본인이 부담해야 할 양도소득세는 무려 1억 1825만 원이다. 증여를 하느냐, 안 하느냐에 따라 엄청난 거액의 세금이 지출되는 것이다.

해외 주식증여는 부동산과 달리 5년 이후 양도라는 규제도 없기 때문에 많이 활용되고 있었으나 세법개정으로 인해 2023년부터는 배우자 증여를 통한 양도소득세 절세에 약간의 규제가 생긴다.

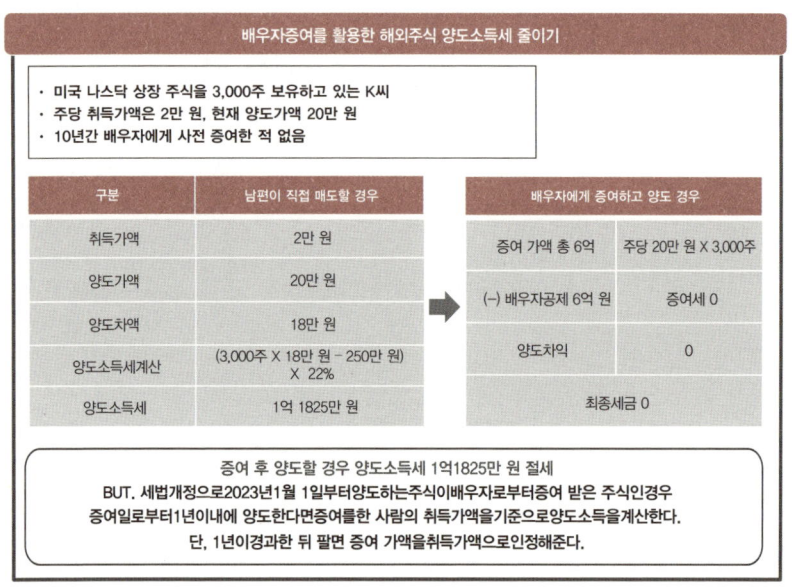

세법개정에 따라 2023년 1월 1일부터 배우자로부터 증여받아 양도하는 주식인 경우 증여일로부터 1년 이내에 양도한다면 증여를 한 사람의 취득가액을 기준으로 양도소득을 계산한다.

다행히도 증여받은 후 1년이 경과한 뒤 팔면 증여가액을 취득가액으로 인정해주기로 하면서 일단은 증여를 통한 양도소득세 절세 혜택을 볼 수 있게 되었다. 따라서 배우자 증여를 통해 해외주식의 양도소득세를 절세하고자 한다면 2022년 올해 안에 실행하는 것이 바람직하다.

이처럼 양도소득세를 절세할 수 있는 배우자 증여에도 매년 세법이 개정될 때마다 규정이 강화되는 것을 알 수 있다. 정부가 과세규정을 강화

한다는 것은 그만큼 세금을 내는 사람의 입장에서는 절세가 가능한 부분 있었다는 것을 방증하는 셈이다.

그래서 '증여는 지금 하는 것이 바로 절세'라고 하는 것이다. 배우자에게 주는 것보다 국세청에 주는 게 더 합당하다고 생각하는 것이 아니라면 배우자 증여를 적극 활용하자.

04. 어여쁜 손주에게 세대생략증여를 하자

◆ **손주에게 주면 세금이 더 나온다고 다들 만류하던데, 세대생략증여를 왜 해야 하나요?**

통계는 거짓말하지 않는다. 세대생략증여가 무조건 나쁜 것이라면 아래와 같은 통계는 존재하면 안 된다.

최근 국세청의 '세대생략증여세 결정 현황' 자료에 따르면 2021년 1세 이하 수증자에 대한 세대생략증여 재산가액은 991억 원을 기록했다. 이는 전년도 317억 원 증여액의 3.2배에 달하는 수치다.

일반적으로 세대생략 증여란, 직계존속인 '주는 사람'증여자가 직계비속인 '받는 사람'수증자에게 증여를 할 때 한 세대에서 다음 세대로 이어지는 증여가 아닌, 한 세대를 건너뛰어 이뤄지는 증여를 말한다. 여기에서 직계존속의 범위는 아버지의 부모님만 해당하는 것이 아니라 어머니의 부모님도 모두 포함한다.

일반적인 방식으로 증여할 경우 증여세가 두 번 부과되지만, 세대생략증여는 한 번만 부과되는 대신 일반 증여보다 세액의 30%만큼 할증 과세를 한다.

원칙적으로 세대생략할증과세의 할증률은 증여세액의 30%를 가산하지만 만약 '받는 사람'수증자이 미성년자이고 증여재산가액이 20억을 초과하는 경우 40%를 적용한다.

단, '주는 사람'증여자의 최근친인 직계비속인 '받는 사람'수증자이 사망한 경우 그다음 세대가 증여받는 경우 할증과세되지 않는다. 이는 대습상속과 동일하다.

그러나 할증과세된다 하더라도 세대생략증여는 절세측면에서 매우 유리한 방법이다.

✦ 상속의 횟수를 줄여서 넘겨주자

부富의 대물림은 일반적으로 상속, 증여와 양도 이 세 가지 방법이 존재한다.

일반적으로 상속이 가장 많으며 그 다음이 증여 그리고 매우 드물게 양도 순으로 재산의 이전이 이루어지고 있다.

만약 조부모 세대와 부모 세대로부터 증여가 아닌 상속만으로 손주 세대까지 부富의 대물림이 되기 위해서는 총 6회에 걸친 상속세를 납부하고 나서야 재산을 이전받게 된다는 얘기다.

총 6회에 걸쳐 납부해야 할 총 상속세는 감히 상상하기 싫을 정도로 엄청나게 부담되는 금액일 것이다. 세금 납부로 인한 재산처분, 분할 과정 등을 거치고 나면 상속재산의 규모는 점점 축소되어 결국 손주 세대에 이르러서 최종적으로 대물림되는 재산의 규모는 그리 크지 않을 것이다.

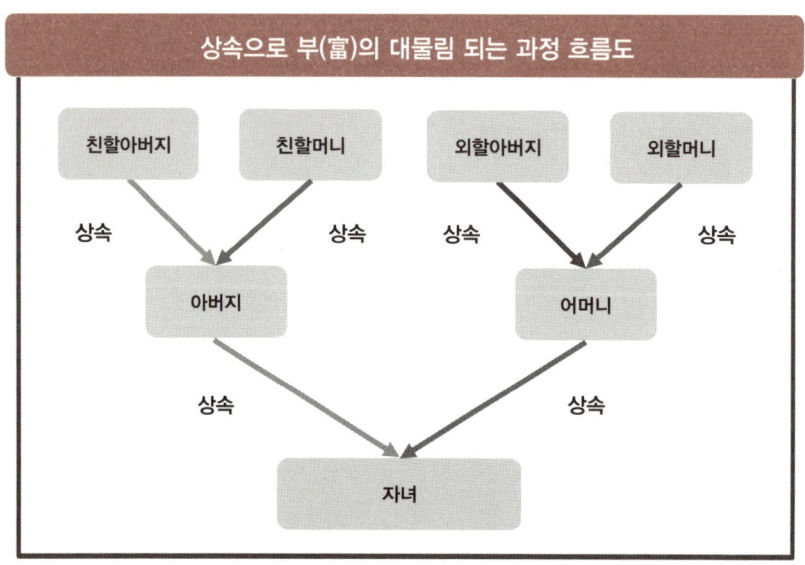

　최근 세대생략증여를 활용하는 것이 상속세 절세의 대안으로 각광을 받는 이유는 어차피 대를 이어 재산을 이전해줘야 한다면 30%의 할증과세가 된다고 하더라도 상속보다 세대생략증여가 더 유리하기 때문이다.
　특히, 고령의 자산가인 경우 배우자나 자녀가 증여받은 날로부터 10년 이내에 상속이 개시되면 상속재산에 재합산 되는 것에 비해 손주는 상속인이 아니기 때문에 증여 이후 5년이 지나면 상속재산에 합산되지 않아 상속세 절세전략으로 매우 유리하게 활용할 수 있다.
　만약 5억을 상속할 경우, 자녀에게 증여하는 것과 세대생략증여를 하는 경우의 절세효과 차이는 다음과 같다.

구분	세대생략증여를 하지 않은 경우		공제한도
	할아버지가 아버지에게	아버지가 아들에게	할아버지가 손주에게
증여재산가액	5억 원	5억 원	5억 원
(−)증여재산공제	5천만 원	5천만 원	5천만 원
(=)과세표준	4억 5천만 원	4억 5천만 원	4억 5천만 원
(x)세율	20%	20%	20%
누진공제	1천만 원	1천만 원	1천만 원
산출세액	8천만 원	8천만 원	8천만 원
세대생략할증세액			2400만 원
신고세액공제 3%	240만 원	240만 원	312만 원
납부세액	7760만 원	7760만 원	1억 88만 원
합계		1억 5520만원	차액 5432만 원

  표에서 알 수 있듯이 할아버지가 아들에게 증여하고 그 아들이 손주에게 증여하게 되면 증여세가 두 번에 걸쳐 총 1억 5520만 원이 발생하지만 한 세대를 건너뛰어 손주에게 증여하면 1억 88만 원의 증여세가 발생되어 5432만 원의 증여세가 감소되는 것을 확인할 수 있다.
  만약 '주는 사람'증여자이 재산이 많아 50%의 상속세율이 적용되는 경우 20%의 증여세는 결국 30%의 상속세를 절세하는 것과 동일한 효과를 볼 수 있다.

✦ 증여세는 나머지 가족들이 분산해서 증여하자

  증여세는 원칙적으로 받은 사람이 납부하는 세금이다. 그러므로 증여를 받는 사람이 증여세와 부동산의 경우 취득세를 납부할 수 있는 능력이 있어야 한다.

  그러나 실무적으로는 세금 납부능력이 없거나 부족한 손주에게 증여를 해주는 경우가 대부분이라 할아버지가 증여세까지 내주는 경우가 많다. 그러나 할아버지가 증여세까지 내주는 경우 증여재산과 합산되어 재계산되므로 합산된 만큼 더 높은 증여세율이 적용되어 세부담이 커지게 된다.

  특히, 대납해준 증여세에도 30%의 할증과세가 적용되어 다시 부과되고 부과된 증여세에 또 증여세가 부과되는 형식으로 원 단위까지 지 반복적으로 30%의 할증과세가 된다는 점을 주의하여야 한다.

구분		증여세를 분산 증여하는 경우			
		손주가 증여 받은 재산으로 납부 시	할아버지가 증여세까지 대납 시	아버지가 증여세 증여 시	기타 친족이 증여세 증여 시
증여재산가액	현금증여	5억 원	5억 원	1억 88만 원	1억 88만 원
	증여세 대납액	0	1억 5,213만 원	1,225만 원	984만 원
	합계	5억 원	6억 5,213만 원	1억 1,313만 원	1억 1,072만 원
(-)증여재산공제		5천만 원	5천만 원	0	1천만 원
(=)과세표준		4억 5천만 원	6억 213만 원	1억 1313만 원	1억 72만 원
(x)세율		20%	20%	20%	20%
누진공제		1천만 원	6천만 원	1천만 원	1천만 원
산출세액		8천만 원	1억 2064만 원	1263만 원	1015만 원
세대생략할증세액		2400만 원	3620만 원	0	0
신고세액공제 3%		321만 원	470만 원	38만 원	30만 원
납부세액		1억 88만 원	1억 5213만 원	1225만 원	984만 원
총 납부세액		1억 88만 원	1억 5213만 원	1억 1313만 원	1억 1072만 원

만약 할아버지가 증여를 해주고 동일그룹이 아닌 부모나 기타 친족이 증여세를 증여해준다면 어떻게 달라질까?

이처럼 증여세를 누가 증여해주느냐에 따라 세금의 부담이 엄청나게 달라지는 것을 확인할 수 있다.

아버지가 증여세를 대납하는 경우 할아버지와 아버지는 동일 직계존속이므로 증여공제 5천만 원은 한 번만 적용되지만, 증여재산은 증여세 대마다 별도로 보아 합산과세되지 않는다. 기타 친족도 직계존속그룹과 별도로 보기 때문에 증여재산에 합산되지 않으면서 기타 친족 공제 1천만 원도 적용받을 수 있으므로 손주는 총 6천만 원에 증여공제를 적용받을 수 있게 되는 것이다.

이때 할아버지의 증여는 증여세액의 30%가 가산되므로 아버지가 아닌 할아버지의 증여재산가액에서 증여공제를 선적용하는 것이 좋다. 그러므로 상황에 따라 증여세만큼은 받은 증여재산 내에서 납부토록 계획하거나 할아버지가 아닌 아버지가, 또는 기타 친족이 전부 또는 일부 분할 증여해주는 것을 추천한다. 아버지와 기타친족이 증여세를 50%씩 나누어 증여해 준다면 증여세율이 20%가 아닌 10%가 적용됨에 따라 증여세는 더 절감될 것이다.

이렇듯 증여는 단순하게 계산된 방식으로만 계획할 것이 아니라 어떻게 설계하느냐에 따라 결과는 엄청나게 달라진다. 그러므로 눈에 넣어도 안 아프다고 표현할 정도로 어여쁜 손주에게 증여도 해주고 상속세 절세까지 가능한 세대생략증여. 더 이상 할증과세가 부담된다고 머뭇거리지 말고 실무 경험이 풍부한 전문가와 상의하여 지금 바로 증여하는 것이 바로 절세의 기술이다.

05. 증여도 스마트하게 하라, 부담부증여

♦ 재산을 주는 건 이해가 되지만, 왜 부채를 같이 증여하는 걸까요?

상속·증여세법에 따르면 수증자에게 일정한 채무를 부담시키면서 증여할 수 있는데, 이를 '부담부증여'라고 한다.

최근 전세보증금 등과 같은 임대보증금과 담보대출금 같은 부동산에 포함된 채무를 '받는 사람'_{수증자}가 인수하는 조건으로 하는 '부담부증여'가 많이 늘어나고 있다.

이때 핵심은 채무를 상환해야 하는 사람은 '주는 사람'_{증여자}가 아닌 '받는 사람'_{수증자}이 되는 것이다. 이러한 조건부 증여계약을 체결하게 되면 '받을 사람'_{수증자}은 증여세를 부담하고 '주는 사람'_{증여자}은 채무를 이전하는 것에 대한 양도소득세를 부담하게 된다.

♦ 채무인데 왜 양도소득세를 내야 하나요?

쉽게 설명하면 타인에게 대가성 없이 증여한 재산은 '받는 사람'_{수증자}에게 채무만큼을 제외하고 증여세가 발생하지만 승계된 채무는 '주는 사람'_{증여자}이 변제할 의무가 사라지므로 대가로 보아 양도소득세를 부과하는 것이다.

이때 '주는 사람'_{증여자}이 1세대 1주택으로 비과세 요건을 갖춘 상태에서 부담부증여를 하면 양도소득세에 대해 비과세 혜택을 볼 수 있기 때문에 절세효과는 더욱 커진다.

부동산 전체를 증여하는 것보다 일정한 채무와 함께 증여하면 양도소득세를 내더라도 증여세 측면에서 유리하기 때문에 과세관청에서는 조세포탈 또는 증여세 회피 목적으로 악용될 가능성이 큰 점을 고려하여 '부담부증여 시' 채무상환에 대한 모니터링과 자금출처 증빙 등을 요구하는 검증시스템을 운영하고 있다.

실제 부담부증여로 신고한 이후 '주는 사람'증여자이 '받는 사람'수증자이 인수한 채무를 대신 변제한 것이 드러나 증여세 및 가산세가 부과되는 사례도 흔하게 발생한다.

그러므로 상황에 따라 채무를 상환하는 경우 객관적으로 입증할 수 있는 자료를 준비하는 것이 매우 중요하며, 이자를 지급해야 하는 채무의 경우 '받는 사람'수증자이 원금상환 및 이자 지급 능력이 없을 경우 부담부증여로 인정되지 않을 수 있으니 주의하여야 한다.

최근 몇 년간 시행되고 있는 부동산 규제로 인해 다주택자의 경우 부담부증여하려는 부동산의 종류나 취득시기, 취득가액에 따라 세금부담이 커질 수 있기 때문에 부담부증여를 실행하기 전 반드시 세금 부담의 차이를 비교해보고 나에게 맞는 증여를 결정하여야 한다.

06. 재산 중 가장 먼저 소득을 증여하고 자녀명의의 보장성보험을 가입하라

> 어차피 증여한다는 것은 증여공제를 사용해야 한다는 것이고, 이는 10년에 한 번밖에 적용되지 않기 때문에 어떤 재산을 먼저 증여할 것인지 고민해야 한다.

수많은 증여 관련 서적들과 전문가들의 조언을 살펴보면 금융재산 중 하락한 펀드나 주식을 증여하라는 이야기가 대부분이다. 이는 필자도 공감은 하지만 무조건적인 동의는 하지 않는다.

예를 들어 펀드와 주식을 기준으로 살펴보자. 펀드나 주식을 증여할 때의 기준은 원금이 아닌, 증여 당시의 평가액을 기준으로 계산한다. 그러므로 금융투자재산의 수익률이 마이너스인 경우 하락분만큼의 증여세를 절세할 수 있는 기회인 것이다.

만약, 증여 이후 수익률이 회복되거나 상승하여 이익이 발생한다 하더라도 추가적인 증여세가 발생하지 않고 향후 자녀의 자금출처 증빙도 가능하기 때문에 자산운용과 절세측면으로 매우 유리한 방법이다.

그러나 금융재산 증여는 펀드나 주식만이 정답일까?

여기서부터 필자의 생각은 조금 다르다. 이보다 더 효율적인 금융재산의 증여가 가능하다면 우선적으로 고민해야 한다고 생각한다.

그 이유는 대부분의 세무전문가나 법률전문가와 달리 펀드나 주식 이외에도 보험상품의 구조와 원리를 매우 잘 알고 있기 때문이다.

일반적으로 보험상품은 상품에 따라 구조가 다르고 약관이 어려워 전문가들조차 쉽게 공부하고 추천하기 매우 어려운 상품이다.

펀드나 주식은 내가 납입한 원금의 수익률에 따라 가감하고 지급하지만 보험은 1회든, 10년이든 얼마를 납입하더라도 맨 처음 약정한 사망보험금을 준다. 이것을 펀드나 주식의 수익률로 환산한다면 어떻게 될까?

이처럼 보험이 상속세 납부 재원 마련대책에서 가장 중요한 대안으로 제시되는 것은 피상속인의 사망으로 인한 거액의 사망보험금이 지급되면 계약관계에 따라 상속인들에게 재산의 상속과 상속세 납세재원으로 활용할 수 있는 유일한 금융상품이기 때문이다.

그러나 배우자나 자녀의 명의로 보장성보험을 가입하기에는 너무나도 많은 제약이 따른다.

예를 들어 '국세청 세금절약가이드'에 따르면 자녀 명의의 보장성보험을 가입하라고 하지만 소득이 없거나 결혼 등으로 인해 주택구입자금 출처 증빙을 해야 하는 자녀에게 지금 당장 보장성보험에 가입하도록 하는 부모는 과연 몇이나 될까? 본인 보험조차도 가입하기 싫어하는데 말이다.

세법에서는 소득이 없는 배우자나 자녀를 계약자, 수익자로 지정하는 보험은 명백하게 증여로 본다.

◆ 계약자·피보험자·수익자가 동일인으로 계약되어 있는 경우라면?

계약자, 피보험자, 수익자가 모두 동일인인 보장성보험의 경우 상속재산에 합산되어 상속세가 발생하면 납입한 원금보다도 적은 금액을 받을 수 있고, 사망보험금의 수령으로 과표구간이 변동되어 더 높은 세율이 적용될 수 있어 주의할 필요가 있다.

그렇다면 이런 방식이 무조건 잘못된 것일까?

답은 '반은 맞고, 반은 아니오'이다.

그 이유는 계약자와 피보험자, 그리고 수익자가 모두 동일하다 하더라도 상황별로 어떻게 활용하느냐에 따라 달라질 수 있기 때문이다.

계약자와 수익자를 배우자나 자녀의 명의로 가입하는 것이 최우선 고려사항은 맞지만, 현실적으로 가입 당시 상황 등의 여러 가지 이유로 인해 계약자와 피보험자가 동일인 계약을 하는 경우가 많이 있다.

① 배우자와 자녀가 실질적인 소득이 없는 경우
② 자녀의 소득이 있더라도 이미 생활비나 교육비 등 지출의 한계를 넘어선 경우
③ 이미 자녀와 배우자에게 사전증여한 재산이 있는 경우
④ 상속·증여 대상 재산이 없거나 총액이 10억 이하인 경우
⑤ 상속 시 별도의 금융재산이 없는 경우
⑥ 미혼·이혼으로 배우자가 없는 경우
⑦ 향후 배우자와 자녀의 명의로 증여를 통해 계약자 변경을 할 예정인 경우

그렇다면 계약자=피보험자=수익자인 경우에도 절세에 해당하는 것이 있을까?

'주는 사람'^{피상속인}이 본인의 보험료를 납입하는 경우, 사망보험금은 상속재산에 포함되지만 보험가액의 20%, 최대 2억 원까지 공제 할수 있는 금융재산 상속공제의 대상이 되므로 그 혜택을 볼 수 있고, 이 사망보험금을 포함한 금융재산을 배우자에게 법정지분만큼 상속하도록 하여 연대납세제도를 활용하면 2차 상속세도 줄어드는 효과를 기대할 수 있다.

또한 상속포기나, 한정승인을 하는 경우 저축성 보험이나 예금, 펀드, 주식 등은 같이 포기해야 하지만, 보장성보험은 수익자를 지정할 경우 상속세는 발생하지만 상속인의 고유재산으로 보아 유류분에 합산되지 않으며 상속포기, 한정승인을 신청한다 하더라도 받을 수 있는 유일무이한 민간 금융상품이다.

다만, 상속포기나 한정승인 시 사망보험금을 수령하는 경우 그 한도 내에서 국세도 같이 승계되는 점은 유의하여야 한다.

그렇다면 보장성보험을 활용하는 증여는 어떤 방식이 있는지, 이로 인한 장점은 무엇인지 자세히 알아보자.

◆ 소득이 없는 배우자와 자녀에게 보험과 임대수익을 동시에 증여하라

이처럼 계약자=피보험자=수익자인 계약인 경우 상황에 따라 배우자와 자녀가 소득이 없거나 적다면 보험계약자 및 수익자를 변경하고 납입해야 할 보험료도 증여해주어야 한다.

나중에 수령하게 될 보험금보다 납입해야 할 보험료가 훨씬 저렴하기 때문에 어차피 증여세를 내야 한다면 보험금보다 보험료에 대한 증여세를 부담하게 하는 것이 훨씬 유리하기 때문이다.

또한, 배우자와 자녀에게 보험계약을 증여하면 사망보험금에서 납부 보험료 총합계액 중 보험금 수령인이 납부한 보험료가 차지하는 비율을 곱한 금액은 상속 및 증여재산에서 제외된다.

보장성보험은 1회만 납입하고 사망하더라도 정해진 사망보험금을 지급해주는 유일한 금융상품이다.

세법 상증법 42조의 3에 따르면 재산취득 후 재산 가치증가에 따른 이익에 대한 증여세 과세는 특수관계인으로부터 이미 받은 증여재산을 통해 5년 이내에 재산 가치가 증가한 경우에 증여세를 과세한다고 나와 있다. 그러나 실무적으로 증여받은 이후 5년 이내에 사망보험금이 지급될 가능성은 상대적으로 낮고, 기한이 정해져 있는 만큼 5년이 경과한 이후에 수령하는 것은 큰 문제가 없을 것으로 생각된다.

다만, 국세청에서는 보험계약 증여 외에도 자녀가 증여받은 돈으로 부모의 보험계약을 체결하고, 보험료를 납부했다면 향후 사망보험금의 발생 시에도 사망보험금에 대한 증여로 보고 증여세를 추가로 과세하겠다는 입장이다.

물론 이러한 과세 원칙은 존재하지만 증여받은 재산이 어디에 사용된 것인지에 대해 판단하는 것은 현실적으로 어렵다. 증여받은 현금을 일시납 투자 상품으로 운용하고 그 수익으로 보험상품에 가입하여 보험료를 납입한다거나 수익형 부동산을 증여하거나 직접 취득하여 그 임대료로 보험료를 납입했다면 명확하게 과세 여부를 판단하기 어렵기 때문에 반드시 전문가와 상의를 하여 판단하는 것을 추천한다.

특히 부동산의 경우 증여하는 증여재산가액이 크기 때문에 보험금을 수령한다 하더라도 당초의 증여재산을 초과해서 재산 가치가 늘어날 가능성은 매우 낮기 때문에 임대수익이 발생하는 부동산을 증여받고 보험료를 납입하는 방식을 많이 사용한다.

07. 자녀가 어리다면 부부끼리 보장성보험을 교차가입하자!

> 아무리 좋은 상속·증여세 절세 방법이라 해도 당사자의 공감을 얻지 못한다면 그것은 절대로 대안이 될 수 없다.

많은 전문가들이 말하는 것처럼 자녀의 명의로 부모가 보장성보험에 가입하는 것이 가장 좋다고 생각하지만, 자녀가 어리거나 향후 주택구입을 해야 하는 상황이라면, 어느 부모가 자녀에게 증여해줄 자금으로 본인의 보장성보험에 가입하고자 할까?

이처럼 현실적으로 자녀의 명의로 보장성보험에 가입하기 어려우므로 배우자공제를 활용하여 배우자에게 재산을 증여하고 배우자를 계약자=수익자로 하는 보장성보험을 교차 가입하는 것을 대안으로 제시하는 것이다.

==**"죽기 전에 다 쓰고 갈 겁니다."라는 말은 지겹게도 듣지만 실제로 그러는 건 한 번도 본 적이 없다.**==

만약 자산가가 아닌 배우자가 먼저 사망할 경우 재산 규모의 불균형과 배우자공제를 적용받지 못해 결국 상속세 부담이 커질 수밖에 없다.

50억 자산가를 예를 들면 다음과 같은 상속세의 차이가 발생한다.

① 배우자와 자녀가 2명인 경우 7억 286만 원

② 배우자가 없고 자녀만 있는 경우 16억 9천만 원

이처럼 배우자의 존재 여부는 상속·증여세법에서 가장 큰 비중을 차지하고 있다. 그렇다면 배우자에게 보험료 증여를 통해 절세하는 방법은 어떠한 것들이 있을까?

먼저 증여하지 않고 50억의 재산이 한꺼번에 상속되는 경우에는 상속세는 7억 286만 원이 발생한다. 그렇다면 어차피 발생할 상속세가 7억 원이라면 언젠가 내야 할 이 세금을 활용해서 절세하면 될 일이다.

예를 들어 50억의 재산 중 7억 원을 증여하고 남은 43억 원을 갖고 있는 남편과 증여받은 7억 원의 재산을 가지고 있는 배우자의 상속이 발생되었을 경우를 가정해 보자. 만약 10%의 증여세율을 적용받더라도 배우자에게 7억 원을 증여하면, 남은 43억에 대한 상속세는 5억 4285만 원으로 증여세를 차감하더라도 대략 1억 5001만 원의 상속세가 절세된다.

물론 10년의 상속세 재합산 기간이 경과해야 하는 것은 어쩔 수 없다.

만약, 증여받은 배우자가 먼저 사망하는 경우 10억 이하의 재산이기 때문에 별도의 상속세는 발생하지 않는다. 이때 배우자의 7억은 모두 자녀에게 상속하는 것이 좋다. 남편이 받는 경우 남편의 재산과 합산되어 상속세가 발생되기 때문이다.

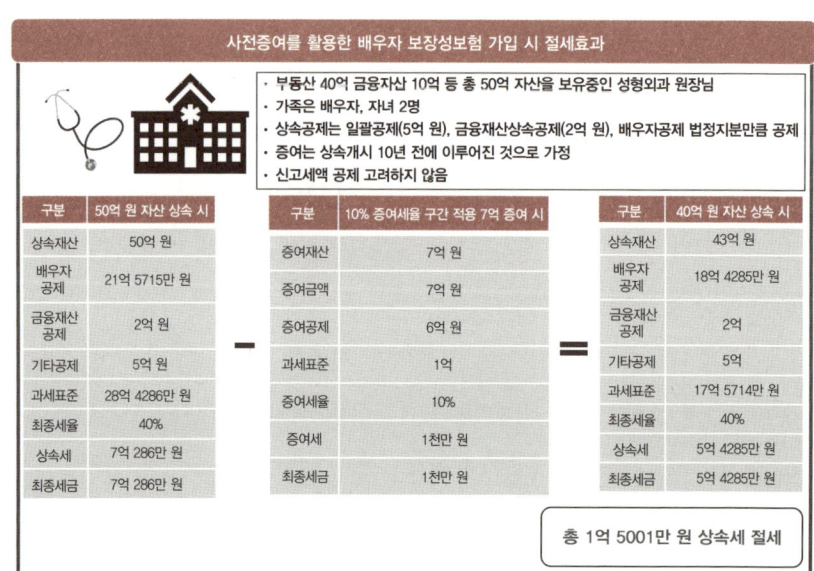

 이처럼 증여만으로도 상속세가 줄어드는 것을 확인할 수 있는데, 만약 배우자가 증여받은 재산 7억 원으로 남편의 보장성보험에 가입하면 더 큰 절세효과를 볼 수 있다.

① 50억의 자산을 보유하고 있는 남편의 사망 시 7억 286만 원의 상속세가 발생한다.

② 7억을 배우자에게 증여하면 상속세는 5억 4285만 원으로 감소한다.

③ 배우자를 계약자=수익자, 남편을 피보험자로 하는 보장성보험에 가입한다. 남편이 사망하는 경우 배우자는 10억의 사망보험금을 수령하여 상속인들의 상속세를 납부한다.

④ 만약 계약자=수익자인 배우자가 먼저 사망하는 경우 10억까지는 상속세가 발생하지 않고 자녀에게 전액 상속해줄 수 있기 때문에 반드시 자녀가 계약자=수익자의 지위를 승계토록 상속해야 한다.

⑤ 배우자가 먼저 사망하고 남편의 2차 상속 발생 시 해당 보장성보험
은 자녀의 재산이므로 상속재산에 합산되지 않는다.
⑥ 보험료 납입 기간 동안 남아 있을 목돈은 매년 투자를 하여 추가적
인 수익을 발생시키도록 한다.

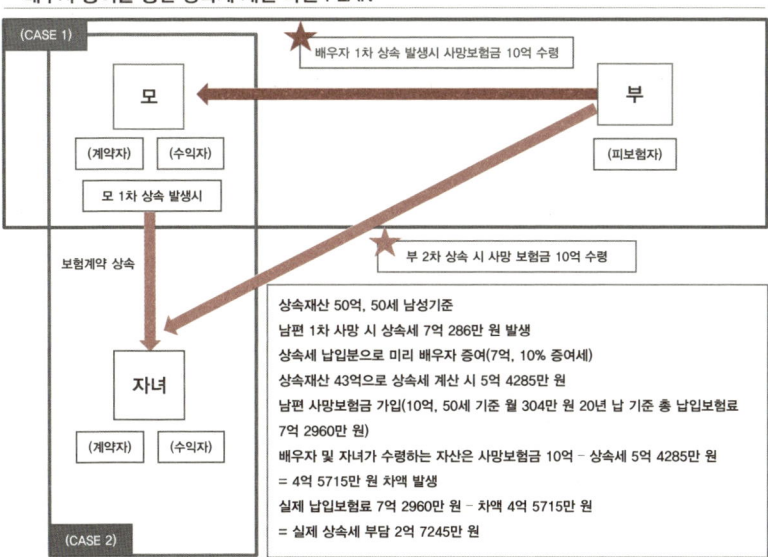

다시 말해, 50억의 자산가가 배우자에게 증여하지 않을 경우 7억 286
만 원의 상속세가 발생하지만 7억을 배우자에게 증여하면 1억 5001만
원의 상속세가 절세되고, 향후 사망보험금 수령 시 상속인들의 실제 납
세부담금은 2억 7245만 원까지 낮아지지는 것을 확인할 수 있다.

> * 배우자 및 자녀가 수령하는 자산은
> 사망보험금 10억 − 상속세 5억 4285만 원 = 4억 5715만 원 차액 발생
> * 실제 납입보험료 7억 2960만 원 − 차액 4억 5715만 원
>   = 실제 상속세 부담 2억 7245만 원

이것이 바로 보장성보험을 교차 가입해야 하는 진짜 이유이다.

어차피 언젠가는 발생할 상속세를 장기간에 걸쳐 모아간다는 생각으로 접근할 필요가 있다. 보장성보험 가입 시 장기간 납입하는 상품이란 인식에 대체로 거부감을 느끼는 것은 이해가 된다.

그러나 납입 기간 중 사망이 발생하면 정해진 사망보험금을 지급하고 잔여 납입 기간과 상관없이 보험료는 납입이 종료되는 금융상품은 보장성보험만이 유일하다.

그렇기 때문에 '국세청 세금절약가이드'도 상속세 납세재원 마련 대책 중 사전증여 및 세금납부계획마련과 더불어 보장성보험을 활용하는 방법을 설명하고 있는 것 아닐까?

종류도 다양하고 일반인들이 이해하기 복잡한 구조의 보장성보험을 증여하기 위해서는 세법만 알아야 하는 것이 아니라 해당 상품을 분석하고 약관을 이해할 수 있는 전문가에게 상담을 받아야 한다.

08. 여러 명에게
나누어 줄수록 유리하다

상속세와 마찬가지로 증여세는 증여받는 재산이 많을수록 적용세율도 같이 높아지는 초과누진세율을 적용한다.

사전증여를 계획하는 경우, 여러 명에게 분산 증여하면 개인별로 증여받은 재산에 대해서만 과세하기 때문에 더 낮은 세율이 적용되어 절세가 가능하다.

이 정도면 독자들의 뇌리에도 깊이 박혔을 거라 생각이 든다.

✦ 단독증여의 경우

5억을 아들에게 단독 증여하는 경우 과세표준이 1억을 초과하여 20%의 증여세율을 적용받게 된다. 증여받는 사람은 아들 1인 단독이므로 증여재산공제는 5천만 원과 누진공제액 1천만 원만 공제되어 8천만 원의 증여세가 발생한다.

✦ 분산증여의 경우

일반적으로 분산증여는 혈족인 가족에게 하는 경우가 대부분을 차지한다. 기존에는 자녀 또는 배우자에게 증여했다면 최근에는 손주와 며느리, 그리고 사위에게도 분산 증여하는 사례가 점점 많아지고 있는 추세이다. 나의 자녀와 그 가족들에게 분산하여 증여하면 각각 증여재산

공제를 적용받으므로, 자녀에게 단독 증여하는 것보다 더 큰 절세효과가 있다.

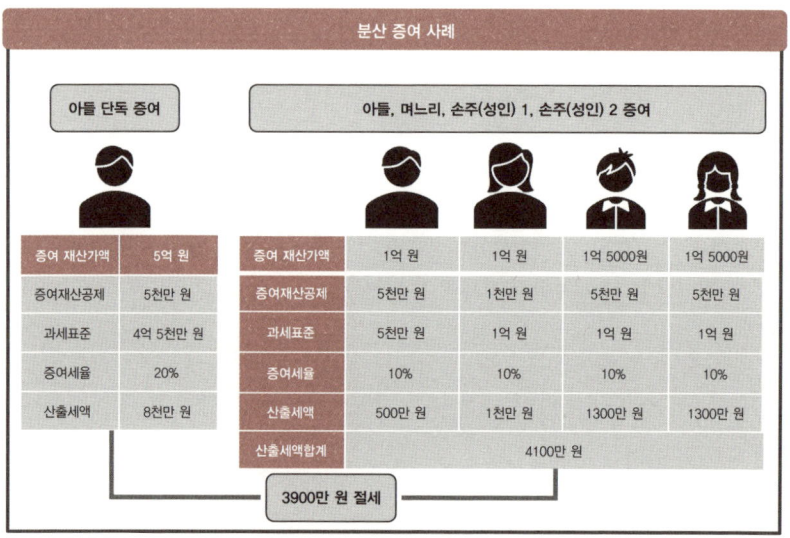

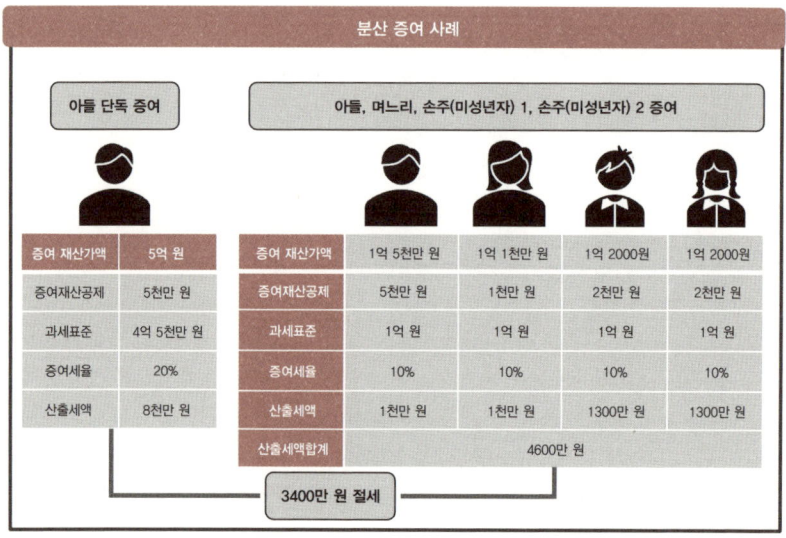

이처럼 5억 원을 아들에게 단독 증여하는 경우 증여세는 8천만 원이 발생되지만, 아들 가족에게 분산증여 하면 가족 구성원의 성년 여부에 따라서 3400만 원~3900만 원의 절세효과가 발생한다.

손자에게 증여하는 경우 발생되는 세대생략 증여 할증과세_{세액의 30%}를 감안해도 분산증여 시의 증여세가 단독증여할 때보다 절반 정도로 감소하기 때문에 분산증여가 훨씬 유리한 것을 확인할 수 있다.

분산증여를 하는 경우 증여세뿐만 아니라 종합소득세·양도소득세·상속세의 절세효과도 발생되기 때문에 증여를 할 계획이 있다면 단독증여만을 고집할 것이 아니라 분산증여를 적극적으로 활용하여야 절세효과를 극대화할 수 있다.

◆ 며느리와 사위, 손주 등 상속인이 아닌 사람에게 증여하라!

일반적으로 증여를 계획하는 단계에서 '주는 사람'_{증여자}의 나이, 건강상태, 재산의 가치 상승 기대분 등을 종합하여 증여할 재산과 시기를 고민한다.

이 과정에서 현실적으로 가장 많이 고민하는 부분은 세금뿐만 아니라 10년 이내에 상속이 개시되는 경우도 포함된다.

> "증여하고 상속이 개시되면 어차피 합산될 텐데…"

그러나 10년 이내에 상속이 개시된다고 하더라도 증여가 불리한 것만은 아니다.

오히려 분산증여를 하는 경우 절세효과를 볼 수 있는 경우가 더 많은

데, 상속인과 상속인이 아닌 사람은 증여 이후 상속이 개시될 경우 적용되는 상속세 재합산 기간이 다르기 때문이다.

상속인은 상속과 증여 모두 10년 이내에 사전증여한 재산이 있다면 합산되어 재계산되지만, 상속인이 아닌 자에게 증여한 재산은 5년이 경과하면 상속재산에 합산되지 않는다.

구분	증여 재합산 기한	상속 재합산 기한
배우자	10년	10년
자녀	10년	10년
손주	10년	5년
며느리, 사위	10년	5년
기타 상속인이 아닌 자	10년	5년

다시 말해, 아들에게 5억 원을 단독증여한 경우 10년 이내에 상속이 개시되면 사전증여한 5억 원은 상속세에 합산되어 상속세가 재계산 되지만 손주와 며느리, 그리고 사위에게 증여한 재산은 5년이 경과 되었다면 상속재산에 합산되지 않는다는 장점이 있다.

다만, 상속이 아닌 증여로 인한 사전증여재산의 합산 기간은 10년으로 상속인과 동일한 점은 주의하여야 한다.

증여 이후 10년 이상 생존을 한다면 아들에게 생전 증여한 재산도 상속재산에 합산되지 않는다.

특히, 증여받은 재산만 합산되고 증여 이후의 재산 가치 상승과 운용

수익은 증여받은 사람에게 귀속된다는 점은 우리가 최대한 빨리 분산증여를 해야 하는 중요한 절세 포인트이다.

최근 몇 년 전부터 '금전대차거래 계약서'를 활용한 방법이 SNS나 언론, 심지어 절세 관련 책에서조차 엄청난 절세방안인 것처럼 다루어지는 것을 보면서 참 답답했다. 어차피 갚아야 할 채무이므로 상속재산에 합산되고, 이자도 지급해야 하며, 증여추정으로 인한 세무조사까지 받을 수 있는 위험을 감수하느니 차라리 사전에 분산해서 증여해주었더라면 좋았을 텐데 라는 생각에 개인적으로는 매우 안타깝다.

어차피 언젠가는 나의 재산이 부(富)의 대물림을 통해 내 가족에게 이전이 될 것은 너무나도 자명한 사실이다. 증여는 10년이라는 유효기간이 존재하고 상속은 사망이라는 조건이 있다는 것을 고려한다면, 결국 사전에 여러 사람에게 나누어 분산증여를 하는 것이 가장 현명한 방법이다.

09. 증여 후 가치 상승이 예상되거나, 미래투자이익이 발생하는 재산을 증여하라

일반적으로 증여를 할 재산과 시기를 결정하는 데 있어 '주는 사람'증여자과 '받는 사람'수증자의 상황과 니즈에 부합하는 것을 우선적으로 판단하게 된다.

예를 들어 금융재산은 결혼이나 주택구매목적으로 증여가 이루어지고, 부동산 재산은 생활비나 여유자금의 활용과 향후 가치 상승 등의 이유로 증여가 이루어지며, 사업의 승계목적으로 증여가 이루어지기도 한다.

결국, 이 모든 과정은 상속이 아닌 증여로 재산의 세대 이전을 통해 부富의 대물림을 하기 위한 것이라 볼 수 있다.

그러나 실무에서는 이러한 상황이나 니즈에 부합되지 않은 재산의 증여가 이루어지는 것을 심심치 않게 볼 수 있다. 예를 들어 자산의 가치에 대한 평가도 없이 나중에 오를 것이라는 기대심리만으로 개발제한구역 내에 있는 맹지나 산 같은 부동산들의 증여가 바로 대표적인 사례이다.

이와 같은 경우 대부분 재산의 가치 상승효과도 없을 뿐만 아니라 10년 내 1번뿐인 증여공제 한도도 소진되고 증여세와 취득세도 발생된다.

결국 '받는 사람'수증자은 자산의 운용수익 및 가치 상승효과도 보지 못하고 세금만 부담하는 악영향을 불러올 수 있다. 그러므로 증여할 재산을 결정함이 있어서 다음과 같이 향후 가치 상승이 가능하고 임대소득이나 운용수익이 발생 가능한 재산부터 우선 고려되는 것이 중요하다.

✦ 가치가 있는 것을 최우선으로 증여하라

증여재산 중 저평가된 금융재산이나 토지, 상가 등의 재산 중에서 향후 가치 상승이 예상되는 것을 최우선으로 선별하여 증여하는 것이 중요하다.

또한 증여를 통해 '주는 사람'증여자이 재산을 보유하는 동안 발생되는 종합부동산세나 처분 시에 발생하는 양도소득세의 절세효과와 더불어 '받는 사람'수증자이 증여세를 낼 수 있는지 등이 반드시 고려되어야 할 사항이다.

일반적으로 개인이 금융재산이나 부동산의 미래가치 상승에 대한 막연한 기대심리만으로 증여하는 것은 매우 위험할 수 있다. 그러므로 증여하고자 하는 재산에 따라 계획을 수립하여야 성공적인 증여를 할 수 있다.

금융재산의 경우 현금, 펀드, 주식, 보험 등 무엇을 증여하느냐에 따라 평가방법과 기대 운용수익이 다르고, 이에 따른 절세효과에도 영향을 미치기 때문에 반드시 금융전문가의 도움을 받아 증여할 재산의 항목과 시기를 정하는 것이 좋다.

부동산도 마찬가지이다. 앞에서 여러 번에 걸쳐 설명했듯이 여러 증여재산 중 선택이 가능하다면 절세효과가 가장 큰 것과 미래에 가치 상승이 가능한 부동산 중 어떤 재산을 증여하는 것이 좋을지 부동산 및 세무전문가와의 충분한 상담을 통하여 판단하여야 한다.

더불어 '받는 사람'수증자의 현재 상황을 고려하여 증여하는 것이 합리적인 증여를 결정하는 데 도움이 될 수 있다. 예를 들어 자녀에게 주택을 증여할 때, 자녀가 이미 유주택자라면 다주택자 중과세 규정과 취득세, 1가구 1주택 비과세 여부를 따져야 하며, 농지나 비사업용토지의 경우 비사업용토지 중과세와 농지법상 취득이 가능한지도 따져봐야 한다.

✦ 소득이 발생하는 재산으로 증여세를 납부하라

이처럼 우여곡절 끝에 증여할 재산이 결정되었다 해서 모두 완료되는 것이 아니다. 증여할 재산이 결정되었다는 것은 증여재산공제금액을 제외한 실제 증여세와 취득세 등의 세금의 규모가 어느 정도인지 비교적 정확히 예측되어 '주는 사람'증여자과 '받는 사람'수증자 앞에 세금고지서가 놓인다는 의미이기도 하다.

바로 이 단계가 수많은 증여 계획이 실행되지 않고 포기해버리는 마의 구간이라 할 수 있다.

우리나라의 증여세는 개인이 증여받은 재산에 대해 '받는 사람'수증자이 납세의무를 갖게 되는데 대부분 증여세를 낼 수 있는 능력이 부족하거나 아예 없는 경우가 대부분을 차지한다.

이 때문에 '주는 사람'증여자이 증여세까지 증여해주면서 증여과세가액에 합산되고 이에 대한 높은 증여세율이 함께 적용되기도 하며, 대납해준 증여세에 또다시 증여세가 원 단위까지 무한 반복되어 부과되는 결과도 초래한다.

그러므로 현실적으로 '받는 사람'수증자이 증여세와 취득세를 납부할 능력이 있는지, 없다면 세금은 어떻게 처리해야 하는지에 대한 계획까지 미리 수립되어야 하며, 만약 세금에 대한 납부능력이 없다면 다음과 같은 방법을 고려해야 한다.

① 본인의 재산 또는 증여받은 재산으로 증여세를 직접 납부토록 하거나,
② 증여자와 동일그룹이 아닌 다른 가족이 증여세를 증여해주거나,
③ 임대소득이 발생하는 부동산을 증여하고 그 소득으로 증여세를 분납토록 하여 증여세를 절세해야 한다.

그렇다면 임대소득이 발생하는 부동산을 증여하고 증여세를 분납하는 것은 가능한 걸까?

당연히 증여세도 상속세와 마찬가지로 분납과 연부연납이 가능하다. 증여세 분납은 납부세액이 1천만 원을 초과할 경우 2개월 이내에 분납이 가능하며 납부세액이 2천만 원 이하인 경우 1천만 원을 초과하는 금액에 대해서만 분납이 가능하다.

연부연납은 납부세액이 2천만 원을 초과하는 경우 5년 이내에 분납이 가능하며, 각각의 분납세액이 1천만 원을 초과해야 한다. 다만 연부연납 시 1.2%의 이자가 붙는다.

그러나 '주는 사람'증여자이 증여세를 대납해주는 것보다 이자를 내더라도 연 1.2% 수준으로 저렴하고, 발생하는 임대소득으로 연부연납을 통해 증여세를 직접 납부하는 것이 절세측면에서 훨씬 유리하다.

다만, 자녀에게 매월 임대소득이 발생함에 따라 종합소득세와 이를 반영한 건강보험료부과대상이 될 수는 있으나 '주는 사람'증여자의 재산이 감소한 만큼의 절세효과를 비교한다면 훨씬 유리한 방법인 것이다.

그러므로 소득이 발생하는 부동산을 우선 증여하고, 세무전문가와 상의하여 증여세를 분납토록 하는 절세계획까지 함께 수립하도록 하는 것이 좋다.

10. 장애인신탁과 생명보험이 만나면 최강의 절세커플이 탄생한다

✦ 장애를 가진 아이보다 단 하루만 더 살고 싶다

만약, 가족 중 누군가가 안타깝게도 장애를 갖고 있는 경우 한 번쯤은 이런 생각을 해본 적이 있을 것이다. 실제 상담을 하다 보면 장애를 갖고 있는 가족의 안전한 노후와 믿을만한 후견인 지정 등을 고민하는 경우가 대부분을 차지한다.

예전에는 사회적 편견과 인식의 부족으로 가족 중 누군가에게 장애가 있다는 것을 다른 사람들에게 노출하는 것을 극도로 꺼리는 경향이 강했지만, 다행히 최근 들어 장애인의 활동을 거들고 정부에 적극적인 정책 수정을 요구하는 등 장애인의 인권 신장에 대한 표현의 방식이 변하고 있음을 느낄 수 있다.

특히, 자녀가 장애를 가지고 있는 경우 장애인 관련 제도를 알아보다가 2019년 12월 31일 '상속세 및 증여세법' 제52조 2의 개정이 되면서 장애인의 자산관리에 대한 관심을 갖고 상담을 요청하는 경우가 점점 늘어나고 있다.

대부분 국민기초생활 수급권이나, 장애인연금에 대해서는 많이 알고 있지만 장애인신탁이나 보험금 비과세 부분은 잘 알지 못해 널리 활용되지 못하고 있다.

'상속세 및 증여세법'제52조2 장애인 신탁의 경우 5억 한도로 증여세를 비과세하며, '상속세 및 증여세법'제46조8 장애인을 보험금 수익자로 하는 보험의 경우 연간 4천만 원 한도 내에서 수령하는 보험금은 비과세를 적용하고 있다.

> 세제 혜택의 대상이 되는 장애인은 장애인복지법에 의한 장애인 또는 장애아동 복지 지원법에 따라 발달재활서비스를 받는 사람, 국가유공자 관련 법률에 따른 상이자뿐 아니라 항시 치료를 요하는 중증환자 등이다. 항시 치료를 요하는 중증환자란 지병에 의해 평상시 치료를 요하고 취학·취업이 곤란한 상태에 있는 사람으로 병원에서 장애인증명서를 발급받아 제출하면 된다.

그렇다면 일반 증여가 아닌 장애인 신탁이나 보험금으로 세제 혜택을 주는 이유는 뭘까?

쉽게 말해 장애인들은 가족의 상속이 개시된다면 본인이 상속받은 재산을 지켜내기가 어려울 수 있고, 비장애인인 상속인들과 재산분할 협의가 결코 쉽지 않은 과정이기 때문에 손해를 보는 경우가 많다.

그러므로 장애인의 경우 부모가 생전에 재산을 미리 배분해 신탁과 보험 등으로 강제성을 부여하여 증여하면 장애인의 재산도 지켜내고 자립도 도울 수 있기 때문에 세제 혜택을 주는 것이다.

> **상증세법 시행령 제35조 【비과세되는 증여재산의 범위 등】**
> ⑥ 법 제46조 제8호에서 "대통령령으로 정하는 보험의 보험금"이란 「소득세법 시행령」 제107조 제1항 각호의 어느 하나에 해당하는 자를 수익자로 한 보험의 보험금을 말한다. 이 경우 비과세되는 보험금은 연간 4천만 원을 한도로 한다.

단, 신탁이 종료되거나 해지된 경우 1개월 이내에 재신탁을 하지 않는 경우 증여세가 부과되는 점을 유의하여야 한다.

◆ 장애인 신탁과 연금보험을 결합하면 얼마나 증여할 수 있을까?

장애인 신탁으로 비과세가 가능한 금액인 5억과 매년 4천만 원까지 수령하는 연금보험을 결합하면 생각보다 놀라운 일이 발생한다.

일반적으로 종신형 연금개시가 50세부터 신청이 가능하기 때문에 만약 85세까지 생존한다면 35년, 즉 연간 4천만 원씩 35년간 수령한다고 가정하면 14억을 증여할 수 있다는 계산이 나온다.

그렇다면 5억의 장애인 신탁은 사망 시까지의 주거용 주택을 신탁하는 부동산신탁을 체결하고, 나머지 현금자산은 생활비 목적으로 사용토록 연금보험에 예치하여 사용토록 하면 19억까지는 증여세 없이 증여해줄 수 있다.

특히, 상증세법 제13조 제3항에 따라 장애인 보험금, 신탁증여 시 비과세된 증여재산은 증여 후 10년 이내에 증여자가 사망한 경우에도 상속세 과세가액에 합산되지 않아 상당한 절세가 가능하다.

> **상속세 및 증여세법 제13조 [상속세 과세가액]**
>
> ③ 제46조, 제48조 제1항, 제52조 및 제52조의2 제1항에 따른 재산의 가액과 제47조 제1항에 따른 합산배제증여재산의 가액은 제1항에 따라 상속세 과세가액에 가산하는 증여재산가액에 포함하지 아니한다.

이외에도 2020년 세법개정으로 인해 병원비나 생활비 용도로 월 150만 원 한도 내에서 원금을 인출하는 경우 신탁재산이 감소하더라도 증여세를 부과하지 않는다.

그러므로 만약 가족 중 누군가 장애가 있어 믿을만한 후견인이 필요하다고 판단이 된다면 신탁 및 금융전문가와 상담을 하여 최소한의 안전장치를 만들어 두길 권유한다.

11. 증여받은 재산 반드시 신고해야 하나?

◆ 국세청에서 우편물이 도착했다고? 왜?

필자도 국세청 마크가 선명한 우편물의 봉투를 개봉하던 그 순간이 아직도 생생하게 기억난다. 마치 저승사자가 찾아온 것처럼 불안해하면서 살며시 열어보았다가 결국은 일반적인 안내문이었음을 알고는 안도의 한숨을 내쉼과 동시에 갈기갈기 찢어버렸던 웃지 못할 추억이 있다.

물론, 일반 안내문이 아닌 경우도 있었다.

국세청에서 보낸 우편물을 받아본 경험이 있는 사람이라면 아마도 공감할 것이다. 이처럼 탈세를 한 적도, 할 이유도 없는 사람들조차 국세청의 우편물을 받아들면 겁부터 나는 이유가 뭘까?

아마도 세무조사는 무서운 것이라는 인식이 깊은 곳에 자리 잡고 있기 때문일 것이다. 그렇다면 배우자나 자녀에게 증여하면 증여신고를 반드시 해야 한다는 것을 알면서도 안 하는 이유는 뭘까?

실제로 증여신고를 하지 않았던 용감한 사람들의 답변은 다음과 같다.

> "미성년자는 2천만 원까지 증여 신고 안 해도 된다던데, 꼭 신고해야 하나요? 세무전문가에게 물어봤는데 그 정도는 괜찮다고 하던데요?"
>
> "이것 말고 더 증여해줄 계획이 없어요."
>
> "설마, 국세청에서 우리 같은 사람들까지 들여다보겠어요?"

물론 면세점 이하 증여는 신고가 필수 의무도 아니고 가산세도 없지만, 증여를 한번 실행하고 나면 반드시 과세관청에는 그 기록이 남는다. 실제로 증여면세점 이하 금액을 증여한 이후 잊어버리고 있다가 나중에 증여할 때 합산되어 가산세까지 납부하는 경우가 우리 주변에서 매우 흔하다.

그러므로 향후 10년 이내에 추가로 증여를 실행할 계획이 있는지 신중히 판단하고 결정해야 한다.

만약 현금이 아닌 주식이나 펀드, 특히 부동산의 지분과 같이 평가방법이 복잡한 경우 처음에 의도한 것과 달리 증여면세점을 넘어가게 되면서 나중에 가산세를 납부하는 일도 종종 발생하기 때문에 반드시 세무전문가와 상의하고 진행하는 것이 좋다.

미리 증여신고를 해두는 것이 향후 상속세와 양도소득세 절세측면에서도 유리하게 적용될 수 있으니 불필요하다 생각하지 말고 정해진대로 신고하도록 하자.

최근에는 국세청 홈페이지에서 간단한 절차만으로 증여신고가 가능하게 되어있다.

◆ 되로 주고 말로 받는다

만약 증여면세점을 넘어서 증여를 하고도 신고를 하지 않았다고 가정하자.

우리가 일반적으로 흔히 알고 있는 증여세의 과소신고 제척기간은 10년이지만, 무신고의 제척기간은 15년이며, 10~40%의 신고불성실 가산세와 납부지연가산세까지 부과될 수 있다.

특히 주의해야 할 것은 만약 이 기간 이내에 상속이 개시되어 무신고 증여가 과세관청으로부터 확인되는 경우이다. 이 부분은 가히 상상하기 싫을 정도의 결과를 초래한다. 무신고 증여재산에 대한 증여세와 상속세, 그리고 기간에 따른 신고불성실 가산세까지 추가로 부과되는데 산출된 세액의 크기는 가히 징벌적 수준이라 봐도 무방하다.

만약 무신고 증여받은 재산으로 이자나 배당이 발생하는 경우 90%의 소득세까지 부과된다. 그러므로 무신고증여는 절대 하지 말아야 한다.

국세청은 당신이 생각하는 것보다 훨씬 일을 잘하는 냉정한 집단이다.

12. 증여세 신고 및 납부 절차

이 단계까지 실행되었다면 어려운 증여의 9부 능선을 넘은 것이다. 이제 남은 것은 증여세 신고와 관련 서류 증빙이다.

'받을 사람'수증자은 증여받은 날이 속한 달의 말일로부터 3개월 이내에 본인 소재지 관할 세무서에 신고 및 납부까지 완료하면 된다. 만약, '받을 사람'수증자이 여러 명일 경우 각각 신고를 진행하면 되며 개별적으로 납세의 의무를 지게 된다.

먼저, 증여세 신고를 할 때 증여세 계산에 필요한 서류 등을 첨부하여 제출하여야 하는데 자세한 내용은 다음과 같다.

✦ 증여재산별 소유권 이전절차와 필요서류는 전문가에게 맡겨라

'주는 사람'증여자이 증여를 확정하면 소유권을 '받을 사람'수증자에게 이전하는 절차를 진행하게 된다.

상속과 마찬가지로 증여재산의 소유권 이전은 절차가 까다롭고 복잡하기 때문에 일반적으로 전문가에게 의뢰하는 것이 훨씬 수월하게 진행할 수 있다.

예를 들어 부동산을 증여할 때 증여계약서와 인감증명서, 인감도장, 주민등록등본, 그리고 계약서와 이전등기신청서, 등기부등본, 등기권리증, 토지대장, 건축물관리대장 등이 필요하다.

구분	증여 시 필요 서류
기본 서류	• 주민등록등본 • 효도(증여)계약서 • 가족관계증명서 • 인감도장 • 인감증명서
부동산	• 부동산 등기부등본, 토지 및 건축물 대장 • 증여일 전 6개월, 증여일 후 3개월 이내에 매매 및 수용 사례가 있을 경우 관련 자료 • 기준 시가로 평가한 경우 관련 근거 자료 • 부담부 증여 시 부채증명서
예금 및 금융재산	• 예금 등 이체 내역서, 필요시 통장 사본
보험	• 증여에 해당하는 보험증권 및 보험금 수령내역서
사전 증여재산	• 10년 이내에 증여받은 재산이 있는 경우 증여신고서 • 증여세를 납부한 자료 및 자금 출처 소명 자료
주식 및 채권	• 주식계좌, 주권, 채권 실물, 기타 명의변경 내역서 • 비상장주식의 경우 비상장주식 평가서류 일체
신탁재산	• 신탁재산에 따른 입증 가능한 서류

그리고 증여하는 재산별로 절차와 증여 기준시점이 달라 주의가 필요하다.

예를 들어 현금은 자녀의 입금일을 증여 시점으로 판단하지만 '부동산의 경우 증여계약일이 아닌 소유권이전 등기까지 완료가 된 때'이다.

증여재산	소유권 이전 절차	참고사항
예금 등 금융재산	계좌이체 또는 자금이체	부동산을 증여받은 경우 그 취득한 날로부터 60일 이내에 부동산 소재지 관할 지방자치단체에 취득세를 신고하고 납부까지 완료하여야 한다. (납부 지연 시 가산세 부과)
부동산	소유권 이전 등기 (증여 계약일로부터 60일 이내)	
주식	주주명부에 명의개서	

그리고 증여세 신고를 하기 위해서는 어떤 방식을 근거로 증여재산을 평가하였는지에 대한 서류를 제출해야 한다.

이처럼 각종 서류를 제출해야 하는 이유는 '주는 사람'증여자과 '받을 사람'수증자의 인적관계와 증여재산에 대한 평가자료, 공제받을 자료 등의 근거를 제출하여 자진신고한 내용이 이 자료들을 토대로 정확히 산출되었음을 증명해야 하기 때문이다.

표에서 나열한 서류 이외에도 각 증여재산별로 그리고 여러 가지 상황으로 추가적인 서류가 필요한 경우도 발생한다. 그러므로 위 신고 시 필요서류와 절차는 세무 및 법무 전문가와 상의하여 아까운 가산세가 발생하지 않도록 차질없이 준비하는 것이 바람직하다.

◆ 증여세 납부방법

증여세도 상속세처럼 여러 가지의 납부방법이 존재하지만 물납은 허용되지 않는다.

증여세 납부방법에는 현금납부, 분납, 연부연납 총 세 가지가 있다.

증여세 납부방법

현금납부
- 일시에 현금으로 납부 가능

분납
- 납부할 금액이 1천만 원을 초과하는 경우 현금을 2회에 나누어 내는 방법 1회는 신고 때 나머지 1회는 신고기한 경과 후 2개월 내에 납부

연부 연납
- 납부할 금액이 2천만 원을 초과하는 경우 연단위로 나눠서 납부(최대 5년)
- 첫 1회는 6분의 1을 증여세 신고 기한 내 납부하고 나머지 5회는 연간 1회로 납부 (연 1.2% 가산)
- 다만 각 회분의 분할 납부 세액이 1천만 원을 초과하도록 기간을 설정하고 금액이 적은 경우 그 횟수가 축소될 수 있음

분납의 경우 가산금이 없으며, 연부연납에는 1.2%의 가산금이 부과된다. 분납과 연부연납은 원칙적으로 중복적용이 불가하며, 연부연납 후 체납할 경우 가산세가 부과될 수 있으니 주의하여야 한다.

만약, 연부연납 도중 일시에 상환하고자 하면 전부 또는 일부를 일시로 납부하면 된다.

만약, 증여세를 납부하고 10년 이내에 상속이 개시될 경우에는 상속재산에 합산되어 재계산되지만 기납부한 증여세는 차감해준다.

✦ 비거주자의 증여신고

증여세율과 신고 및 납부방법은 동일하지만 증여재산 공제는 '받는

사람'_{수증자}의 국적과 상관없이 세법에서 정하는 거주자 또는 비거주자 여부에 따라 달라진다.

국내에 주소를 두거나 183일 이상 거소를 두면 거주자로 판단하며, 본인뿐만 아니라 국내에 생계를 같이하는 가족의 유무와 생활관계의 객관적 사실을 근거로도 기준을 정하기 때문에 증여 시 반드시 전문가와 상의하여 거주자와 비거주자의 분류를 확인하는 것이 중요하다.

만약, '받는 사람'_{수증자}이 세법상 국내 거주자인 경우 국내·외 모든 재산에 대한 증여세를 납부할 납세의무를 가지게 되지만 비거주자로 판단되었을 경우 국내에 있는 재산에 대해서만 납세의무를 진다.

이때, '받는 사람'_{수증자}이 비거주자인 경우 '주는 사람'_{증여자}에게 수증자가 납부해야 할 증여세의 연대납세의무가 발생한다. 이는 반대로 '주는 사람'_{증여자}이 '받는 사람'_{수증자가 비거주자}의 증여세를 대신 내주면 주는 사람의 상속재산이 더 많이 줄어드는 효과가 생길 수 있다는 것을 의미한다.

그러므로 만약 비거주자에게 증여를 하는 경우 전문가와 상의하여 진행하길 권한다.

13. 증여재산 반환 시 증여세 과세 여부

증여를 취소하는 경우는 가족 간의 불화 등의 여러 가지 이유도 있지만 증여한 재산의 가치 하락으로 인해 신고기한 이내에 증여를 취소하고 재증여를 하면 절세가 가능하기 때문에 선택하는 경우도 많다.

증여받은 재산을 증여세 신고기한_{증여받은 날이 속하는 달의 말일부터 3개월} 이내에 반환하는 경우에는 처음부터 증여가 없었던 것으로 간주하여 당초 증여와 반환증여 모두 과세하지 않는다.

다만, 반환 전에 과세표준과 세액을 결정받은 경우에는 증여세가 발생되니 주의하여야 한다.

또한, 증여세 신고기한이 경과 된 이후에 3개월 이내에 반환하는 경우에는 증여세는 과세하고 반환증여는 과세하지 않으나, 증여신고기한이 경과 된 이후 3개월이 지났다면 당초의 증여세와 반환증여세가 부과될 수 있으니 주의하여야 한다.

특히, 증여재산이 금전인 경우에는 신고기한에 상관없이 당초 증여세와 반환증여세가 모두 과세된다.

그러므로 증여재산에 대해서 반환 가능성이 있다면 증여를 하지 않거나 증여 시점을 뒤로 미루는 방법도 좋지만 애초에 반환 가능성을 열어두고 금전보다는 특정할 수 있는 다른 자산을 증여하는 것이 바람직하다.

Part 3
국세청은
우리의 모든 것을 알고 있다

소득이 있는곳에 세금이 있다.
―국세청―

01. 국세청은 늘 우리에게 미리 귀뜸한다 국세행정운영방안

◆ 친절한 세청 씨의 러브레터

 우리는 매년 새해 첫 일출을 맞이하며 올 한 해 이루고 싶은 소원을 빈다. 물론 작심삼일로 끝날 것을 알면서도 매년 목표를 세우고 달성하기 위해 노력하는 것처럼 국세청도 매년 '국세행정 운영방안'이라는 세금정책목표를 설정하고 이 내용을 국세청 홈페이지에 공시하고 있다.
 '국세행정 운영방안'에는 지난해 주요 추진성과와 당해년도 세정 여건 및 방향, 핵심 추진과제 등 납세자들이 꼭 한 번쯤 확인해야 할 내용이 담겨 있다. 이러한 이유로 필자는 '국세행정 운영방안'이 올 한 해 국세청이 납세자들에게 미리 보내는 러브레터라고 생각한다. 물론 러브레터인지, 아니면 살생부인지는 봐야 알겠지만, 국세청이 1년 동안 어떠한 방향성을 갖고 움직일지 예측하면 분명 도움되는 내용이 많이 있으니 꼭 참고하길 바란다.
 2022년 7월 22일 발표된 '2022년 하반기 국세 행정운영방안'에 따르면 코로나19 상황에서도 2021년 대비 누계 세수액이 33.3조가량 늘어난 것을 확인할 수 있다.

1. 세입예산의 안정적 조달로 국가 재정수요 뒷받침

'22년 소관 세입예산 및 세수현황 ('22.5월 현재)

○ '22년 국세청 소관 세입예산(2차 추경)은 **본예산 대비 +51.9조원** 증가한 385.1조원으로, 전년실적 대비 **+50.6조원** 증가하였습니다.

(조 원)

구 분	'21년 예산	'21년 실적	'22년 본예산	'22년 추경예산	증감 본예산대비	증감 전년실적대비
총 국 세	314.3	344.1	343.4	396.6*	53.2	52.5
국세청 소관	304.6	334.5	333.2	385.1	51.9	50.6

* '22년 국세(396.6조) = 국세청 소관(385.1조) + 관세(10.1조) + 타기관농특세(1.4조)

○ '22.5월(누계)* **191.5조원**으로 전년대비 **+33.3조원 증가**, 추경예산 기준 **진도비**(49.7%, 전년대비 +2.4%p)는 **양호**한 상황입니다.

  * 법인세 60.9조(23.0조↑), 소득세 60.7조(9.1조↑), 부가가치세 37.3조(3.7조↑)

6. 신중한 세무조사 · 체계적 세원관리 실시

① 시장 경제 활력을 지원하는 신중한 세무조사 운영

○ 복합 경제위기 상황과 코로나19 재유행을 감안, 세무조사 규모 **감축** 기조를 유지하여 14,000여 건 수준으로 운영할 예정입니다.

○ 「조사시기 선택제도」를 간편조사에 도입하여 중소납세자 스스로 조사 **부담**이 **적은** 시기를 **선택**할 수 있도록 지원하겠습니다.

○ 정기조사 비중을 **상향**하고 **간편조사**를 법인·개인 조사의 20% 수준 까지 확대하여 납세자의 **조사부담**을 실질적으로 완화하겠습니다.

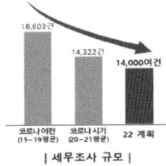
| 세무조사 규모 |

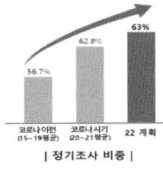
| 정기조사 비중 |

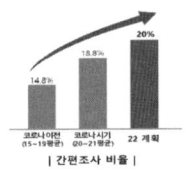
| 간편조사 비율 |

출처: 국세청 2022년 하반기 국세행정운영방안

또한, 금리인상과 인플레이션 등 글로벌 경제위기 상황 등에 따라 세무조사 규모 감축 기조를 유지하고, 정기조사·간편조사를 확대하여 납세자의 조사 부담을 실질적으로 완화하기 위한 노력도 하고 있다고 한다.

그러나 노력하겠다는 것이지 안 하겠다는 것이 아니니 오해하면 안 된다. 오히려 늘어난 세수를 보면 코로나19도 국세청을 싫어해서 피해갔나 싶을 정도이니 말이다.

만약 고의적 탈세를 목적으로 하는 경우에는 엄정대응하겠다는 내용도 눈에 띈다.

---

3 공정세정을 통한 국민의 공감과 신뢰 확보

◆ 국민경제의 균등한 회복과 공평한 세부담 실현을 저해하는 불공정 탈세 등에 조사역량을 집중하고, 적극적인 체납·송무 대응으로 정당한 과세처분의 실효성 확보

1. 고의적 탈세에 대한 엄정 대처로 공평한 세부담 실현

① 균등한 회복을 저해하는 불공정 탈세 엄단

○ **(사익편취)** 기업자금 불법유출, 변칙 자본거래를 통한 부의 이전 등 사주일가 및 관련기업의 **반사회적 불공정 탈세 행위***에 엄정 대응
 * 특수관계자 간 불공정 거래, 법인명의 사치성 재산 취득·사적사용 등
 - 고소득 사업자 등의 가공경비, 이면계약 등을 통한 **고질적 탈세** 검증도 강화

○ **(국부유출)** 조세회피처의 **서류상 회사**를 이용한 우회 거래, **비밀계좌**를 이용한 해외 은닉재산의 국외 증여 등 **지능적 역외탈세** 엄단
 - 글로벌 기업의 우월적 지위와 조약·세법의 허점을 악용한 국내 소득·자본의 부당 유출 등 **공격적 조세회피***에 체계적 검증을 통해 강력 **대처**
 * 인위적 고정사업장 회피, 거래구조 변경, 무형자산 이전, 부당 자본거래 등

② 생활밀접·거래질서 문란분야 대응 강화

○ **(생활밀접)** 위기상황을 악용하여 폭리를 취하는 생필품 취급업체, 불법 대부업 등 **국민생활 밀접분야**의 탈세행위 **검증** 강화
 - 온라인 플랫폼 등을 통한 **신종·변칙** 탈세행위에 대한 모니터링 확대

○ **(거래질서)** 매점매석 등 물가 불안을 야기하는 원·부자재 **유통 문란** 행위 및 **거짓세금계산서 수수** 취약 업종 등에 대한 선제적 대응 강화

③ **부동산 거래 관련 탈루행위 검증 강화**

○ **(자금출처)** 자금여력이 부족한 **연소자의 주택 취득**과 소득 대비 **고액자산 취득자**의 자력 취득 여부를 수시 분석하고, **검증대상 확대***
   * (현행) 주택, 상가·빌딩 등 고가재산 취득자 → (확대) 고액 채무 상환자

○ **(비과세 검증)** 외국인 등 비거주자, 조정대상지역 취득 주택에 대한 거주요건을 미충족한 자 등의 양도소득세 **비과세신고 적정여부 점검**

④ **효과적 탈세 대응을 위한 조사인프라 고도화**

○ **(정보수집·분석)** 유관기관 협업, 국가 간 정보교환을 통해 신종탈루유형 등에 대한 **탈세정보 수집**을 **강화**하고, 국민참여 **탈세제보를 활성화**

- 정보분석 및 시각화 툴* 고도화, 온라인 플랫폼 신종산업 데이터베이스 구축, 가상자산 추적기술 확보 추진 등 **탈세정보의 분석·추적 기능 강화**
   * 국제거래를 통한 부당이익 제공 분석 툴, 계열기업 지배구조 시각화 시스템 등

○ **(과세근거 확보)** 최신 **디지털환경**(클라우드, 가상 업무공간 등)에 대응할 수 있는 **표준적 포렌식 조사체계를 마련***하여 과세근거를 과학적으로 확보
   * 데이터 탐지·접근·확보를 위한 절차, 대용량 데이터의 분석·검증기법 현장대응 노하우 등 제공

2. 정당한 과세처분의 실효성 확보를 위한 체납·송무 대응

① **악의적 고액 체납자에 대한 추적 강화**

○ **(현장추적)** 변칙적 재산은닉*에 대한 **기획분석을 강화**하고, 명단 공개자에 대한 금융분석·합동수색을 실시하는 **특별정리기간 운영**
   * 특수관계자를 이용한 허위 근저당권 설정, 집합투자증권·가상자산을 이용한 재산 은닉 등

○ **(체계정비)** 현장중심의 재산추적을 위해 지방청·세무서의 **기능 재정비**

- **지방청**에 체납추적 분석을 전담하는 **관리팀**을 운영하고, 지방청 체납추적과 수준의 **현장 전담반**을 세무서 체납징세과에 **시범 도입**

② **고액·중요소송에 대한 맞춤형 대응체계 구축**

○ **(고난도)** 역외탈세·조세전략(Tax Planning) 활용 사건 및 선례 없는 복잡한 사건의 승소 사례를 분석하여 **소송 유형별 대응방안** 제공

- 장기계류 사건은 학계·판결 동향의 주기적 분석 등을 통해 **적극 변론**

○ **(유사쟁점)** 모든 사건을 450여개 **쟁점코드**로 분류해 유사사건과 비교할 수 있는 **쟁점별 사건관리 시스템***을 마련하는 등 송무역량 강화
   * 유사쟁점사건 수행 시 일관된 논리로 대응할 수 있도록 쟁점별 표준서면 제공

출처: 국세청 2022년 국세행정운영방안

이렇듯 국세청이 추진하고자 하는 방안을 살펴보면 문득, 세금에 있어서 승자와 패자는 없다는 생각이 든다. 다만, 납세자만 있을 뿐이다. 언제라고 정해져 있지는 않지만 결국 누구에게나 피할 수 없는 죽음과 세금은 반드시 찾아온다. 세무전문가가 아닌 필자조차 이것만은 잘 알고 있다.

단 한 푼의 세금 없이 부(富)를 대물림하는 방법을 찾기 위해 수많은 세무·법률전문가들을 만나는 사람들의 모습에서 진시황제의 불로초를 구하러 다니던 사람들의 모습이 투영되는 것을 어떻게 설명해야 할지 모르겠다.

아는 만큼 보이고 준비한 만큼 덜 내는 세금.

잘 내고 추징당하지 않는 것, 그것이 바로 절세이다.

02. 빅데이터로 진화하는 국세청의 검증 시스템

✦ 세무조사는 새로운 사실에서 나오는 것이 아니라 반복되는 것으로부터 나온다

과거에는 과세당국이 신용카드와 현금영수증 등의 소득공제 효과를 장려하며 이 데이터를 근거로 지출 분석은 할 수 있었으나, 소득의 경우 수입금액을 누락하는 등 원천적으로 탈세를 막을 방법이 없었다.

점점 탈세와 조세회피의 수단이 지능화되면서, 세법개정만으로는 탈세 행위를 적발하는 데 한계를 드러낸 국세청은 보다 적극적으로 대응하기 위해 금융정보분석원FIU 등과의 정보공유를 통해 자금출처 조사를 진행함으로써, 탈세를 원천봉쇄하고자 하는 노력을 기울여왔다.

이러한 노력으로 결국 빅데이터를 활용한 시스템을 구축할 수 있었으며, 각계각층의 전문가들을 영입하는 등 지속적인 인적·물적 시스템의 업그레이드를 진행하고 있다.

실제 빅데이터를 통해 고액체납자의 생활패턴을 분석하여 실거주지의 추정장소를 파악하고 탐문·잠복·압수수색을 하는 등 징수환경에도 엄청난 변화와 성과가 나타나고 있다. 그렇다면 국세청에서 이리도 심혈을 기울이고 있는 인적·물적 시스템은 어떻게 구성되고 있을까?

◆ **인적시스템** 다양한 전문가 영입 및 육성

일반적으로 국세청 직원이라 하면 세무 공무원들만 떠올리는데, 실제로는 정말 다양한 전문가들로 구성되어 있다.

2018년 국세행정 운영방안에 따르면 지능적 탈세·체납에 대응하기 위해 전문가 인력의 체계적 양성을 꾸준히 진행해왔음을 알 수 있다.

▫ 지능적 탈세·체납 대응을 위한 최정예 인력의 체계적 양성
  ○ (핵심 조사인력 양성) 국제거래·자본거래·범칙조사 등 분야별 특화된 정예 조사인력을 집중 육성
  - 첨단탈세 대응을 위해 포렌식(Forensic) 전문인력*을 집중 육성하고, 중장기적으로 조사팀에 변호사, 수사전문가 배치 등 전문역량 강화
  * 이전가격 전담 포렌식 지원팀 신설, ERP 분석기법 고도화 등을 통한 포렌식 역량 강화
  ○ (징수전문가 양성) 지방청 재산추적팀의 효율적 운영, 세무서 체납전담팀 확대(개인→ 재산·법인 포함) 등을 통해 징수전문가 육성
  - 체납징수기법 교육 강화 및 징수분야 전문보직제도 시행 검토
  ○ (송무역량 강화) 국제거래 소송전담팀 신설, 변호사 채용 확대, 소송기법·노하우 공유 활성화 등을 통해 소송대응역량 제고

출처: 국세청 2018년 국세행정운영방안

2018년부터 국세청은 이와 같은 전문인력을 적극 충원하고, 분야별 분석팀을 설치하여 체계적인 분석모델을 구축해 나가고 있다.

또한 지능기술, 국세트렌드, 센터운영 등에 필요한 외부전문가로 구성된 자문단을 운영하고 있으며 3개분과 32명 이를 바탕으로 지능적인 탈세행위를 근절하고자 노력하고 있다.

✦ **물적시스템** PCI시스템 그리고 FIU

국세청에서 사용하고 있는 검증시스템 중 대표적인 두 시스템이 존재하는데, 바로 PCI와 FIU이다.

2018년도부터 국세청은 소득, 지출, 재산보유현황 등 우리나라 국민들의 모든 빅데이터를 지능적으로 분석하여 모든 세정에 활용할 수 있도록 정보화전략계획ISP 수립 및 업무 재설계BPR를 실시하고, 2019년도에 빅데이터 센터를 본격적으로 출범시켰다.

NTIS를 기반으로 개인 · 법인 · 재산 · 조사 등 분야별 분석팀을 설치하여 체계적인 분석을 실시하고, 이를 토대로 AI · 빅데이터 분석기법 등 첨단기술을 실제 업무에 구현 · 활용토록 함으로써 고도화된 과학화시스템을 갖추게 된 것이다.

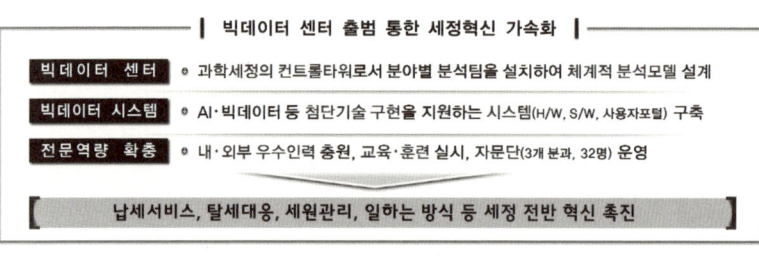

출처: 국세청 2019년 국세행정운영방안

여기에 한발 더 나아가 국세청은 과세 인프라 확충을 통한 세원관리의 체계를 발전시키기 위해 NTIS차세대국세행정시스템의 고도화를 추진하는 등 지속적인 추가 보완 및 업그레이드를 추진하고 있다.

> ### 3 과세인프라 확충을 통한 세원관리 체계 고도화
>
> ◆ 과세인프라를 다각도로 확충하여 상시적 세원관리 및 과세 취약영역에 대한 시스템적 대응을 강화하고, 신종 온라인 산업에 대해서도 선제적 세원관리 추진
>
> □ **세원관리 인프라의 고도화**
>
> ○ **(외부자료 수집)** 과세자료제출법 개정을 통해 과세자료를 신규 수집하고, 기존에 수집 중인 과세자료에 대해서도 수집 항목을 추가·보완
> * (예) 특수관계인에 대한 부당이익 제공 처분자료, 요양급여 환수 대상 의료기관사무장 병원 등
>
> ○ **(NTIS 기능 제고)** 보다 효과적이고 적시성 있는 세원관리를 구현할 수 있도록 NTIS(차세대국세행정시스템) 기반의 분석 시스템 고도화 추진
> * 자료상을 통한 가공 세금계산서 발급을 정밀 포착하는 '지능형 조기경보 시스템' 개발 등
> - 「장애대응특별팀」 운영, 재해복구시스템 지속 점검 등을 통해 IT 안정성 제고
>
> □ **성실신고 유도를 위한 상시적 세원관리 강화**
>
> ○ **(신고내용 확인)** 사전 성실신고 안내 대상자를 중심으로 안내자료 반영 및 신고 적정성 여부 등을 분석하고, 불성실신고 혐의에 대한 철저한 확인 실시
>
> ○ **(사후관리)** 공제·감면에 대하여 적정성 여부 및 후속의무의 이행여부 등을 빈틈없이 관리하고 공익법인의 세법상 의무불이행 점검도 강화
> * 최저한세 초과 부당공제·감면, 종합부동산세 합산배제 및 이월결손금 공제 사후관리 등

출처: 국세청 2019년 국세행정운영방안

실제 국세청의 세정활동을 위한 인적·물적 시스템의 발전속도는 우리가 알고 있는 것보다 훨씬 빠르고, 전문적으로 체계화 및 고도화되어 가고 있으므로, 향후 이를 기반으로 한 분석 및 결과 도출시스템을 통해 적발되는 경우 이를 반박할 근거를 제시하기 매우 어려울 것이다.

그러므로 "나 하나 정도는 괜찮겠지" 하는 안일한 생각은 버리는 것이 현명하다.

국세청은 우리가 생각하는 것보다 더 빠르게 진화하고 있다.

03. 신고한 소득보다 지출이 더 많은 사람을 찾는 PCI 시스템 소득·지출분석시스템

◆ **올해부터는 우리의 재산에서 부채를 뺀 순자산의 확인까지 가능해졌다**

사람들과 대화를 나누다 보면 놀랍게도 소득이 많은 사업가나 자영업자, 전문직 종사자 중에 세무조사를 받게 된 이유 중 하나가 PCI System 소득·지출분석시스템 때문이라는 것조차 모르고 있는 경우가 많다. 2009년도에 도입된 이후 벌써 13년이나 지났는데도 말이다.

PCI가 개발되기 이전에는 국세청에 신고된 금액만을 중심으로 세금 탈루 여부를 검증해야 하는 등의 한계가 있었다. 특히 현금거래나 제3자의 명의로 거래하는 방식에 대한 대응이 어려워 신용카드와 현금영수증의 사용 확대, 고소득 자영업자 개별관리 등 세금 탈루 방지를 위한 여러 가지 방안을 각각 추진하면서 이로 인한 인적·물적 소모가 컸었다.

그러나 탈루한 소득 대부분이 결과적으로 부동산·주식 등의 재산취득이나 해외여행, 사치품 구입 등의 호화 소비지출로 나타나는 점에 착안하여, 국세청에서 보유하고 있는 신고 소득자료, 재산보유자료, 소비지출자료를 토대로 일정 기간 신고소득Income과 재산증가액Property 및 소비 지출액Consumption을 비교·분석하여 세금 탈루 혐의자를 전산으로 추출하는 PCI를 도입하면서, 효율적이고 체계적으로 지능적 탈세를 찾아낼 수 있게 된 것이다.

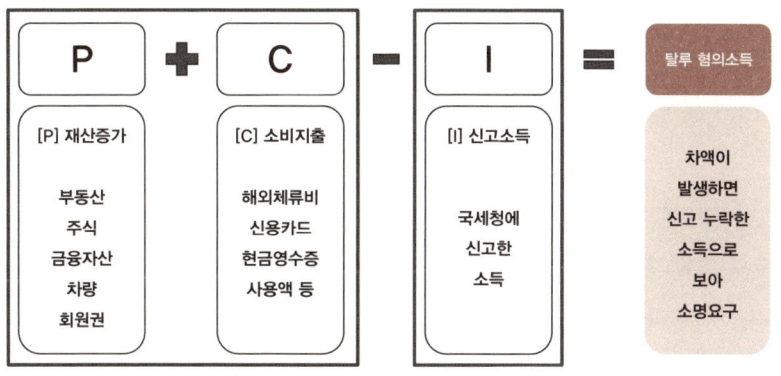

실제, 국세청은 PCI를 통해 우리의 거의 모든 소득과 지출에 대한 정보를 수집된 데이터를 근거로 활용하여 자금출처에 대한 소명을 요구하고 있다.

예를 들어, 소득이 없거나 적은데 불구하고 고액의 부동산자산을 취득하거나, 소득 신고에 비해 재산 증가나 소비지출이 큰 사업자의 세무조사 대상자 선정, 그리고 근로장려금 환급대상 요건 검토·관리 및 부정 환급 혐의자 선정 시와 고액체납자의 은닉재산 파악 등 다양한 분야에서 활용되고 있다.

구분	내용
취약, 호황 업종 위주로 성실신고 유도의 단계적 추진	사회적으로 이슈가 되는 업종이나 고소득 자영업자 및 전문직 종사자 위주 관리, 점진적으로 모든 업종으로 확대 중
기업주가 법인자금을 사적으로 사용하였는지 여부 검증	회사자금을 임의로 활용하여 사적으로 사용하거나 편법으로 개인 재산을 증식하는 등 전반적인 탈세 검증
고액 자산 취득 시 자금 출처 관리 강화	소득이 없거나 어린 미성년자가 고액의 부동산을 취득하거나 채무 상환 시 자금 출처 관리
세무조사 대상자 선정 시 활용	신고소득에 비해 지출이 크거나 재산취득이 급격하게 늘어난 경우 세무조사 대상으로 선정
근로장려금 환급 대상자 및 고액 체납자 관리 업무	전반적인 근로장려금 관리 업무 및 부정환급자 선정 시 활용, 고액체납자의 은닉재산 파악에 활용

    그러므로 이미 오래전부터 국세청의 PCI시스템에는 우리의 모든 소득과 지출, 재산취득 및 처분에 관한 모든 내용이 기록되어 관리되고 있음을 이제라도 알았다면, 세무조사대상에 선정될만한 행위 자체를 하지 않는 것이 좋다.

    무신고 증여받은 재산이든, 사업소득을 누락 한 재산이든 소비하거나 부동산을 취득하는 순간 국세청은 당신을 주시할 것이기 때문이다.

■ 소득세 사무처리규정 [별지 제4-5호 서식] <개정 2020.6.24.>

기 관 명
종합소득세 해명자료 제출 안내

문서번호 : 소득세과 -

○ 수신자   (상호)   대표자   귀하

평소 국세행정에 협조하여 주신데 대하여 감사드립니다.

귀하의 종합소득과 관련하여 아래와 같이 과세자료가 발생하여 알려드리니 이에 대한 해명자료를 20 . . .까지 제출하여 주시기 바라며, 해명자료를 제출기한까지 제출한 경우, 제출일로부터 30일 (기한연장 통지를 한 경우 그 기한연장일) 내에 그 검토결과를 통지합니다.

제출 기한까지 회신이 없거나 제출한 자료가 불충분할 때에는 과세자료의 내용대로 세금이 부과될 수 있음을 알려드립니다.

○ 과세자료 발생 경위

(보기) 이 자료는 국세청이 보유한 자료와 귀하의 종합소득세 신고 내용이 달라 발생한 자료입니다.

○ 과세자료 내용   (단위 : 원)

과세자료명	귀속연도	과세자료 발생처		과세자료금액	비 고
		상호 (성명)	사업자등록번호 (생년월일)		

○ 제출할 자료

(보기) 지급명세서, 금융거래 내용 등

년   월   일

기 관 장

위 내용과 관련한 문의사항은 담당자에게 연락하시면 친절하게 상담해 드리겠습니다.

◆ 담당자 : ○○지방국세청 ○○○과 ○○○ 조사관(전화 :   , 전송 :   )

210㎜×297㎜(백상지(80g/㎡) 또는 중질지(80g/㎡))

출처: 국세청 종합소득세 해명자료 제출 안내

04. 금융거래의 첩보기관
FIU 금융정보분석원

==2021년 4월에 FIU가 수상한 자금의 흐름이 포착하여 경찰청에 자료를 제공한 화천대유사건이 대표적인 사례이다.==

최근 한 방송사에서 UDT Underwater Demolition Team, HID Headquarters Intelligence Department, SSU Sea Salvage & Rescue Unit 등 일반인에게는 생소한 대한민국의 특수전 부대 출신 예비역들이 부대의 명예를 위해 끝까지 생존하는 과정을 그린 예능이 큰 인기를 얻었다.

이 특수전 부대들의 주요 임무에는 특수정찰 및 첩보수집 등의 정보전이 포함되는데, 정확한 정보획득이 전쟁의 승패를 결정한다 해도 과언이 아닐 정도의 막중한 임무이다.

이처럼 우리의 일상생활 속에서도 모든 금융거래정보를 수집하고 감시하는 기관이 존재한다. 바로 'FIU 금융정보분석원'이다.

2001년도에 출범한 금융정보분석원은 금융거래를 이용한 범죄자금의 자금 세탁행위와 불법 외화유출을 방지하기 위해 설립된 기관이다.

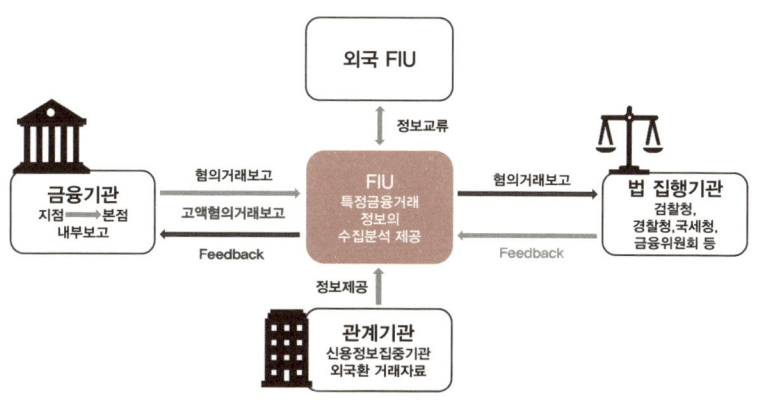

출처: 금융정보분석원

　　금융정보분석원은 법무부·금융위원회·국세청·관세청·경찰청 등 여러 관계기관의 전문인력으로 구성되어 있으며, 금융기관으로부터 STR과 CTR제도를 통해 자금세탁 관련 의심거래를 수집·분석하여 불법거래, 자금세탁행위 등의 불법 금융거래 및 증여거래를 포착하면 이를 법집행기관 검찰청·경찰청·국세청·관세청·금융위·중앙선관위 등에 제공하는 업무를 한다.

◆ **STR** Suspicious Transaction Report **이란?**

　　STR은 금융거래를 통한 불법 재산취득이 의심되는 합당한 근거가 있거나 자금세탁 행위가 의심되는 경우 금융정보분석원장에게 보고하는 의심거래보고제도이다.

　　예를 들어 카지노에서 칩을 교환하는 행위 등이 포함되며 금융회사 직원은 본인의 주관적/전문적 경험을 바탕으로 본인이 취급한 금융거래가 의심거래로 의심되면 보고책임자에게 보고할 의무가 있다.

FIU는 의심사례가 파악되면 전산·기초·상세, 3단계로 이루어진 심사분석과정을 거쳐 법집행기관에 제공하게 되는데 CTR고액현금거래보고과 달리 보고기준 금액이 없으며, 현금거래뿐만 아니라 모든 금융거래에 적용된다.

의심거래보고제도(STR)

보고 대상	• 거래자가 자금세탁행위를 하고 있다고 의심되는 합당한 근거가 있는 경우
특징	• 금융회사 창구직원의 주관적/전문적 판단에 기초하여 보고 • 현금거래뿐만 아니라 모든 형태의 금융거래(카지노 칩 교환 포함)에 적용
보고 기준 금액	• 보고 기준 금액(2013.11.14.부터) 의무보고 기준금액 삭제

출처: 금융정보분석원

최근에는 '02년도에 구축된 시스템의 노후화된 문제를 개선하고 증가하는 보고정보를 효율적으로 처리하기 위해 업무능력을 대대적으로 재정비하는 사업을 진행하면서, 약 2년간 총 200억 원의 사업비를 투입하여 2020년 12월 17일부터 본격적으로 가동을 시작하였다.

이로 인해, STR 보고비율이 약 3배 확대30%⇒85%되었으며 STR의 접수 처리 용량도 다중처리 방식을 도입하여 5배 이상 대폭 향상1일 평균 1천 건⇒5천 건 이상되었다.

FIU의 2020년 연차보고서에 따르면 2002년부터 2020년까지 보고된 의심거래 건수는 총 6,540,238건으로 은행 5,120,898건 78.3%, 증권사 112,100건 1.71%, 보험 54,609건 0.83%, 기타 1,252,631건 19.15%로 집계되고 있다.

이 중 상세분석은 311,504건이며 관련 기관에 제공한 건수는 255,874

건이다.

2020년 한 해에만 법집행기관에 제공한 정보 현황은 37,768건으로 전체의 14.8%를 차지할 정도로 급격하게 늘어나고 있는 추세이다.

✦ CTR Currency Transaction Reporting System 이란?

CTR은 일정 금액 이상의 현금거래를 FIU에 보고하도록 하는 고액현금거래 보고제도이다. 우리나라는 2006년에 이 제도를 처음 도입하였으며, 도입 당시 보고 기준금액은 5천만 원이었으나 2008년 3천만 원으로 인하하였고, 2010년부터는 2천만 원을 유지해오다가 2019년 시행령을 개정하여 1천만 원으로 인하하였다.

동일 금융기관에서 동일인이 1일 최대 1천만 원 이상의 현금을 입/출금하는 경우, 거래자의 신원과 거래일시, 금액 등을 전산으로 자동으로 보고하게 되어있다.

고액현금거래보고제도(CTR)

보고 대상	금융회사에서 동일인이 1거래일 동안 기준 금액 이상의 현금거래를 하는 경우
특징	객관적/획일적 기준에 따른 보고 현금거래(지급/영수)에만 적용
보고 기준 금액	원화: 1천만 원 이상(2019.07 이후) 외화: 기준 없음

출처: 금융정보분석원

일반적으로 금융기관을 통한 현금거래뿐만 아니라, ATM기를 이용한 입금과 출금, 은행 금고에 현금을 입금하는 것 등도 보고 대상이다. 다만 수표를 발행하거나 인터넷뱅킹, 계좌이체 등의 전산에 거래내역이 표시되는 대체거래의 경우 어차피 자동으로 근거가 남기 때문에 이는 보고 대상이 아니다.

금융회사 등에서는 거래자가 고액현금거래보고를 회피할 목적으로 소액으로 여러 지점에서 인출하는 것으로 판단되는 경우 그 사실을 금융정보분석원에 보고하여야 한다.

고액현금거래보고(CTR) 건수 (단위: 천 건)

구분	2012	2013	2014	2015	2016	2017	2018	2019	2020
금융회사보고	10,305	9,215	8,642	8,901	8,943	9,584	9,539	15,665	20,414

출처: 금융정보분석원 2020년 연차보고서

FIU의 2020년 연차보고서에 따르면 2002년부터 2019년부터 1천만 원으로 하향조정되면서 보고 건수가 대폭 증가한 것을 볼 수 있다.

이 중 법집행기관으로부터의 정보요구로 인한 제공은 총 253,027건이며 2022년 한 해에만 37,994건의 정보가 제공되었다.

◆ CDD Customer Due Diligence 란?

CDD는 금융회사 등이 고객과 거래 시 금융회사가 제공하는 서비스가 자금세탁 등에 악용되지 않도록 고객확인 및 검증, 거래목적 확인 등의 고객확인의무제도를 말한다.

본인 및 대리인을 포함한 모든 금융거래 당사자가 예금계좌, 펀드 등을 신규로 가입하거나 원화 1천만 원외화 1만 달러 이상의 금융거래를 하는 경우 적용하며, 고객이 자금세탁을 하고 있다고 의심되거나 기존 고객 정보가 일치하지 않는 경우에도 시행하고 있다.

만약, 고객의 신원확인 등을 위한 정보제공을 거부하는 경우, 계좌 개설 등 해당 고객과의 신규거래를 거래하고, 기존 거래관계가 있는 경우에는 해당 거래를 종료할 수 있다.

고객확인제도(CDD)

구분	일반 고객의 신원 확인	자금세탁 우려 시 고객의 신원 확인
확인대상	• 계좌 신규 개설 시 • 원화 1천5백만 원(외화 1만 달러) 이상의 일회성 금융거래 시	• 실제 거래 당사자인지 의심되는 경우 • 고객이 자금세탁 행위를 할 우려가 있는 경우
확인사항	이름, 주민등록번호, 주소, 연락처 등 신원에 관한 사항	실제 당사자 여부 및 금융거래 목적

출처: 금융정보분석원

　이렇듯 지속적으로 음성적인 현금소득 탈세와 자금세탁 등을 방지하기 위해 인공지능과 빅데이터를 활용하여 정보를 수집하고 적시에 효율적인 업무처리 능력에 집중투자하는 전략을 취하고 있다는 것을 하루라도 빨리 깨달아야 한다.

　오늘도 "나 하나 정도는 괜찮겠지." 하는 안일한 생각으로 자녀에게 무신고증여를 하고 있는 사람들에게 전한다. 이미 국세청은 FIU와 PCI를 통해 당신의 모든 금융거래를 알고 있다.

05. 자금출처 조사에 대비해라!

◆ **흥부는 PCI와 FIU가 없는 세상에서
   제비를 만나 다행이다**

다친 다리를 고쳐준 흥부에게 박씨를 물어다 준 제비, 박을 열어보니 엄청난 금은보화가 쏟아져 나왔다는 전래동화를 모르는 사람은 없을 것이다.

만약 이러한 일이 실제로 일어나면 어떻게 될까?

일단 흥부는 박에서 나온 엄청난 금은보화에 대한 국세청 자진신고를 하고 이에 대한 종합소득세를 신고·납부해야 한다. 만약 흥부가 금은보화를 처분해서 부동산을 구입하는 경우 국세청에 신고·납부한 근거가 있기 때문에 자금출처 조사를 받지 않겠지만, 금은보화의 출처가 박씨였다는 것을 믿지 못하는 FIU에서 불법 자금세탁 여부를 확인할 수도 있다.

그리고 제비가 물어다 준 박씨가 열매를 맺으면 금은보화가 나올 것을 예상하고 흥부에게 주었다면, 박씨를 증여받아 증여신고를 하였다 하더라도 5년 이내에 가치가 크게 상승했으므로 증여세의 이슈도 발생할 수 있다.

상황에 따라 박씨를 준 제비는 세무조사대상에 선정될 수 있다. 저 시대에 국세청의 시스템이 있었다면 말이다.

✦ 소득을 만들고 지출관리에 신경 써라

앞서 언급한 PCI와 FIU만으로도 우리 대부분의 소득, 지출, 은행 거래내역, 재산취득과 처분 등의 정보가 국세청에 수집되어오고 있었음을 충분히 알 수 있었다. 이처럼 오랜 기간 수집한 빅데이터를 기반으로 자금출처를 요구하는 국세청을 당해낼 일반인들은 그리 많지 않다.

특히 조사업무를 관할 지자체와 관할 세무서로 이원화하면서 자금출처 조사가 상당히 정교해지고 강화되면서 거래단계에서부터 증여세 등의 탈세 혐의를 포착하고 세무조사로 이어지는 사례가 늘어나고 있다.

부동산 취득자금의 원천이 본인의 소득이라면 문제가 없지만, 출처가 불분명하거나 증여신고를 하지 않은 자금이라면 문제가 커질 수밖에 없다.

만약, 부동산 취득 후 국세청에서 자금출처에 대한 입증을 요구받았다는 것은 이미 국세청의 PCI에서 과거 소득자료나 재산 현황 등을 판단하였을 때 증여배제 추정기준을 넘어선 것이 확인되었다는 것을 뜻하므로, 대부분 증여세나 소득탈루에 대한 세무조사로 이어지게 되니 조심해야 한다. 물론 실제 직업이 있고 그동안 축적한 재산이 많아 상당한 소득 신고 내역이 입증된다면 국세청도 증여추정이라 보기 어렵다.

따라서 소득을 높이거나 소득이 발생하는 자산을 활용하여 자금출처 조사에 대비하는 것이 중요한데, 세법상 열거하고 있는 소득의 종류는 다음과 같다.

① 근로소득이나 사업소득
② 이자·배당소득
③ 기타소득
④ 퇴직소득

⑤ 본인 소유재산의 처분소득
⑥ 기 신고된 상속·증여재산
⑦ 농지경작소득
⑧ 재산취득일 이전에 차용한 부채로서 입증된 금액
⑨ 재산취득일 이전에 자기재산의 대여로서 받은 전세보증금
⑩ 상기 이외의 경우로서 자금출처가 확인되는 금액

◆ 자금출처의 입증은 다양하게 준비하라

자금출처를 입증할 때는 취득하거나 채무를 상환한 재산가액 전액에 대해 자금출처를 소명하는 것이 아니라 취득가액의 80% 이상만 소명하면 된다. 단, 10억을 초과하여 취득하거나 채무를 상환하는 경우에는 전체 금액에서 2억을 차감한 나머지 금액에 대해 소명해야 한다.

재산 취득가액이 8억인 경우 80%에 해당하는 6억 4천만 원만 소명하면 되지만, 11억인 경우 9억에 대한 소명이 필요한 것이다.

만약, 이를 소명하지 못하는 경우 증여추정에 따른 증여세가 부과되고 법인·개인사업자인 경우 당해 사업매출 누락으로 탈루한 소득으로 의심되어 사업체 세무조사까지 받을 수 있음을 주의해야 한다.

또한, 재산취득능력이 부족한 자가 미리 증여받은 돈으로 부동산을 취득하거나 채무를 상환하는 경우에는 반드시 취득자금 및 상환금액 전액에 대한 증여신고가 이루어져 있어야 한다.

만약 취득자금 중 증여받은 자금의 출처는 확인되더라도 나머지 자금의 출처가 불분명한 것이 발견되면 증여세 이외의 세금누락으로 보고 자금출처 조사가 진행될 수 있다.

그러므로 부동산을 취득하는 경우 구입 자금 중 일부는 출처가 확실

한 은행 대출을 받거나 부담부 증여를 받는 것이 오히려 나을 수 있다.

다만, 부동산담보 대출이라면 실제로 부동산 취득에 사용되었는지를 확인하며, 만약 법인 또는 개인사업자가 기업대출자금을 본래 목적으로 사용하지 않고 부동산을 취득하는 경우, 자금출처로 인정되지 않으며 대출금까지 회수할 수 있으니 주의하여야 한다.

이처럼 국세청 전산시스템의 업그레이드와 전문가 육성, 그리고 빅데이터를 활용한 세무조사 대상에 선정되지 않기 위해서는 자금출처에 대한 투명하고 확실한 근거를 준비하는 것만이 유일한 대안이 될 것이다.

탈세를 절세라 생각하지 마라. 모든 절세는 근거가 있다.

06. PCI시스템과 FIU를 활용한 국세청 세무조사 사례

코로나19의 팬데믹 상황에서도 세무조사는 계속 이어져 왔다. 아니, 지구가 망하지 않는 한 계속될 것이다.

2020년부터 2022년 상반기까지 PCI와 FIU를 활용한 대표적인 세무조사 선정 사례들을 예로 들어보았다.

♦ **사례 1** 한의원 현금매출을 누락하고, 부친으로부터 받은 자금으로 고가의 아파트를 취득하고 증여세를 탈루

한의사 나보약 씨는 관계기관 합동조사 결과 증여 의심 혐의로 국세청에 통보된 자료를 검토한바, 취득 부동산에 대한 자금출처 부족 혐의가 있어 조사대상에 선정되었다.

매월 수백만 원의 현금을 인근 ATM을 통해 개인 계좌로 입금하는 등 현금매출을 누락하고, 부친으로부터 받은 현금으로 고가의 부동산을 취득하였다.

이에 한의원 매출 누락에 대한 소득세 및 부친으로부터 증여받은 현금에 대한 증여세 ○○억 원을 추징하였다.

출처: 2020.05.07. 국세청 보도자료

✦ **사례 2** 소득이 없는 연소자에게 현금입금 등을 통한 주택 취득자금 편법증여

뚜렷한 직업 및 소득이 없는 연소자 김소녀가 여러 건의 상가 등 부동산을 총 ○○억 원에 취득하여 김소녀의 자금출처를 검증한바, 임대업자인 모친 박엄마가 임대료 수익 등을 현금으로 관리하면서 김소녀의 계좌에 무통장 현금을 입금하거나, 지인 및 거래처 명의의 계좌를 통해 김소녀의 계좌에 우회입금하였고, 김소녀는 동 금원으로 ○○ 소재 한옥 주택 등 다수의 부동산을 매입하였으나 증여세를 무신고하였다.

이에 부동산 취득자금 변칙증여 분에 대해 증여세 ○○억 원을 추징하였다.

출처: 2020.05.07. 국세청 보도자료

✦ **사례 3** 전문직 사업자가 신고소득을 누락하여 고가의 재건축 아파트를 소득이 전혀 없는 배우자와 공동으로 취득

전문직 사업자가 신고소득이 수년간 ○○억 원에 불과함에도 신고소득이 전혀 없는 배우자와 공동으로 고가의 재건축 아파트를 ○○억 원에 취득하여 세무조사대상에 선정되었고 수입금액 신고 누락 혐의 및 배우자에게 아파트 취득자금을 편법으로 증여한 혐의로 본인 및 배우자 아파트 취득자금 자금출처 조사를 진행하였다.

출처: 2021.08.19. 국세청 보도자료

◆ **사례 4** 회사 명의로 고가 스포츠카, 호텔 회원권을 취득하여 사주 가족이 독점 사용하도록 제공하거나, 근무 사실이 없는 사주 배우자에게 급여를 지급하고 거짓 공사비를 계상하는 수법으로 기업자금 불법 유출

A회사는 고가 스포츠카 2대총 5억 원와 고급호텔 회원권2억 원을 취득한 후 사주 가족이 독점 사용할 수 있도록 제공하였고, 사주의 불법행위에 따른 소송합의금을 대신 지급하거나 전업주부인 배우자를 감사로 허위 등재하여 거짓 급여7억 원를 지급하였다.

또한, 서류상 법인과 허위 하도급 공사용역 계약을 체결하여 회사자금을 유출하는 등 다수의 혐의가 적발되었다.

이에 부가가치세와 법인세 ○○○억 원을 추징하고 소득 귀속자인 사주와 배우자에 대한 소득세로 약 ○○억 원을 추징하고, 허위계약을 통한 거짓 세금계산서 수수 행위 범칙 처분을 내렸다.

출처: 2020.11.04. 국세청 보도자료

◆ **사례 5** 사주 지배업체가 사주 자녀 지배회사에 고단가 일감을 몰아주는 거래 가운데 역할 없는 페이퍼컴퍼니를 끼워 넣어 일감 몰아주기 증여세 회피

A회사는 사주 자녀 지배 C회사에 고단가 일감을 몰아주던 중 일감 몰아주기 증여세 규정이 신설'12년 이후되자, C회사의 자회사 형식으로 페이퍼컴퍼니를 설립하고, C⇒A 거래실질를 C⇒B⇒A 거래위장로 가장하여 C⇒B 간의 거래를 통해 기존과 동일하게 이익을 유보하면서도 B⇒A 간 거래에서는 이익을 거의 남기지 않았다.

이는 일감 몰아주기 거래이익을 기존 거래와 유사하게 유지하면서도 증여세 부담을 최소화하는 거래방식으로 일감 몰아주기 증여세 규정상

수혜법인 C가 50% 이상 보유한 자회사 B로부터 받은 일감이익은 과세 대상에서 제외하는 점을 악용한 것이다.

이에 끼워 넣기를 통한 일감 몰아주기 증여세 회피 혐의 등을 엄정하게 조사를 진행하였다.

출처: 2020.11.04. 국세청 보도자료

◆ 사례 6 자금조달계획서 차입금을 허위신고한 사실을 확인하여 증여세 추징

고액자산가의 자녀 이리치는 사회 초년생임에도 불구하고 투기과열지구 소재 고가 아파트 ○○억 원를 취득하였다.

자녀 이리치는 아버지와 금전대차거래를 통해 차입한 자금으로 아파트를 취득하였다고 자금조달계획서를 제출하였으나 조사결과 아버지로부터 아파트 취득자금 ○○억 원을 증여받고도 증여세를 탈루하기 위해 허위 차용증을 작성한 것으로 확인되어 증여받은 부동산 취득자금에 대하여 증여세 ○○억 원을 추징하였다.

출처: 2021.11.17. 국세청 보도자료

◆ 사례 7 부친이 자녀에게 가공급여를 지급하고 부동산 취득자금 등을 증여한 혐의

소득이 없거나 적은 형 김형님과 동생 김아우의 고가 아파트 취득자금 등 총 ○○억 원에 대한 자금출처 분석결과, 전문직 고소득자인 부친 김부자가 아파트 취득자금과 오피스텔 전세보증금 등을 편법으로 증여하고, 이후 대출이자 및 원금을 대신 상환한 혐의가 확인되었으며, 자녀들은 부친의 사업장에 근무한 사실이 없음에도 가공급여를 지급받고 부친 명의의 신용카드를 이용하여 호화 사치생활을 영위하는 등 변칙증여 받은 혐의로 부친 김부자, 자녀 김형님과 김아우에 대한 개인 통합조사 및 자금출처 조사를 동시 착수하였다.

출처: 2022.02.03. 국세청 보도자료

✦ 사례 8 부친 명의의 신용카드로 호화사치 생활을 영위하고 부친이 대출금까지 대신 변제

근로소득자 나근로가 보유하고 있는 부동산의 근저당권이 말소되어 대출상환자금 ○○억 원에 대한 자금출처를 분석한 결과 나근로의 연령·소득·재산 상태 등으로 볼 때 고액의 대출을 자력으로 상환하였다고 인정하기 어려워, 주동산 임대업자인 부친이 대신 변제한 것으로 확인되었고, 소비생활은 부친의 신용카드로 영위하면서 본인 및 배우자의 소득은 모두 저축하여 자산을 증식하는 등의 변칙 증여받은 혐의가 있었다.

이에 근로소득자 나근로에 대한 자금출처 조사를 착수하였다.

출처: 2022.02.03. 국세청 보도자료

✦ 사례 9 부모가 자녀와 허위로 차용증을 작성하고 자녀의 금융채무를 인수하는 방법으로 편법증여한 혐의

근로소득자 이소득이 보유하고 있는 부동산에 담보된 채무 ○○억 원을 자력 없이 상환한 사실이 확인되어 자금출처를 분석한 결과 고액자산가인 모친이 해당 채무를 인수하고, 자녀 이소득에게 동 금액을 빌려준 것처럼 금전대차계약을 체결하였으나, 자녀 이소득은 모친에게 금전대차계약에 따른 이자 및 원금을 지급하지 아니하는 등 채무면제를 통해 변칙증여 받은 혐의가 포착되었다.

이에 근로소득자 이소득에 대한 자금출처 조사에 착수하였다.

출처: 2022.02.03. 국세청 보도자료

◆ 사례 10 빅데이터를 활용한 백화점 VIP 체납자 순금 50돈, 상품권 등 압류

근로소득에 대한 종합소득세를 체납하고, 실제 거주하지 않는 지방으로 주소지를 변경한 후 강남 소재 배우자 명의 고가주택에 거주하면서 운전기사를 고용하고 백화점 VIP로 호화생활을 영위하던 중 생활 실태 등 빅데이터 분석으로 실거주지를 강남 소재 배우자 소유 고가주택으로 특정하고 탐문·잠복을 통해 실거주 등 확인하여 옷장 안 금고에서 순금 50돈, 백화점 상품권, 현금 및 외화 등 압류하였다.

출처: 2022.03.24. 국세청 보도자료

◆ 사례 11 자녀명의 주택의 옷장 등에 은닉한 외화·현금 8억 원 압류 금융거래내역 분석

주식양도 대금 백억 원 이상을 외화, 현금으로 400여 회에 걸쳐 인출하여 자녀의 전원주택에 은닉하여 강제징수 회피한 사례이다.

체납자의 주거래 은행 등에서 잠복·미행을 통해 체납자가 자녀 명의 전원주택에 실거주하는 것을 확인하고 실거주지·주소지·사업장 등을 동시 수색하여 옷장·화장대 및 차고지 고급승용차에서 고액의 현금과 순금제품 등을 압류하였다.

출처: 2022.03.24. 국세청 보도자료

Part 4
법인의 상속·증여, 가문을 승계하다

본전 생각을 하지 말라. 손해가 이익을 끌고 온다.
더 많은 것을 얻기 위한 투자라고 생각하라
-이건희-

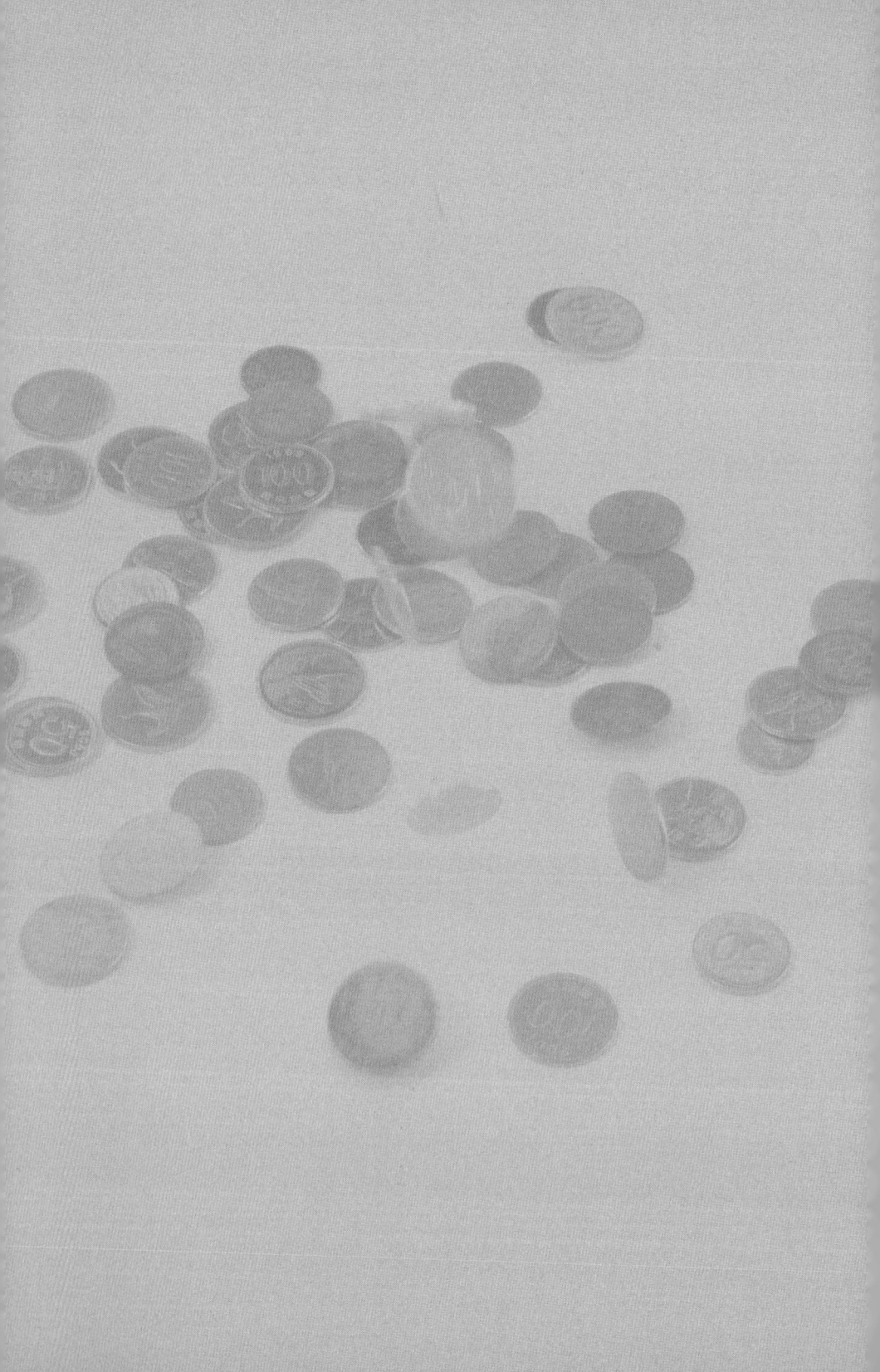

01. 가업, 가문을 승계하다

> 가업 승계는 절대 단순한 기업의 지분승계 작업이 아니다. 가업이 아닌 가문을 승계하는 것이기 때문이다.
> 10년 이상의 계획과 목표, 그리고 전문가들과의 협업으로 최적의 승계방안을 찾아야 한다.

    기업은 늘 시장의 변화와 기술발전에 지속적으로 관심을 갖고 선제적으로 대응해 나아가야 한다.

    조금이라도 늦게 대응하거나 변화의 흐름을 놓치면 경쟁력을 상실하게 되고 아무리 1등 기업이라도 시장에서 퇴출되는 모습들을 보면 마치, 기업을 경영한다는 것은 안전벨트 없는 롤러코스터를 타는 것과 같다는 생각이 든다.

    치열한 전쟁터와 같은 환경 속에서 기업이 성장하고 생존하기 위해 지속적인 연구개발을 통한 경쟁력 강화와 신사업과 인재를 육성하는 등의 노력을 기울이는 모습들을 옆에서 지켜보면 볼수록 정말 대단하다고 느껴진다.

    그러나 생존경쟁에서 살아남았다 하더라도 모든 기업은 지속적인 영속성을 위해 기업의 후계자에 대해 고민할 수밖에 없다. 이러한 기업들의 고민을 해결하기 위해 도입된 제도가 바로 가업 승계이다. 그렇다면 성공적인 가업 승계를 계획하고 실천하기 위해서 어떻게 준비해야 할까?

실제 필자의 주변에서 성공적인 가업 승계를 이루어내거나 진행하고 있는 CEO들의 조언을 담아보았다.

◆ 후계자로서의 책임만큼 권리도 승계하라

다수의 중소기업 CEO들과 상담을 하다 보면 당장의 실적과 기업의 생존을 걱정해야만 하는 상황에서 미래의 세대에게 가업을 승계하고자 하는 여력도, 그리고 힘든 사업을 물려주고 싶은 마음도 선뜻 들지 않는 경우가 많다.

결국, 가업 승계를 결정해야 하는 순간이 왔을 땐 이미 CEO가 고령이거나 자녀들마저 이미 다른 직업을 가지고 있는 경우가 대부분이다. 특히, 의사나 변호사 등과 같은 전문직에 종사하는 자녀에게 분야가 전혀 다른 가업을 승계하고자 하는 부모는 거의 없다.

이처럼 어느 날 갑자기 미술을 전공하던 자녀가 목제 제조회사의 영업실장으로, 마케팅 회사에 근무하던 자녀가 현장관리부터 배워야 한다는 명분으로 건설현장에 투입되는 모습은 실제 우리나라 중소기업의 가업 승계의 현주소를 말해준다.

자녀들은 아버지 세대의 나이 많은 임원들과 문화적, 경력의 차이로 소통도 잘 안 되는 곳에서 경영수업을 받는 것인지, 잔소리를 듣는 것인지 구분도 안 되고, 기업경영의 중요한 결정사항에는 참여하지 못하면서 출장 시에도 기사와 비서의 역할을 수행하며 창업주의 자녀라는 이유로 능력도 인정받지 못하는 삶을 살아야 하는 것이다.

과연, 이것이 진정한 가업 승계를 위한 과정이라 할 수 있을까?

잔소리와 핀잔으로 자녀의 일할 의욕을 꺾어버리는 낡은 도제방식apprenticeship system, 徒弟이 아닌 자녀 스스로 계획하고 책임지며 일을 하고 싶어 하는 분위기를 조성하고 부여된 책임만큼의 권리도 함께 주는 것이 진정한 가업 승계의 첫걸음이라는 것을 알아야 한다.

더불어 가업의 승계 이후에도 후계자에게 지속적으로 영향력을 행사하는 것도 최대한 지양하고 단계별로 후계자의 역량을 키워주고 경영자로서 필요한 권한을 단계별로 반드시 이양해주어야 한다.

기업의 경영권 및 소유권, 그리고 사업 노하우, 기업문화, 거래처, 신뢰도 등의 핵심역량 등이 후계자에게 점진적으로 이양되어야만 기업의 지속적인 성장과 발전이 가능하기 때문이다.

그러므로 가업 승계를 계획하고 있다면 오너의 적극적인 실천과 후계자에 대한 신뢰 그리고 경영 전반에 대해 함께 의논하고 결정하는 과정을 거쳐야만 비로소 그 효과를 발휘할 수 있다.

가업을 승계하는 것은 기업만이 아닌 가문을 승계하는 것이기 때문이다.

◆ 가업 승계의 필요 자금은 미리 준비하라

창업주가 평생을 일구어온 사업체를 남이 아닌 자녀에게 물려주고 싶은 마음이 간절한 것은 잘 알고 있지만, 실무적으로는 세금 때문에 결정을 미루는 경우가 상당히 많다.

당장 증여세를 납부할 수 없는 자녀들의 경제적 상황으로 인해 가업 승계를 자꾸만 뒤로 미루다가 결국 상속이 개시된 이후 엄청난 상속세를 부담하게 된다거나 세금 때문에 경영권을 지키지 못하고 회사를 매각하는 사례도 흔하게 발생된다.

실제로 자녀가 보유한 회사의 주식은 아예 없거나 10% 미만의 주식만을 보유한 상황에서, 생활비 정도의 급여만으로 어떻게 증여세를 낼 수 있단 말인가?

결국 가업 승계라는 미명하에 회사에서 고생이란 고생은 다 하다가 결국 40대 중반을 넘어가서야 대표이사 직함은 주지만, 경영권과 소유권은 넘겨주지 않은 상황에서 결국 상속이 개시되어버리면 종국적으로는 준비되지 않은 거액의 상속세로 인해 회사의 주식이나 사업용 자산을 매각하는 최악의 상황을 맞이하게 되는 것이다.

그러므로 더이상 버릇 나빠질까 봐, 재산을 탕진할까 봐 등의 이유로 주저하지 말고 자녀에게 임대소득이 발생하는 부동산을 미리 증여하거나 급여, 배당 등을 적극적으로 활용하여 가업 승계 시 필요한 세금을 납부할 수 있는 능력을 키워주고, 갑작스러운 상속 시 막대한 상속세가 발생될 것에 대비하여 법인보험을 활용하거나 여의치 않은 경우 연부연납, 물납 등의 납세대책을 수립하여야 한다.

◆ 정부의 가업상속제도를 수시로 모니터링하라

가업 승계는 주기적인 주식가치의 평가를 바탕으로 시기를 결정하고, 정부의 세제지원 등을 반영하여 최적의 승계방안을 실행해야 한다. 아무리 정부에서 가업 승계를 홍보하고 세제 혜택을 주더라도 실제 기업인들에게 피부로 와닿는 혜택도 아니고, 사후 지켜야 할 요건도 어렵기 때문에 실제 가업 승계제도를 활용하고 싶은 기업들조차 상담 이후 사실상 포기하는 경우가 많다.

최근 정부는 이러한 문제점들을 개선하고자 가업상속공제제도의 사후관리 기준을 완화하고, 상속세 납부에 따른 부담을 완화시키기 위해 연부연납특례의 적용대상을 확대하는 등 지원제도를 지속적으로 개선해 나아가고 있다.

그러므로 세제지원 및 관련 규정의 변화를 지속적으로 모니터링하여 본인에게 적합한 시기와 방법을 찾아내는 것이 바람직하다.

◆ 후계자 곁엔 반드시 전문가그룹이 존재해야 한다

후계자는 가업을 승계받기 위해 기업 경영 전반에 대한 노하우 습득과 경험 축적뿐만 아니라 재무재표 등의 기업 재무관리에 대한 지식도 얻어야 한다. 이는 전문가의 조언이 절대적으로 필요한 작업이다. 가업 승계 뿐만 아니라 모든 기업경영 전반에 걸쳐 상법, 민법, 세법 등의 법의 테두리 안에서 이루어지므로 세무사, 변호사, 변리사, 금융전문가 등으로 이루어진 인적 네트워크를 갖추고 있어야 한다.

CEO는 후계자가 전문가로 이루어진 인적 네트워크를 활용하여 최적의 승계방안을 도출해 내도록 장려하고, 이를 가업 승계와 기업 경영에 반영하는 합리적인 체계를 만든다면 향후, 후계자에게 크나큰 우군을 만들어 주는 결과로 이어지게 될 것이다.

◆ 가업 승계는 결국 행(行)하는 것이 답이다

사실 우리나라의 경우 오랜 기간 지속하는 중소기업이 많지 않고 경제 상황도 급변하다 보니 사업을 꾸준히 끌고 나가기가 매우 어려워 요즘 젊은 세대들은 부모 세대처럼 위험을 감수하거나 참고 견뎌내면서까지 사업을 하고 싶어 하지 않는 경우가 많다.

실제 많은 젊은 세대들은 부모님이 모아 놓은 재산으로 부동산임대업을 하고 싶어 하는 것이 현실이다. 따라서 가업 주식을 증여거나 상속할 경우에는 자녀의 사업 의지가 확고하고, 부모 세대보다 더 크게 성장시킬 능력이 있는지를 냉정하게 따져보고 결정해야 한다.

성공적인 가업 승계를 진행하는 CEO들의 공통적인 이야기의 핵심은 후계자의 역량 강화와 더불어 중요한 것은 경영자로서 필요한 권한을 점진적으로 이양해주는 것, 그리고 승계 이후에는 영향력을 행사하지 말아야 한다는 것이다.

이처럼 성공적으로 가업을 승계하기 위해서는 최적의 시기를 가늠할 수 있는 판단력과 정부 정책 및 세제지원에 대한 정보력, 그리고 모든 것을 계획하고 진행하는 오너의 적극적인 실행력 등이 모두 뒷받침되어야 만이 가능한 만큼, 장기적으로 계획하고 진행해야 하는 플랜이 생각만이 아닌 구체적으로 존재하여야 한다.

그러므로 후계자의 역량을 강화하기 위해 중장기적인 경영전략 수립과 신사업분야 개척 등을 함께 고민하고 결정하는 방식으로 승계 이후에도 안정적이고 지속 가능한 성장을 끌어낼 수 있는 발판을 만들어 주는 것이 바로 진정한 가업, 그리고 가문승계의 시작일 것이다.

02. 최악의 세무조사 주범, 명의신탁주식을 정리하라

명의신탁이란 실질 소유자가 아닌 제3자의 명의로 재산을 취득하는 행위를 말한다. 예전에도 부동산 관련 차명 이슈는 종종 발생했지만 최근에는 주식명의신탁이 새로운 과세 위험 요소로 떠오르면서 이를 보유하고 있는 기업 대표들의 관심이 높아지고 있다.

그렇다면 왜, 다른 사람의 명의를 빌려 회사의 주식을 취득하는 명의신탁이 문제가 되는 것일까?

지금은 상법개정으로 인해 1인만으로도 법인 설립이 가능하지만 1996년 9월 30일 이전까지는 법인 설립 시, 7인 이상, 2001년 7월 이전까지 3인 이상의 발기인이 필요했었다. 이 요건을 맞추기 위해 가족이나 친척 등의 명의를 빌려 발기인의 요건을 맞추는 경우가 많았고, 과점 주주의 세제상 불이익을 피하기 위해 몇 년 단위로 주주의 구성을 인위적으로 변동시키는 조세회피 목적으로 악용되기도 했다.

그러나 금융실명제가 도입된 이후 본인 명의로만 거래가 가능하고 2014년 12월부터 차명거래가 일절 금지되었기 때문에 이제는 신속하게 해결할 과제가 되었다.

만약 법인에 아직까지 명의신탁주식이 있다면 상속 개시 이전에 반드시 정리해야 하는 이유를 알아보자. 명의신탁된 주식을 상속재산에 누락시켜 신고하는 경우 가업상속공제를 받을 수 없으므로, 반드시 상속

개시 전 주식반환이행 소송 등을 통해 명의신탁주식을 환원해야 한다.

상속 증여세법에서는 권리의 이전이나 그 행사에 등기 등이 필요한 재산의 실제 소유자와 명의자가 다른 경우 증여로 판단하는데 일단 차명주식이라고 판단되면 조세를 회피할 의도가 없었다 하더라도 이를 증명할 방법이 마땅하지 않아 대부분 증여세를 부과받고 무신고가산세까지 납부해야 하는 상황이 발생한다.

다만, 양도자가 양도소득 과세표준신고와 더불어 소유권변동 내용을 신고하거나, 상속 신고 시 해당 재산을 포함하여 신고하는 경우에는 조세회피 목적이 있는 것으로 추정하지 않는다.

하지만, 더 이상 타인의 명의를 빌려 발행하는 주식을 바라보는 시선이 곱지 못한 만큼 반드시 정리해야 하는 부분임을 인지하고 대처해야 한다.

그러나 막상 명의 신탁된 주식을 찾아오려고 하다 보면 실무적으로 여러 가지 어려운 상황이 발생하는데, 세법개정으로 2019년부터는 국세기본법의 실질과세 원칙에 의해 증여의제에 의한 증여세 납부 의무자가 실제 소유자로 변경되어 수탁자가 아닌 신탁자에게 증여세 부담이 발생하고 신탁 시점과 신탁 입증 가능 여부, 명의신탁 간 주주 간의 지분이동, 배당 등으로 인한 세금과 가산세 등이 발생하기도 한다.

또한 수탁자의 명의신탁 부인과 같은 변심과 주주권 행사, 그리고 갑작스러운 상속 개시 등으로 여러 가지 위험성을 지니고 있어 실질적으로 내 주식이라 하더라도 소송을 통해 실소유자 여부를 가려야 하고 결국 금전보상을 하고 받아오는 등의 리스크로 이어지게 된다.

- 수탁자의 변심: 회사가 성장하면서 소유권에 대한 권리보상 요구
- 수탁자의 사망: 명의신탁 된 주식이 상속되면서 주식회수가 어려워지거나 권리보상 요구
- 수탁자의 신용불량 시: 수탁자의 파산, 개인회생 등의 신용 문제로 인한 명의신탁 주식 압류
- 가업상속공제 적용 불가: 보유주식이 50% 이상 상속되더라도 차명주식의 존재가 발각될 경우 상속재산에 미신고 시 가업상속공제 미적용
- 배당소득세 및 기타 세금 문제

이처럼 경영 전반을 위협하는 명의신탁주식을 찾아오는 방법은 없을까?

◆ 명의신탁주식 실제소유자 확인제도

명의신탁주식은 최대한 빨리 권리확정을 하는 것이 매우 중요하다. 하지만 명의신탁주식이라는 것을 입증할 수 있는 서류나 명확한 증거가 있는 경우는 흔하지 않다.

그렇다 하더라도 조세회피의 목적이 없었고 단지 발기인 요건을 충족시키기 위해 불가피하게 명의신탁이 발생한 것이라면 실소유자 확인제도를 통해 처리해볼 수 있다.

2001년 7월 23일 이전에 설립된 중소기업법인에 한해 당시 조세회피 목적이 없었음을 입증하면 간편한 절차를 통해 실 소유자를 확인해주는 제도이다. 주주명부에 다른 사람 명의로 등재한 명의신탁주식을 실제소유자 명의로 환원하는 경우 실제소유자가 신청 가능하며 다음과 같은 요건을 충족해야 한다.

- 주식발행법인이 2001년 7월 23일 이전에 설립되었고 실명전환일 현재 [조세특례제한법 시행령] 제2조에서 정하는 중소기업에 해당할 것
- 실제소유자와 명의수탁자 모두 법인 설립 당시 발기인으로서 법인 설립 당시 명의신탁한 주식을 실제소유자에게 환원하는 경우일 것

그러나 이 제도는 실제소유자임을 확인해주는 제도이지 세금을 감면해주거나 면제해주는 제도가 아니다. 납부해야 할 세금 자체가 사라지는 것은 아니기 때문에 명의신탁주식을 받아올 사람이 세금납부능력을 만들어 놓아야 한다.

명의신탁에 따른 증여세, 배당에 따른 종합소득세 등이 부과되며 무신고 증여세 부과제척기간이 경과된 주식_{신고 기간 포함 15년 3개월}은 증여세를 비과세한다.

실제소유자로 인정된 경우
* 당초 명의신탁에 따른 증여세, 배당에 따른 종합소득세 등이 발생함

실제소유자로 인정되지 않는 경우
* 유상거래인 경우에는 양도소득세 및 증권거래세 등
* 무상거래인 경우에는 증여세 등

또한, 명의신탁주식을 받는 사람이 신탁자 본인의 자녀인 경우 사전증여 받은 재산이 있다면 합산되어 과세되는 경우가 종종 발생하므로 사전증여 받은 재산이 있는지 반드시 확인해야 한다.

✦ 어설픈 양도, 국세청은 반드시 검증한다

비상장주식은 투자 등 여러 가지 목적으로 제3자가 주식을 취득하는 경우도 있지만 대부분 가족 간의 증여를 통한 주식이동이 대부분이다.

특히, 세법상 특수관계인이 아닌 제3자에게 양도를 받을 경우 3억 원까지는 저가 매수하더라도 증여세가 과세되지 않는다는 점을 악용하여 배우자나 자녀의 명의로 차명주식을 회수하는 경우가 많다.

과연 이러한 방법이 실제로도 아무런 문제가 없을까?

==국세청에서는 NTIS와 외부자료를 기반으로 하는 『명의신탁주식 통합분석시스템』을 활용해 주식의 이동, 체납정보 등을 빅데이터로 관리하고 있으며, 이 시스템은 기업의 대표나 최대주주뿐만 아니라 관련된 특수관계인까지 대상으로 분석하고 있다.==

최근에는 기업의 주식변동이 있으면 국세청 NTIS 시스템에 자동으로 데이터가 등록되는데, 이러한 거래 중 특히 비상장주식의 거래에 대해서는 국세청의 입장에서도 당연히 검증하려 할 것이다. 세무조사 받겠다고 제 발로 찾아 들어오는 격이니 말이다.

만약 주식 매매 시 저가 양도의 흐름이 판단되면 자금흐름 등 종합적으로 판단하여 명의신탁된 주식을 증여세를 부당하게 감소시켜 찾아온 것으로 판단하고 증여세와 가산세까지 추징한다. 그러므로 저가 양도를 통한 차명주식의 회수는 반드시 적발되어 세무조사까지 받을 수 있다는 점을 주의하여야 한다.

✦ 명의신탁주식은 시간이 지날수록 처리하기 어려워진다

이처럼 여러 가지 원인으로 인해 실소유자 확인제도를 활용하지 못하는 경우 계약 해지 양수도 거래, 증여, 자기주식 매입 등을 통해 정리할 수는 있으나 객관적 사실에 근거하여 입증해야 하므로 단기간에 해결될 해법은 아니라는 점을 알아야 한다.

특히, 자기주식 매입 같은 경우, 취득의 목적과 명분이 정확해야 하며 법적인 부분에 위배되지 않도록 적용되는 부분에 대해서도 신중히 고려해야 한다. 또 다른 방법으로는 특허권을 자본화하여 가치평가금액만큼을 회사에 현물출자하여 유상증자를 하는 특허권 자본화가 있다.

그러나 어떠한 방법을 사용하여 명의신탁을 해결할지는 접근방식에 따라 다르고 추가적인 세 부담이 발생할 수 있으므로 명의신탁 당시 상황이나 해당 기업의 특성 등을 종합적으로 고려하여 관련 경험이 풍부한 전문가의 상담을 통해 명의신탁주식을 처리하는 것이 필요하다.

03. 창업자금특례규정을 활용하라

> 자녀가 창업을 계획하고 있는 경우, 증여세를 아낄 수 있는 절호의 기회이다.

일반적으로 창업하기 위해서는 사업 아이템 못지않게, 초기 사업자금의 확보도 매우 중요하다. 신규로 사업을 시작하기 위해서는 사업자등록을 해야 하는데 이때 사업자등록 신청서에는 자금조달의 원천이 무엇인지 보고하게 되어 있으며 창업에 필요로 하는 사업자금의 규모가 상당액을 초과하는 경우, 해당 사업자금의 원천에 대한 소명 요구를 받을 수 있으니 주의하여야 한다. 이는 법인의 설립 시에도 동일하게 적용된다.

그러므로 창업에 필요한 자금을 자녀의 소득만으로 입증이 불가한 경우 창업자금 증여세 과세 특례제도를 활용하는 것을 적극 검토해볼 필요가 있다. 다만 자녀가 창업한 기업이 10년 이내에 폐업하거나 증여받은 재산을 다른 용도로 사용하는 경우 절감된 증여세를 다시 내야 하는 문제가 발생할 수 있으므로 사전에 창업계획 전반에 대한 충분한 검토가 선행되어야 한다.

✦ 창업자금 증여세 과세 특례제도란?

창업 활성화를 통하여 투자와 고용을 창출하기 위해, 거주자가 일정한 업종을 영위하는 중소기업을 창업할 목적으로 60세 이상의 부모로부터 토지, 건물 등의 양도소득세 과세대상이 아닌 재산으로 자녀의 사업자금 전부 또는 일부를 증여하면 저율의 세율을 적용하여 증여세를 과세하는 제도이다.

중소기업 창업자금에 대해서는 30억 원, 10명 이상 고용하는 경우 50억 원을 한도로 기본 5억을 공제해주고 10%의 저율로 과세하고 '주는 사람'_{증여자}이 사망하는 경우 증여 시기에 상관없이 상속재산에 합산되어 상속세로 정산되게 된다.

2022년 7월에 발표된 세법개정안에는 30억 원~50억 원의 한도를 2023년부터 50억 원~100억 원으로 상향 조정하는 내용이 포함되어 있다.

만약 한도가 늘어나게 되면 창업자금 특례제도를 활용하는 증여가 더욱 늘어날 전망이다.

✦ 창업자금 증여세 과세특례 적용요건은?

증여 특례를 적용해준다는 것은 당연히 제한도 있다는 뜻이라 생각하면 쉽게 이해할 수 있을 것이다.

창업자금 증여세 과세특례를 적용받기 위해서는 다음과 같은 요건을 모두 충족하여야 한다. 수증자는 증여일 현재 18세 이상이어야 하고, 증여일로부터 2년 이내에 조세특례법 제6조에 따른 창업중소기업에 해당하는 업종으로 '창업'을 하여야 하고, 60세 이상인 수증자의 부모에게서 양도소득세 과세대상이 아닌 재산_{주로 현금}을 증여받아야 한다.

창업자금 증여세 과세특례 적용 요건

수증자	18세 이상 거주자인 자녀
증여자	60세 이상인 수증자의 부모
증여물건	양도소득세 과세 대상이 아닌 재산(현금과 예금, 소액주주 상장주식, 채권 등)
중소기업 창업	2년 이내에 조특법 6조 3항에 따른 중소기업을 창업 – 광업, 제조업, 건설업, 통신판매업, 물류산업, 음식점업, 정보통신업 등

창업 시 도소매업, 여객운송업, 부동산임대업, 유흥주점 및 과세유흥장소업, 농업 등 영농상속공제 적용대상 업종도 제외되므로 미리 적용 가능 업종의 여부를 확인해보고 진행해야 한다.

증여세 신고기한까지 과세표준 신고서와 함께 창업자금 특례신청 및 사용 내역서를 납세지 관할 세무서에 제출해야 하며 신고기한이 지난 뒤에는 과세특례를 적용받을 수 없으니 반드시 기한 내 신고를 해야 한다.

✦ 창업자금을 모두 사용했는지 국세청은 반드시 확인한다

창업자금을 받았다면 창업일이 속하는 달의 다음 달 말일과 창업일이 속하는 과세연도부터 4년 이내의 과세연도까지 매년 과세연도의 신고기한마다 창업자금 사용명세서를 관할 세무서에 제출해야 한다.

만약, 정당한 사유 없이 2년 이내에 창업하지 않았다거나 4년 이내에 해당 목적에 미사용하는 경우, 증여받은 후 10년 이내에 다른 용도로 사용하는 경우, 사용명세를 불분명하게 작성하거나 미제출하는 경우에는 증여세와 가산세까지 부과될 수 있다.

단, '받는 사람'수증자이 '주는 사람'증여자보다 먼저 사망하거나 부채가 자산을 초과하여 폐업하는 경우, 그리고 최초 창업 이후 영업상 필요하기나 사업전환을 위해 1회에 한해 휴업하거나 폐업하는 경우에는 창업자금에 대한 증여세를 추징하지 않는다.

04. 대표이사의 가지급금 세무리스크

◆ 내 회사인데 왜 내 마음대로
  법인자금을 못 쓰는 걸까?

개인사업자가 아닌 법인을 설립하거나 전환하는 이유는 크게 두 가지가 있다.

첫째, 업종이나 상황에 따라 다르지만 개인사업자에 비해 법인은 투명한 운영이 가능하기 때문에 대외 신용도가 높아지므로 제3자에게 투자를 받거나 금융권의 자금을 빌리는 데 유리하고, 정부 지원 및 대기업과 공공기관 입찰참여 등의 기회도 더 많이 접할 수 있기 때문이다.

둘째, 개인사업자에 비해 낮은 소득세율을 적용받아 통상 연 매출액이 1억 이상인 경우 법인이 더 유리하고 법인카드와 급여, 상여, 배당소득 등을 비용처리 할 수 있어 절세측면의 강점이 있다.

소득세 절세가 된다는 것은 그만큼의 혜택과 동시에 엄격한 회계관리가 이루어져야 한다는 것을 뜻하지만 아직까지도 법인자금은 내 자금이라 생각하는 CEO들이 의외로 많다.

그러나 대표가 법인자금을 사용할 수 있는 합법적인 방법은 급여, 배당, 퇴직금 정도라 할 수 있는데 이것 이외에 사적인 용도로 사용하거나 증빙이 되지 않는 자금을 가지급금이라 한다.

일반적으로 가지급금은 비상장회사 즉, 중소기업과 소기업에서 흔히 발생하는데 이러한 회사들의 경우 실무적으로 회계업무를 보는 경리직원조차 없는 경우가 흔하다.

기장료만 내고 세무사나 회계사무소에 전적으로 맡기고 기장처리를 하는 것과 이를 확인하고 소통해 나아가는 회계담당 직원이 있는 것은 하늘과 땅 차이라 할 수 있는데 회계업무를 보는 직원도 없는 회사에서 재무제표 관리가 제대로 이루어질 리가 없다.

이로 인해 대표가 실제로 사용하지 않은 가지급금이 발생하는 경우가 발생하곤 한다.

말 그대로 회사가 대표에게 받을 돈이 있다는 뜻인 가지급금이 발생하는 이유는 다음과 같이 천차만별로 다양하다.

> ① 대표가 사적인 용도로 회사의 돈을 마음대로 쓰는 경우
> ② 회사가 지출은 했지만 적격한 증빙을 하지 못하는 경우
> ③ 사업의 특수성으로 인한 리베이트를 제공하는 경우
> ④ 이익이 발생되어도 배당을 하지 않고 급여를 낮게 책정하고 법인카드 등으로 생활비나 자녀교육비 등을 사용하는 경우
> ⑤ 거래처의 요구로 인해 매출세금계산서를 실제보다 과다하게 발행하는 경우
> ⑥ 사업체를 인수하면서 가지급금을 승계하는 경우
> ⑦ 회사의 신용도 관리 및 대출 연장을 위하여 가공의 이익을 계상하는 경우

대부분의 가지급금이 발생되는 사유를 대표가 인지하고 있지만 두 번째의 경우, 본인이 사용하지도 않은 자금이 대표의 가지급금으로 처리되면 대표의 입장에서는 많이 억울할 수 있다.

그러나 모든 지출에는 명확한 증빙이 이루어져야 하므로 대표가 모르고 있었다는 것까지 과세당국이 관심을 가질 필요가 없다는 것을 알아야 한다. 실제로도 몇 년이 지난 이후에서야 대표도 몰랐던 가지급금이 발생한 것을 확인하고 이에 대해 상담 요청을 하는 경우가 많다.

이러한 가지급금이 발생하는 경우 실무적으로는 어떤 문제가 발생될까?

✦ 가지급금의 인정이자 미납 시 소득세와 4대 보험료가 증가할 수 있다

가지급금은 매년 가중평균차입 이자율_{또는 4.6%}을 적용한 이자를 법인에 지급해야 하고 만약 이자를 지급하지 않는 경우에는 복리로 계산되어 가지급금의 원금이 늘어나게 되고 인정이자미납분만큼 대표의 상여로 처리된다.

이 인정이자는 실제로 매년 익금산입되어 법인세를 증가시키기도 한다. 이자를 지급한다고 하더라도 총 자산적수 대비 가지급금 적수비율에 상당하는 금액은 손금불산입한다. 그러므로 가지급금은 법인과 대표 본인에게도 여러모로 엄청난 불이익을 안겨주게 된다.

가지급금과 이자를 상환하지 않아 장기간 쌓인 금액을 단순하게 급여 등으로 상환하기에는 오랜 시간이 소요되고 이익이 발생하지 않은 상황에서의 배당은 더더욱 어렵기 때문에 결국, 원금과 이자가 같이 불어나 매달 지급받는 급여에서 그 원금과 이자가 차지하는 비중이 점점 커지는 악순환이 발생하게 된다.

✦ 불분명한 가지급금은
상속세 리스크도 만든다

만약 대표의 가지급금이 남아 있는 상태에서 대표의 사망으로 인한 상속이 개시되는 경우에도 문제가 발생하게 된다.

상속인들이 가지급금 채무를 변제해야만 상속공제에서 부채로 공제된다. 이때 가지급금에 대한 약정서 및 이자 지급내역, 법인에서 대표에게 대여할 당시의 자금흐름 등이 명확하게 입증되지 않는 경우가 많아 부채로 인정받지 못해 공제받았던 가지급금 채무에 대한 상속세와 가산세가 추징되는 경우가 종종 발생한다.

그러므로 사전에 실제로 대표가 사용한 가지급금에 대한 약정서를 공증받고 이자를 지급하는 등의 실질적이고 정확한 증거자료를 갖추어두어야 한다. 설령, 상속공제채무로 인정되더라도 가지급금액 자체가 사라지는 것이 아니고, 상속인들이 채무를 승계받는 것이기 때문에 가지급금과 이자에 대한 부담도 상속된다.

✦ 가지급금은 비상장주식 평가 시
자산으로 포함된다

일반적으로 가지급금은 부채라고 생각할 수 있으나 앞서 언급했던 것처럼 회사가 대표에게 받을 돈을 뜻한다.

그러므로 법인의 비상장주식 평가 시 가지급금을 제외하지 않고 자산에 포함하여 계산하는 것이며, 이는 상속뿐만 아니라 주식증여 시에도 마찬가지다.

> **가지급금의 상속부채공제 여부 및 비상장주식 평가 시 포함 여부**
>
> 피상속인이 대표이사로 재직했던 법인의 장부상 계상된 단기대여금과 관련하여 동 채무는 실제 피상속인에 대한 대여금인지 여부가 불분명한 것으로 보고 상속세 과세 가액에서는 차감하지 아니한다.
> 또한, 법인의 비상장주식 평가 시에는 가지급금을 제외하지 않고 자산에 포함하여 계산하는 것이다.(조심 2012서 4244, 2013. 09. 24)

이처럼 가지급금은 주식을 양도하고, 법인을 폐업하더라도 소멸되는 것이 아니라 특수관계가 종료되는 시점에 상여 처리되어 거액의 소득세가 발생될 수 있고 대표의 사망 시 남겨진 가족에게 채무부담의 이전과 상속세 문제를 발생시킨다.

그러므로 차일피일 미룰 것이 아니라 지금 당장이 가지급금 정리의 최적시기임을 인지하고 상환계획을 수립하여야 한다.

대표적으로 사용되는 가지급금 해결방법으로 가장 현실적인 대안은 대표의 개인 자금을 활용하여 상환하는 방법과 만약 개인 자금이 없다면 급여·배당·상여로 처리하는 방법이 있다. 또한 본인 명의의 보험계약이 있다면 법인으로의 양수도 계약을 활용하는 것도 하나의 대안이 될 수 있다.

이외에 방법으로는 이익소각이나 특허권 등의 직무발명보상제도, 자기주식 취득, 유상감자 등이 많이 거론되지만 필자의 생각은 조금 다르다.

실질적으로 주식을 배우자에게 증여한 후 이익소각하여 그 자금을 대표가 가지급금을 해결하는 것에 사용한 것에 대해 조세심판원으로부터 소득세부과처분조심-2020-부-1593이 내려졌고 자기주식 취득도 배당가능이익을 초과하여 취득하면 무효로 처리되고 명확한 취득 목적 없이 취득하는 경우 대부분 불법적인 자금 대여 행위로 보고 세무조사로 이어질 수 있는 리스크가 있기 때문이다.

또한 특허권 등과 같은 직무발명보상제도의 경우, 대표가 실제로 특허를 만들지 않았다면 더 큰 문제를 일으킬 수 있어 보수적으로 판단해봐야 할 부분이다. 그렇기 때문에 이처럼 불이익이 많은 법인의 가지급금을 해결하는 방안 중 가장 널리 사용되는 것이 바로 대표의 급여·배당·상여로 처리하는 것이다.

그러나 대표가 쓴 돈을 대표의 소득으로 갚는 것이 당연하지만, 실제 돈이 있어도 가지급금을 갚는 데 사용하기도 싫고, 급여를 높게 책정해 상환하는 방식도 소득세부담으로 꺼려 한다.

솔직히 합법적으로 가지급금을 상여처리 하면 되지만 고액의 종합소득세와 4대보험료 증가 등의 부수적인 문제를 이유로 방치하고 있는 것이다.

물론, 실질퇴직처리로 가지급금을 해결할 수도 있지만 가지급금을 상환하기 위해 은퇴를 하는 대표는 거의 없다고 해도 무방하고, 만약 퇴직처리했지만 실제로 회사에 근무를 지속하고 급여를 지급받았다면 퇴직소득세를 부인당하고 지급된 퇴직금에 대해서는 근로소득세로 과세될 수 있으니 주의하여야 한다.

그러므로 가지급금은 반드시 세무전문가와 함께 업종의 특성과 여러 가지 사정을 반영하여 최적의 상환 플랜을 만들고 실제 상환해 나아가는 것이 매우 중요하다.

05. 대표이사의 가수금 세무 리스크

✦ 회사 자금 사정이 안 좋아서 가수금을 넣어둔 건데, 이자까지 받을 필요 있나요?

기업을 운영하다 보면 매출 대금이 회수되지 않아 거래처에 대금을 결제해주지 못하거나 직원들의 급여를 제때 지급하지 못하는 일시적으로 자금운영이 어려운 경우가 발생할 수 있다.

금융권의 자금을 활용하기에는 시일이 급박하거나 금액이 크지 않은 경우 대표의 개인 자금을 회사에 입금하여 사용하는 자금을 가수금이라 표현한다. 가지급금과 달리 가수금은 회사로부터 대표가 받을 돈이다.

실무적으로는 가지급금에 비해 가수금은 상대적으로 체감되는 불이익이 적어 대수롭게 여기지 않아 장기간 방치되는 경우가 상당히 많은데 의외로 가수금으로 인해 경영활동 전반에 받는 불이익은 생각보다 많이 있다.

법인 내에 가수금이 존재하는 경우 어떤 문제가 발생할까?

✦ 증여세 리스크

법인의 대표가 사업자금 부족, 직원 급여 등 여러 가지 이유로 인해 개인의 자금을 회사에 빌려주면서 원칙적으로 이자를 받아야 하지만, 대부분의 대표는 이자를 받지 않는 약정을 한다. 가수금이 발생하는 이유는 대체로 당시 회사운영자금이 부족했기 때문이고, 회사 사정도 안 좋은 상황에서 이자를 받을 대표가 어디 있을까?

더욱이 이자를 받을 경우 이자소득에 대해 법인은 27.5%의 원천징수를 하게 되고, 대표이사는 금융소득에 대해 신고해야 하기 때문에 이자를 안 받는 것이 속 편하다 생각될 수도 있다.

그러나 가수금에 대한 이자를 지급하지 않음으로써 발생한 이익이 특수관계인 주주들에게 연간 1천만 원 이상 발생하였다면 얘기가 달라진다. 매년 1천만 원을 초과하는 금액에 대해서는 증여세가 과세될 수 있고 법인은 지급하지 않은 이자 상당액을 면제받은 것으로 판단하여 법인세를 부과받게 된다.

또한, 국세청의 입장에서 대다수의 가수금은 회사의 사정이 어렵기 때문에 발생된다는 것은 당연히 알고 있지만 매출이 좋고 이익이 발생하는 법인의 경우 대표의 개인 돈이 회사에 입금이 된다는 것은 매출 누락된 현금을 가수 형태로 넣는 것이 아닌가 하는 합리적인 의심을 할 수 있을 것이다.

그러므로 가수금의 금액에 따라 원금의 전체 또는 일부라도 상환받거나 이자를 지급받고 이것이 여의치 않다면 가수금의 일부 또는 전부를 자본으로 전환하는 등의 방식을 고려해야 한다.

만약, 대표나 주주가 아닌 부모의 자금을 대여형식으로 빌려 와 자녀의 법인의 가수금으로 처리했다면 이자를 지급하고 약정서 등의 증빙서류를 갖추어 놓지 않는 경우 증여세가 부과될 수 있다.

> **특정법인에 대한 거래를 통한 이익의 증여 해당 여부**
>
> [상속세 및 증여세법] 제41조 제1항과 같은 법 시행령 제31조 제6항 및 그 부칙에 따라 특정법인에게 금전을 무상대부한 것에 대하여 당해 무상대부한 금전에 당좌대출이자율을 곱한 금액에 청구인(주주)의 주식 비율을 곱하여 계산한 금액을 증여재산 가액으로 하여 증여세를 부과한 처분은 적법함
>
> 특정법인의 주주 등이 증여받은 것으로 보는 경우는 특정법인의 이익에 특수관계자 주주간 비율을 곱하여 계산한 금액이 매년 1천만 원 이상인 경우로 한정함(국심 2004서 3034, 2006. 06. 02)

✦ 상속세 리스크

현행 상속·증여 세법에서는 대표의 가수금은 상속재산에 합산하여 상속세를 부과한다. 법인의 가수금은 자금출처 조사를 통해 법인매출 누락 여부를 사후 검증하게 되므로 가수금을 입금해야 하는 상황이 발생하는 경우 반드시 자금의 출처를 입증할 명확한 자료가 준비되어 있어야 한다. 만약, 상속세 조사 시 현금을 누락하여 가수금으로 처리한 것이 발각될 경우 소득세와 부가세, 신고불성실 가산세, 납부불성실가산세 등이 부과될 수 있으니 주의하여야 한다. 또한, 회사의 사정이 어려워 가수금을 변제받지 못할 것이 확실히 예상되더라도 상속재산에 포함되므로 가수금의 일부 또는 전부를 현물출자방식으로 자본전환을 하여 가업상속공제에 해당하는지 검토해야 한다.

또한, 대표이사의 가수금은 부채 계정이기 때문에 신용평가나 대출심사에서도 불리하게 적용되는데 이를 상증법상 현재의 시가로 자본전환하여 부채비율을 감소시키는 것도 가능하다.

✦ 세무조사 리스크

가수금은 대표가 개인 돈을 법인 명의의 계좌로 입금할 때만 발생되는 것이 아니라 현금매출 누락 및 가공경비 등이 발생되는 경우에도 충분히 발생할 수 있기 때문에 가수금이 많은 경우 그리고 가수금 명목으로 수시로 자금을 인출 하는 경우 세무조사 대상으로 선정되기도 하고 정기세무조사에서 적발되기도 한다.

만약 세무조사 시 현금을 누락하여 가수금으로 처리한 것이 발각될 경우 소득세와 부가세, 신고불성실 가산세, 납부불성실가산세 등이 부과되고 추가적으로 법인세도 발생될 수 있으니 가급적이면 안 하는 것이 좋다.

특히, 가수금은 법인이 대표에게 갚아야 할 부채이기 때문에 실제 법인의 부채비율과 당좌비율, 유동비율 등 각종 재무비율 산정 시 부정적인 영향을 끼치게 된다. 이는 대외신용도 하락, 정부정책자금 선정 탈락, 공공사업 입찰 등에서 불리하게 적용될 수 있으므로 가급적이면 매년 법인의 결산 전에 해결하는 것이 법인의 신용등급개선에 유리하다.

더 이상은 가수금을 안 받아가는 것이 대표의 미덕이 아닌 회사에 대외경쟁력 악화와 세무 리스크 등의 불이익이 생기는 것으로 인식하고 최대한 빠른 시일 내에 해결하는 플랜을 수립하여야 한다.

06. 퇴직금을 포기해도 상속세 문제가 발생한다

✦ 회사에 돈도 없는데 퇴직금을 받아서 뭐해?

법인의 상속·증여 상담을 하다 보면 흔하게 나오는 퇴직금 관련 내용 중 하나이다.

대표이사나 임원의 경우 회사의 업무집행권을 가지고 회사로부터 일정한 사무 처리의 위임을 받고 있는 직급이므로 급여에 퇴직금이 포함되어 있는 것으로 보아, 일반 직원들과는 달리 근로기준법에 의한 퇴직금지급 규정을 적용하지 않는다.

대신, 정관상 별도의 퇴직금 규정을 만들어 놓거나, 주주총회 결의를 통해 지급하고 있다. 만약 별도의 정관 규정이나 주주총회의 결의가 없다면 퇴직금 적립액을 산정하여 법인 경비로 처리하였다 하더라도 퇴직금을 청구할 권리도 발생되지 않는다.

간혹 회사의 사정이나 세금 문제로 퇴직금을 받지 않겠다는 법인 대표들을 만나면 상속·증여세법이 얼마나 비정한지 그리고 국세청이 얼마나 놀부 심보인지 설명해주곤 한다.

일단 퇴직금을 포기하는 경우, 법인은 당해연도 채무면제이익으로 회계처리하고 이에 따른 법인세를 납부해야 한다.

퇴직금 포기 시점으로부터 5년이 경과하지 않은 상황에서 상속이 개시되는 경우 회사가 대표로부터 퇴직금을 사전증여 받은 것으로 보아 상속재산에 재합산되어 상속인들에게 억울한 상속세와 상황에 따라 가산세까지 부과될 수 있음을 주의하여야 한다.

실제 대표이사의 사망으로 발생하는 미지급퇴직금과 미지급임금, 그리고 가수금은 상속재산에 포함되며 피상속인이 상속인에게 10년 이내에 사전증여한 재산도 상속재산에 합산되어 계산된다.

그러므로 퇴직금을 포기할 계획이 있다면 대표이사의 사망으로 인한 상속 개시 전에 정관변경을 통하여 퇴직금의 지급배수를 조절해 놓거나 사내복지기금을 설립하여 퇴직금을 재원으로 출연하는 방법등을 활용하는 것이 바람직하다.

✦ 상속재산에 포함되지 않는 퇴직금도 존재한다

퇴직금이라 하더라도 예외적으로 상속재산에 합산되지 않는 경우도 있으니 세심하게 확인해볼 필요가 있다.

① 국민연금법에 따라 지급되는 유족연금 및 사망으로 지급되는 반환 일시금
② 산업재해보상보험법에 따라 지급되는 유족보상연금 및 유족연금 일시금, 유족 일시금
③ 가수금이나 퇴직금은 당연히 상속재산에 포함되나, 상속개시일 현재 회수 불가능한 것으로 인정되는 경우에는 불산입

이처럼 상속재산은 금전적으로 가치를 가지고 있는 모든 물건뿐만 아니라 재산적 가치가 있는 법률상 또는 사실상의 모든 권리를 포함하지만 그 재산과 권리에 따라 상이하게 적용되는 것을 알 수 있다.

그러므로 상속과 증여를 단순하게만 생각할 것이 아니라 종합적으로 판단하여 무엇이 유리한 결정인지 사전에 전문가와 상의하는 것이 바람직하다.

07. 사위와 며느리의 법인에 상속하면 상속세가 면제된다

상속인이 아닌 사위와 며느리의 법인에 상속하라니, 이게 대체 무슨 말일까?

상속은 1순위로 피상속인의 직계비속* 배우자, 2순위로 피상속인의 직계존속* 배우자, 3순위로 형제자매, 4순위로 피상속인의 4촌 이내 방계혈족의 순서로 상속받게 된다. 상속인은 반드시 사람이어야 하며, 법인의 경우 유증만 받을 수 있다.

이처럼 법인 자체는 상속인이 될 수 없고, 사위나 며느리도 민법상의 상속인이 아니다.

그러나 특별연고자에 의한 분여 및 유증 등에 의하여 피상속인의 재산을 취득할 수 있는 방법이 존재하고 이로 인해 거액의 상속세까지 면제 받을 수 있다면 아무리 사위와 며느리에게 주기 싫더라도 한 번쯤은 고민해 볼 필요가 있다.

유증을 통한 상속인이 특별연고자나 수유자가 영리법인인 경우 당해 자산수증이익으로 처리되어 법인세가 발생하게 된다.

그러나 영리법인에게는 상속세가 부과되지 않기 때문에 개인의 상속세율 10%~50%보다는 10%~20%의 법인세를 내는 것이 상속세 부담 측면에서는 훨씬 유리하다.

이는 이중과세 방지를 위해 영리법인에 대한 상속세를 면제해주는 세법 적용 때문이다. 이때 해당 법인에 이월결손금이 있다면 그만큼 법인세도 절세가 가능하다.

다만, 2014년 1월 1일 이후 상속개시분부터 그 영리법인의 주주 또는 출자자 중 상속인과 그 직계비속이 있는 경우에는 법인세 과세 이외에 지분 상당액의 상속세를 그 상속인 및 직계비속이 납부하여야 한다. 그러므로 만약 영리법인의 주주구성이 배우자 및 자녀인 상속인들로 구성되어 있는 경우라면 상속이 개시되기 전 직계비속이 아닌 사위나 **며느리의 출자를 통한 지분 비중을 높이는 것이 선행되어야 한다.**

실무적으로 영리법인에 유증으로 현금자산을 상속하는 경우는 거의 없는데 그 이유는 사내근로복지기금 출연이나 공공 신탁 등 폭넓은 개념으로 활용할 수 있는 여러 방법이 많이 존재하기 때문이다.

그러나 부동산자산을 법인으로 유증하고자 할 때는 이야기가 달라진다.

임대소득이 발생하는 부동산이 많은 자산가의 경우 임대부동산 법인의 주주구성을 미리 정할 때 상속인이 아닌 며느리나 사위의 비중을 최대한 높이고, 유증을 통해 부동산을 상속토록 하면 상속세도 절감되고, 급여나 배당으로 안정적인 월 소득을 만들어 줄 수 있다.

다만, 신뢰하지 못하거나 여러 가지 이유 등으로 사위나 며느리의 지분을 만들거나 비중을 늘리는 것이 불편한 경우에는 신탁과 결합한 유언대용신탁을 활용하는 것이 좋다.

만약, 유증이 아닌 사전증여로 자녀의 부동산 임대 법인을 만들면 부모에게 양도세가 발생되고, 부모의 지분이 있는 영리법인에 증여하는 경우 내 재산이라 하더라도 증여세가 지분에 상당하는 만큼 증여자 본인에게도 부과될 수 있으니 전문가와 상의하여 결정하는 것이 바람직하다.

08. 상속세 재원확보, 법인보험을 활용하라

> 대한민국은 기업 오너가 상속하는 것보다 사모펀드에 회사를 내놓는 것이 더 이득인 나라다.
>
> -맥킨지(한국 사모펀드 시장분석 보고서2019)-

오죽하면 상속세 때문에 기업경영의 영속성을 잃는다는 말이 나올까? 그나마 일반자산가에 비해 법인은 상속세를 절감할 수 있는 별도의 방법이 존재한다. 바로 법인을 계약자와 수익자로 지정하고 피보험자를 대표나 임원으로 하는 법인보험에 가입하는 것이다.

기업보험계약은 절세상품이 아니라 기업의 대표이사의 갑작스러운 유고 시 기업이 가지게 되는 재무적 리스크의 총량을 보존하는 계약이다.

실제 인천에서 화학회사를 운영하는 A사 51세 김○○ 대표는 3년 전 선대회장이었던 부친의 갑작스러운 유고로 회사를 물려받게 되었다. 대부분 회사가 그렇듯 미리 준비되어 있지 않은 상속이 개시되면서 약 150억 원의 상속세를 납부하라는 고지서를 받게 되었다.

이에 상속인들은 상속세를 납부하기 위해 핵심 계열사 2곳을 사모펀드에 헐값에 넘기고 부족한 부분은 연부연납으로 5년에 걸쳐 상환하고 있다.

물론 A사의 선대 회장님과 당시 후계자였던 대표이사가 가업 승계와 상속세 재원을 마련하기 위한 고민을 안 했던 것은 아니다.

5년 전 가업 승계를 고민할 당시 회계법인의 보고에 따르면 당시 회사 주식의 가치는 약 300억 원대로 평가되고 있었다고 한다. 만약 대책을 준비하지 않은 상태에서 상속이 개시된다면 당장 상속세가 100억 이상이 필요하다는 보고를 받았지만, 선대회장이었던 부친의 반려로 이 제안은 폐기되었다. 지금 당장 상속이 개시될 것이라 생각하지도 않았음은 물론이고 비상장주식인 A사의 주식가치가 너무 고평가되었다는 생각에 향후 주식가치가 하락할 때 가업 승계를 진행하겠다는 이유였다.

그러나 상속은 예정되지 않은 순간에 찾아왔고 상속인들은 몇 년이 지난 지금도 수입의 대부분은 상속세 분할납부에 사용하느라 힘든 나날을 보내고 있다.

기업의 영속성이 보장되기 위해서는 갑작스러운 상속이 개시될 경우 상속세 납부재원이 확보되어 있는지가 가장 시급한 문제라 판단한 김○○ 대표는 법인자금을 활용하여 상속세 재원을 일부라도 확보할 수 있는지 문의하였다.

이에 법인의 정관을 개정하여 임직원의 갑작스러운 사망에 대하여 유족보상금을 지급할 수 있는 임원유족보상금지급규정을 신설하였고 동시에 법인의 잉여금을 활용하여 상속세 재원을 확보하기 위한 40억 원의 사망보험금이 지급되는 법인보험계약을 체결하였다.

이 플랜은 김○○ 대표의 유고 시 법인으로 지급되는 보험금으로 유족보상금을 지급하도록 하고 남은 잉여보험금은 유족들이 상속받은 지분을 상속개시 당시의 시가로 이익소각을 하여 부족한 상속세의 재원으로 사용하도록 하는 것이 주목적이다.

만약 선대 회장님의 유고가 발생되기 전 미리 사전증여를 하거나 법인보험을 통해 상속세 납부 재원을 일부라도 만들어 두었다면 알짜 계열사를 사모펀드에 매각하거나 소득의 대부분을 상속세 연부연납으로 상실하는 것을 어느 정도는 막아낼 수 있지 않았을까 하는 아쉬움이 남았던 김○○ 대표는 본인만의 특화된 상속·증여계획을 수립하는 컨설팅을 시작하였고 배우자와 자녀로의 사전증여를 활용한 상속재산의 분배를 진행하게 되었다.

이렇듯 준비되지 않은 상속이 법인에 미치는 영향은 가히 회사 하나를 송두리째 망가뜨릴 수도 있는 대한민국의 상속·증여세법의 민낯을 그대로 보여준다.

세계 1위 손톱깎이 회사를 한순간에 망가뜨린 상속·증여세법에 묻고 싶다.

과연 이것이 진정한 부의 재분배가 맞는 것인가?

아니면 부의 강탈인 것인가?

유난히 맥킨지의 한국 사모펀드 시장분석 보고서가 씁쓸하게만 느껴진다.

Part 5

믿기지 않는 실제 생활 속
상속·증여 이야기

01. 배우자에게 준 생활비도 증여세가 발생한다?

최근 몇 년간 아파트를 부부공동 명의로 하는 것이 추후 양도세나 상속세 등 측면에서 유리하다는 신문 기사를 본 적이 있을 것이다.

실제로도 세금을 줄이기 위해 부부 공동명의로 아파트를 취득하거나 배우자 증여를 통해 지분을 나누는 경우가 많이 늘어났다.

그러나 이런 방법이 어떤 문제를 야기할지는 대부분 예상하지 못했을 것이다. 실제로 필자는 생활비에 대한 증여세 문제를 줄곧 제기해 왔지만, 대부분은 말도 안 되는 억측이라는 반응이었다.

✦ 무슨 생활비에 증여세를 부과하나요?

최근 실제로 국세청으로부터 억대의 증여세를 납부하라는 통보를 받게 되었다는 기사가 연일 쏟아져 나오면서 필자의 말은 현실이 되어버렸다.

대부분은 부부가 배우자 증여공제 한도인 6억 원 만큼 증여를 했는데도 불구하고 세금이 나온 상황을 이해할 수 없었을 것이다. 일반적인 정서상 당연히 이해하기 힘들겠지만, 국세청은 세법상의 논리를 적용할 뿐이다.

보다 쉽게 이해할 수 있도록 실제 사례를 다음과 같이 예를 들어 설명하겠다.

A 부부는 앞에서 언급했던 절세목적으로 아파트를 구입하면서 전업주부인 배우자 B에게도 배우자 공제 한도인 6억 원에 해당하는 아파트 지분만큼을 공동명의로 취득하였다. 지인에게 추천받은 세무전문가로부터 절세측면에서 유리하다는 상담도 받았던 터라 아무런 의심 없이 진행하였고 각각의 취·등록세까지 납부완료하였다.

그로부터 1년여의 시간이 지난 이후 A 부부는 국세청으로부터 증여세 부과 통지서를 받고 깜짝 놀랐다.

◆ 배우자 공제만큼 증여세가 없다고 들었는데, 왜 증여세가 나오나요?

국세청의 입장은 아파트 공동명의를 진행하며 증여받은 취득자금 6억 원뿐만 아니라 전업주부인 배우자가 남편에게 받은 생활비를 10년 동안 아껴서 모은 돈 4억 원까지 합해서 총 10억 원을 증여받았다는 것이었다. 그러므로 배우자 6억 원을 초과한 4억에 대해 증여세와 가산세를 부과한 것이다.

A 부부는 그동안 생활비를 아껴서 모은 돈이었는데 증여세가 부과된다는 국세청의 통보에 망연자실하며 수많은 세무전문가에게 도움을 요청했지만 결국 증여세를 납부하게 되었다.

왜 이런 문제가 발생했을까?

일반적으로 전업주부가 매달 받는 생활비에 대한 증여세를 부과받는 경우는 흔한 사례가 아니다. 그러나 배우자 간 증여에 대해 10년간 6억까지는 면세점이므로 그동안은 세금이 없었지만 공동으로 아파트를 취득하면서 공제 한도 6억 원을 사용하게 된 시점으로부터 10년간의 누적 저축액을 증여로 판단하게 된 것이다.

만약 A 부부도 아파트 공동명의를 위한 증여를 하지 않았다거나 소액의 아파트를 취득했다면 생활비를 아껴 투자한 금액이 6억이 넘지 않기 때문에 증여세가 과세되지 않았을 것이다. 또한 배우자 B가 소득이 있었다면 결과는 달라졌을 것이다.

실제 우리나라 상속세 및 증여세법에서는 비과세되는 증여재산 항목을 열거하고 있으며 사회 통념상 인정되는 피부양자의 생활비나 교육비 등에 대해서는 증여세를 과세하지 않는다. 그러나 문제는 과연 어느 수준까지가 생활비라고 인정될 수 있냐는 것이다.

가정마다 경제 수준과 소비수준이 다르기 때문에 특정 금액을 기준으로 하여 생활비인지 증여인지 여부를 판단하기는 어렵다. 그렇다고 해서 생활비 명목으로 돈을 준 것으로만 보아 증여세를 과세하지 않는다면 생활비로 위장한 고액의 증여에 대해서도 과세할 수 없게 된다.

이런 현실적인 과세 문제 때문에 국세청은 생활비에 대해 증여세가 과세되지 않으려면 사회 통념상 사용 목적에 맞게 지출되어야 한다고 명시하고 있다.

실제, 소득이 없는 자녀에게 생활비나 교육비를 지원해주면 증여로 보지 않지만 그 생활비를 아껴서 자녀 명의로 저축을 하면 증여세가 부과된다.

그러므로 A 부부의 경우 생활비 명목으로 받은 돈이 전부 생활비 목적으로 쓰이지 않고, 남은 돈을 배우자 B의 명의로 저축하고 투자를 했기 때문에 증여로 보고 증여세가 부과된 것이다.

일반적으로 생각하기엔 참 황당하고 어이없다는 생각이 들 수는 있겠지만 반드시 알고 있어야 할 부분이다. 이렇듯 세금은 일반인에게는 복잡하고 어려운 문제다.

==증여배제라는 것은 잠시 유보한다는 뜻이지 증여세를 부과하지 않겠다는 뜻이 아니라는 점을 분명히 알아야 한다.==

이처럼 관련 세법을 잘 알아보지 않고서 무작정 증여를 한다면 추후 경제적인 손실을 입게 될 수도 있다. 따라서 증여를 실행하기 전에 꼭 전문가와 상담을 통해 사전에 발생할 수도 있는 리스크를 파악하고 나에게 맞는 계획을 세워야 한다.

02. 자녀가 없는 부부, 고인의 부모님과 공동상속인이다

◆ 저희는 상속해줄 자녀가 없기 때문에 상속이나 증여는 관심 없어요

정상적인 부부생활을 영위하면서 건강상의 이유로 또는 건강하더라도 의도적으로 자녀를 두지 않는 맞벌이 부부가 늘어나면서 저출산이 사회적 문제가 된 지 오래다. 이런 부부의 경우 대부분 상속이나 증여는 본인들과 전혀 상관없는 이야기로 치부하는 경향이 강하다.

실제 상속이나 증여에 대해 얘기하면 대부분의 반응은 한결같다.

> "다 쓰고 갈 거예요."

세금 때문에 다 쓰고 가겠다는 어느 어르신의 말씀을 젊은 부부들에게도 듣고 나면 맥이 풀린다. 어이가 없어서가 아니라 오늘도 이 얘기를 듣는구나 싶어서 말이다.

그러나 자녀가 없는 경우 더욱 철저하게 계획하고 준비해야 하는 이유가 있지 않을까?

자녀의 존재 유무는 상속세 및 증여세법에서도 엄청난 파급력을 미치기 때문에 만약 자녀가 없는 부부라면 반드시 상속을 대비해야 한다. 법정상속인은 가족의 관계에 따라 순위가 정해지는데 배우자와 자녀의 경우 공동 1순위 상속인이므로 각자의 지분에 따라 상속재산분배 후 신고 및 납세 완료까지 마치면 사실상 종료된다고 볼 수 있다.

그러나 만약 자녀가 없는 부부 중 한 명이 먼저 사망하면 이야기가 복잡해진다.

✦ 당연히 배우자가 단독상속 받는 거 아니에요?

당연히 답은 "아니오!"이다.

민법에서 정하는 법정상속 순위에 대해 반드시 이해하고 넘어가야 할 필요가 있다.

그 이유는 민법상 직계비속인 자녀가 없을 경우 배우자 단독상속이 아닌 직계존속이 공동상속인이 되기 때문이다.

상속순위	관계	상속인 해당 및 상속재산 분배율
1순위	직계비속, 배우자	배우자 1.5, 자녀당 1
2순위	직계존속, 배우자	자녀가 없는 경우 배우자 1.5, 고인의 부 1, 모 1
3순위	배우자	직계존비속이 없는 경우 배우자가 단독상속
4순위	형제자매	1, 2, 3순위가 없는 경우 상속인이 된다.
5순위	4촌 이내 방계혈족	1, 2, 3, 4순위가 없는 경우 상속인이 된다.

✦ 남편이 사망했는데, 시부모님과 상속재산을 분배해야 한다고요?

대부분 자녀가 없는 부부의 경우 상대방의 부모님과 공동상속인이 된다는 걸 아예 모르는 경우가 상당히 많아 실제 분쟁으로 이어지는 경우가 상당히 많다.

지금까지 자녀가 없는 100쌍의 부부를 만났다고 가정하면 거의 99쌍이, 아니 100쌍의 부부가 모르고 있다고 해도 과언이 아닐 정도이니 이렇게 중요한 내용이 알려지지 않은 이유가 궁금할 정도이다.

만약, 남편 또는 아내의 상속이 개시가 되면 피상속인의 명의로 된 재산 중 법정지분만큼을 고인의 부모님에게 상속해야 한다. 그러나 평소 상대방 부모님과 사이가 안 좋았다거나 경제적 곤란을 겪고 계시는 상황에서 상속이 개시되면 어떻게 될까? 생각만 해도 가슴 한 켠이 답답해져 온다.

만약, 남편이 먼저 사망을 하는 경우 상속재산이 부부가 함께 살고 있는 아파트 한 채가 전부라고 가정하자. 상속금액과 상관없이 이 아파트는 법정상속 지분만큼 시부모님과 공동 상속받게 된다.

만약 시부모님이 두 분 다 돌아가신 이후라면 배우자가 100% 상속받게 되지만 두 분 다 생존해 계시는 경우 각각 법정상속 지분만큼의 상속재산을 받게 된다. 부부가 아끼고 모아서 어렵게 마련한 집에 시부모님의 명의가 들어오게 되는 것이다.

그것이 싫다면 시부모님의 상속분만큼 현금이나 기타 재산으로 보상해주어야 한다.

과연, 그것이 가능할까?

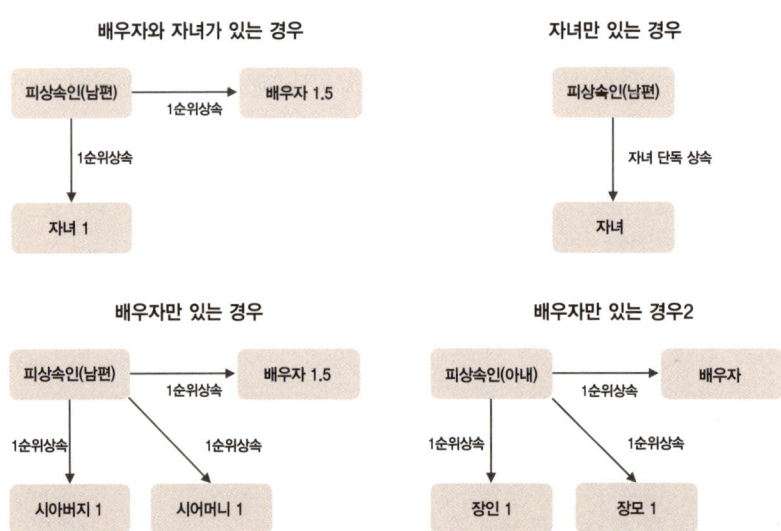

실제 평생을 연락을 끊고 얼굴도 모르고 살았던 배우자의 부모님이 상속이 개시된 이후 상속재산을 받아간 사례도 있다.

이처럼 대비되지 않은 상속이 개시될 경우 홀로 남은 배우자의 경제적 파탄과 노후문제까지도 발생시킬 수 있는 중대한 문제라는 것을 인식하여야 한다.

이쯤에서 다시 한번 물어보고 싶은 것이 있다.

① 평소 배우자의 부모님과의 관계는 좋은가?
② 평소 배우자의 부모님은 경제적으로 여유로우신가?
③ 배우자의 부모님이 상속을 포기하실 의사가 있는가?
④ 배우자가 없더라도 관계를 유지하며 살아갈 것인가?

이 질문에 쉽게 대답하지 못한다면 반드시 다음과 같이 대비해야 한다. 그렇지 않는다면 내가 사랑하는 사람과 내가 사랑하는 부모님과의 비극적 싸움이 시작될지도 모른다. 무덤 속에서는 말릴 수도 없다.

✦ 자녀가 없는 부부일수록 유언장은 반드시 작성하자

앞서 언급했던 것처럼 상속인이 상속재산을 포기하지 않는 한 주지 않을 방법은 없다. 그러나 자식 된 도리로 홀로 남겨질 부모님의 노후를 위해 드리고 싶은 마음이 있을 수 있다. 그렇다면 유언장에 배우자와 나의 부모님이 상속받는 재산을 정확히 구분하여 명시하는 것이 더 현명한 방법이 될 것이다.

반대로 유언을 활용하여 유류분만큼 고인의 부모님에게 상속해주는 재산을 줄이고 남은 배우자에게 재산을 더 많이 남겨줄 수 있다. 유류분은 법정상속분에서 최소한 상속 받을 권리를 보장해주는 제도로 유언이 있다면 부모의 경우 법정상속분의 1/3만큼만 분할하면 된다.

어차피 부모님이 돌아가시고 나면 배우자가 100% 단독 상속인이 되기 때문에 미리 구분되어있다 하더라도 문제되지 않는다.

그러므로 지혜로운 솔로몬의 판결처럼 반드시 유언장을 작성하여 나의 배우자가 나의 부모님과 재산분쟁을 하는 것만큼은 반드시 막아야 할 것이다.

03. 내 자녀의 사망 이후
연락 끊긴 며느리와 사위도 상속인이다

◆ **내 자녀가 사망한 이후 연락도 끊겼는데 상속까지 해줘야 한다고요?**

바로 앞 내용에서 자녀가 없는 부부의 상속인에 대해 다루어 보았다. 자녀가 없는 부부의 경우 부모님이 공동상속인이 된다고 했지만 반대로 남겨진 며느리와 사위에게도 적용되는 민법규정이 있다. 바로 대습상속인이다.

대습상속인이란 1순위 상속인이 피상속인의 상속개시 전에 사망하거나 결격자가 된 경우에 사망하거나 결격된 사람의 순위에 갈음하여 그 사람의 1순위 상속인이 되는 '피대습인의 직계비속 또는 배우자'를 말한다. 민법제1001조

그러므로 자녀가 먼저 사망하는 경우 원래부터 자녀가 상속받을 권리가 그 배우자와 자녀에게 대습상속이 되는 것이다.

쉽게 말해 자녀가 없는 부부가 상대방의 부모님에게 배우자의 재산을 상속해주어야 하는 것과는 반대로 대습상속인이 된 며느리와 사위에게 언젠가 반드시 상속해줘야 한다는 뜻이다.

이처럼 법이라는 게 알면 알수록 어렵기도 하지만 재미있기도 하다.

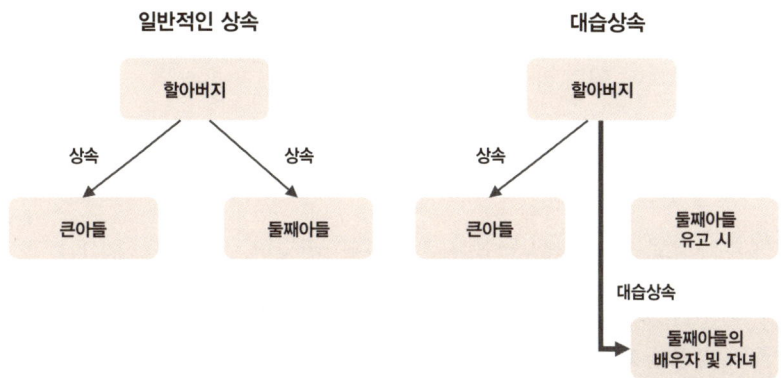

실제로 이러한 법규정이 존재하는지도 모르는 부모님들이 많다. 자녀의 사망 이후 며느리나 사위는 남이라 생각하고 연락이 단절된 상태로 지내다가 상속이 개시된 이후 남은 상속인들은 상당히 난감하고 불편한 상황을 맞이하곤 한다.

결국, 상속재산분할분쟁으로 이어지기도 하는 등 문제의 소지가 큰 대습상속의 경우 어떻게 대비하여야 할까?

◆ 재산분할에 대한 유언장 작성은 필수

자녀의 사망 이후 연락이 끊기고 왕래도 없던 상황에서 남은 자녀들과 똑같이 재산을 상속을 해줘야 한다면 정말 분하고 억울하게 느껴질 것이다.

그나마 손주가 있다면 위안이나마 되겠지만 손주조차 없는 며느리나 사위에게 상속된다는 것을 용납할 부모가 세상 어디에 있을까?

그러나 민법에서는 상속해줘야 한다고 규정되어 있는 만큼 유언장을 작성하여 사전에 상속될 재산의 유류분만큼으로 제한하는 것이 바람직하다.

만약 유언이 없는 상황에서 상속이 개시가 되면 공동상속인들 간의 협의로 분할해야 되기 때문이다.

상속재산의 분할은 원칙적으로 공동상속인의 전원 참여와 전원 동의로 결정되는 만큼 연락이 끊긴 며느리나 사위가 상속인의 지위를 유지하고 있다면 향후 법정 다툼으로 이어질 수 있다.

그러므로 유언장 작성을 차일피일 미루지 말고 확실하게 남겨두어 만약의 상황을 대비하여야 한다.

◆ 며느리와 사위가 재혼하는 경우에는 대습상속권이 사라진다

재혼한 며느리와 사위에게 나의 재산을 상속해야 한다면 이처럼 억울한 일이 어디 있을까?

우리나라 민법 제1003조 제2항에 따르면 "제1001조의 경우에 상속개시 전에 사망 또는 결격된 자의 배우자는 동조의 규정에 의한 상속인과 동 순위로 공동상속인이 되고 그 상속인이 없는 경우 단독상속인이 된다."라고 규정하고 있다.

그러나 민법 제7775조 제1항에는 "인척 관계는 혼인의 취소 또는 이혼으로 종료한다."라고 명시되어 있고, 제2항에는 "부부의 일방이 사망한 경우 생존 배우자가 재혼한 경우에도 제1항과 같다"라고 규정하는 만큼 며느리와 사위의 재혼 시에는 대습상속인으로서의 권리가 사라지게 된다.

이러한 규정 때문에 대자산가인 부모님은 재혼을 권유하고 며느리나 사위는 평생 모시며 혼자 살아가겠다고 하는 말이 필자에게는 전혀 빈 말처럼 들리지 않는다.

단, 며느리나 사위가 재혼한다고 하더라도 손주는 인척 관계가 소멸되는 것이 아니므로 대습상속인으로서 지위가 유지된다.

04. 존재 자체를 모르고 있던 또 다른 상속인, 혼외자

최근 77세의 유명 배우와 39세 연하 여성 사이의 혼외자식 논란이 불거지면서 혼외자 상속에 대한 관심이 쏠리고 있다.

드라마나 영화를 보면 출생의 비밀을 모르고 살아가던 비련의 주인공이 결국에는 자신의 비밀을 알게 되고 가졌어야 할 권리를 찾아가는 과정을 보면서 주인공의 해피엔딩을 응원했었던 기억이 누구나 한 번쯤은 있었을 것이다. 그 주인공을 지독하게도 괴롭히던 사람들은 대부분 제3자가 아닌 이복형제들이었다.

그러나 필자는 그 악역들의 마음이 이해가 간다. 어느 날 갑자기 존재 자체를 모르던 형제가 내 앞에 나타난다면 어느 누가 환영한다고 악수를 청할 수 있을까? 어쩌면 악역이 아닌 피해자들의 분노와 화풀이였을지도 모른다.

실제 자산가들의 자녀들 사이에서는 부모님의 장례식장에서 모르는 사람이 너무나도 애절하고 슬프게 흐느끼고 있다면 설마 하는 마음에 등골이 오싹해진다는 웃지 못할 이야기가 전해지기도 한다.

그렇다면 혼외자의 경우 상속에 대한 권리는 어떻게 될까?

현행법상 상속재산은 원칙적으로 혼인 중 출생자와 혼외자 차별 없이 균등하게 분배하도록 정하고 있다.

이외에도 민법상 태아, 양자, 성은 다르지만, 어머니가 동일한 형제,

이혼 중인 배우자, 혼외자, 양부모, 양자를 보낸 친부모, 외국 국적의 상속인도 상속인이다.북한에 있는 상속인도 상속인이 될 수 있다.

사실혼 배우자는 상속권이 없지만 혼외자는 '직계비속'인 만큼 정당하게 상속재산을 주지 않으려는 경우 혼외자 역시 유류분청구를 할 수 있다. 다만 상속은 가족관계등록부를 기준으로 이루어지기 때문에 혼외자의 경우 생부 또는 생모의 자녀로 인정받는 별도의 절차를 거쳐야 한다. 이를 법에서는 '인지'라고 칭하는데 태아에 대해서도 할 수 있으며 이는 유언으로도 가능하다.

만약 유언으로 태아에 대해 재산분할이 명시되어 있는 경우에는 별도의 절차 없이 재산을 상속받을 수 있다.

✦ 가족관계등록부상 기재되어 있는 경우

거의 없을 것 같지만 실제 상속이 개시되어 가족관계등록부 전체를 발급받아보는 경우 모르는 이름이 올라와 있는 경우도 실제 있다. 여러 가지 사정상 조카를 등록해놓는다거나 가족들 몰래 혼외자를 등록하는 경우가 종종 발견되기도 한다.

이 경우에는 다른 상속인들과 동등한 상속권이 부여된다.

✦ 가족관계등록상 기재가 되지 않은 경우

대부분의 혼외자는 부모님이 살아계시는 경우 알려지기보다는 상속이 개시된 이후에 존재의 여부가 공개되는 만큼 생전에 친부가 인지하지 않았거나 미혼모인 친모가 본인 앞으로 출생신고를 했기 때문에 법률상 상속인이 아닌 경우가 발생한다.

이럴 때는 강제인지의 방법을 사용하는데, 법원에 인지청구의 소를 제기하여 유전자 검사 등을 실시하여 강제로 친부 또는 친모와의 법률상 친자관계를 만들게 하는 것이다. 하지만 친부모의 사망 이후 인지가 되었다 하더라도 상당히 복잡한 과정을 거쳐야 하는데 대표적으로 유류분반환청구와 상속회복청구를 진행해야 비로소 상속재산을 받을 수 있다.

다만 인지청구의 소도 소멸시효가 존재하는데 친부 또는 친모가 살아 있다면 기간에 제한은 없으나 이미 사망을 한 경우라면 그 사실을 알게 된 날로부터 2년 안에 진행해야 한다.

만약, 혼외자가 먼저 사망한 경우라면 그 혼외자의 직계비속이 고인이 된 당사자 대신 신청할 수도 있다.

♦ 가족들 몰래 혼외자에게 재산을 물려주는 편법

실제 자산관리업계에는 가족들이 모르게 혼외자 또는 사실혼 배우자에게 재산을 이전해 줄 방법을 문의하는 경우가 많다. 이런 경우 전반적인 자산 승계 계획도 전담해서 컨설팅 해주고 있는데 대표적인 방법으로는 보험을 활용하여 우회 상속을 해주는 것이다.

실제로 보험은 수령인을 지정할 경우 상속세는 발생하지만, 사망보험금은 수익자 고유의 재산으로 보기 때문에 유류분에는 합산되지 않아 암암리에 상속방식으로 이용하는 것이다.

가입내용 또한 당사자들이 아닌 제3자가 사실상 알 방법도 없기 때문에 법적으로 문제가 없다면 이런 구조의 컨설팅에 주목하는 것은 혼외자나 사실혼 배우자를 숨기고 싶어 하는 현실에서 어쩌면 당연한 일인지도 모르겠다.

그러나 대부분의 혼외자 경우 혼자 해결해야 할 법적 문제가 상당하고, 친자로 인정받기까지의 과정이 매우 험난하다.

그러므로 임의인지든 강제인지든 친자확인을 통해 상속재산을 받기 위해서는 반드시 법률전문가에게 도움을 요청하여 해결하는 것이 현명한 방안이다.

05. 재혼한 경우 배우자의 전혼 자녀에게도 상속이 될까?

요즘 우리 주변에서 재혼가정을 보는 것은 그리 어려운 일이 아니다. 과거와는 달리 이혼 또는 사별에 대한 사회적 인식이 많이 달라졌고 재혼 자체가 이제는 더 이상 흠이 아닌 또 다른 새 출발을 의미하기 때문이다. 이렇듯 재혼가정이 점차 늘어남에 따라 재혼가정의 상속에 대한 문의도 늘어나는 추세다.

재혼가정의 상속 문제는 이해관계가 상당히 얽힌 복잡한 주제인데 주로 재혼한 배우자의 자녀에게 내 재산을 상속해주느냐 마느냐 하는 것을 고민한다.

원칙적으로 부모가 사망하게 되면 자녀는 사망한 부모의 직계비속이기 때문에 상속인이 된다. 그러나 재혼을 하더라도 배우자의 자녀를 입양하지 않는 경우에는 친자관계가 성립되지 않으므로 상속인이 될 수 없다. 다만 재혼한 배우자의 경우 혼인신고를 하면 정식으로 배우자가 됨에 따라 배우자 법정지분만큼의 상속이 가능하다.

◆ 상속을 해주고 싶다면 입양을 고려하라

만약 재혼하고 전혼 자녀를 친양자나 일반양자로 입양한다면 재혼 부부와 전혼 자녀 사이에 친자관계가 성립되므로 상속이 가능하게 된다.

다만, 친양자와 달리 일반입양은 원래의 친자관계가 그대로 유지되어 전 배우자의 상속인의 지위도 함께 갖게 된다. 전 배우자의 채무 또한 상속될 수 있으니 주의하여야 한다. 결론적으로 전혼 자녀에게도 상속을 해주고 싶다면 입양을 하고 만약 상속을 해주기 싫으면 입양을 하지 않으면 된다.

이러한 고민이 단순하게 결정할 사항이라면 얼마나 좋을까? 재혼한 배우자의 눈치도 보이고 내 친자식의 미래도 걱정되다 보니 이러한 문제가 또 다른 가정 내 불화로 번지는 경우도 종종 발생한다.

또는 장성한 친자녀들이 재혼하려는 부모에게 동거는 하되 혼인신고를 하지 말라는 조건을 달기도 한다.

참으로 난감한 문제가 아닐 수 없다.

그러나 복잡하고 어려운 부분이라 하여 나중에 생각하고자 하면 안 된다. 친자식간의 재산분쟁도 머리 아픈데 전혼자식까지 합세하는것만은 막아야 한다. 결국 친자식과 전혼 자식 간의 상속 분쟁으로 인해 가족의 해체까지 갈 수 있는 만큼 전문가와 상담 후 적절한 대처를 하는 것이 좋다.

06. 사실혼 관계자도 상속받을 수 있을까?

민법상 배우자는 혼인신고를 한 법률상의 배우자를 말한다.

사실혼 관계는 필요에 의해서 이루어지는 경우가 많은데 생각보다 우리 주변에서 흔하게 발생한다.

사회가 변하고 혼인에 대한 인식이 달라지면서 신혼부부가 결혼과 동시에 혼인신고를 하지 않고 몇 개월 또는 몇 년이 지난 시점에 신고한다든지, 재혼가정의 경우 친자녀의 반대나 여러 가지 원인으로 인해 사실혼의 관계로 부부관계를 맺는 사례가 늘어나고 있다.

그렇다면 이러한 사실혼 관계에서 갑자기 배우자가 사망하는 경우 상속이 가능할까? 답은 "아니오."이다.

사실혼 관계는 법적상속인이 아니기 때문에 상속을 받을 수 없다.

혼인신고를 하지 않은 이유야 어쨌든 실제로 결혼 후 갑작스러운 남편의 사망으로 인해 상속을 받지 못하고 살던 집에서 쫓겨난 젊은 아내의 사례, 30년 넘게 배우자의 병수발과 생활을 책임져 왔음에도 불구하고 법률적 배우자가 아니라는 이유만으로 보호받지 못하는 일들이 우리 주변에 정말 많이 있다.

그런 경우 차라리 사실혼 관계의 배우자가 아프다면 간병하지 말고 가정법원에 사실혼이 파탄되었으니 재산분할을 청구하라고 조언하기도 한다. 법률혼과 달리 사실혼은 일방적으로 혼인의 종료를 선언할 수도 있고 재산분할청구권도 인정해주고 있기 때문이다.

아픈 사람을 끝까지 간병한 사실혼 배우자에게는 상속권이 없으니, 차라리 소송을 통해 살아있을 때 재산분할청구 소송을 하라고 알려줘야 하는 말도 안 되는 일이 벌어지고 있는 것이다. 그러나 법이 그렇다. 대법원조차 이러한 결정이 위법이 아니라고 하니 어쩔 수 없지 않은가.헌법재판소 2014.8.28. 자 2013헌바 119 결정

그러나 사실혼 부부라 하더라도 상속인이 아니지만, 증여나 유증과 같은 방법을 통해 상속과 비슷한 효과를 만들어 내거나 근로기준법, 공무원연금법, 군인연금법, 국민연금법, 국세기본법상의 배우자 범위에는 사실혼 배우자를 포함하고 있는 여러 가지 제도를 활용해 보호받을 수 있다. 다만 전액이 아닌 일부의 지분만 지급이 가능하다는 것은 유의하여야 한다. 이외에 동일한 거주지에서 함께 살아왔다면 주택임차권을 인정받을 수 있다.

그러나 사실혼 관계라는 것 자체를 법원으로부터 인정받아야 가능한 사항들이기 때문에 혼자 고민하지 말고 법률전문가의 조언을 구하는 것이 바람직하다.

07. 1인 가구도 상속 · 증여를 준비해야 할까?

> '2021년 통계청 KOSIS(인구총조사)지표'에 따르면 1인 가구 수는 전체 가구 수 2,144만 8,463가구 중 716만 5,788가구로 전체 가구의 33.4%를 차지할 정도로 비중이 높은 것으로 집계되었다.

먼저 1인 가구라 하면 보통 독신자를 먼저 떠올리지만, 항상 그런 것은 아니다. 학업, 취업 등으로 타지에서 생활하거나, 사별, 인간관계의 필요성을 못 느끼는 등 원인은 연령별로 너무나도 다양하기 때문이다.

또한, 사회의 인프라와 복지가 발달함에 따라 충분히 혼자서도 생활이 가능한 환경이 조성된 것도 영향을 미쳤다. 이처럼 과거와는 달리 우리 사회의 구조가 변화됨에 따라 1인 가구뿐만 아니라 보다 더 다양한 가구 구성을 우리 주변에서도 흔하게 볼 수 있게 되었다.

이렇듯 1인 가구의 비중이 늘어나는 것과 상속 · 증여는 무슨 상관관계가 있다는 것일까?

◆ 상속·증여를 이해 못 하는 1인 가구의 문제

1인 가구의 경우 자녀가 없는 부부의 경우처럼 상속과 증여자체에 대한 관심이 전혀 없거나 자신은 해당하지 않는다고 생각하는 경향이 강하다. 그렇기 때문에 대부분의 1인 가구의 경우 본인의 노후를 대비하는 연금과 목돈마련에만 치중하는 자산관리 전략에 집중한다. 그러나 1인 가구라 하더라도 엄연히 상속인이 존재하고 있다.

1인 가구의 상속인은 배우자와 자녀가 없기 때문에 부모님이 1순위, 형제자매가 2순위, 조카가 3순위의 상속인이 된다.

물론 개인마다 생각이 다르겠지만 부모나 형제자매, 그리고 조카에게 상속해줄 생각도 해본 적도 없고 해줄 마음이 없을 수도 있다. 그러나 이는 "나 죽고 나면 알아서 하겠지"라는 상속 · 증여에 대한 잘못된 편견과 실제 본인의 노후에 대한 최악의 경우를 계획하지 않았기 때문일 수 있다.

◆ 갑작스러운 치매나 거동이 불편한 경우를 고려하라

1인 가구의 증가로 인해 사회적 문제로 등장한 것이 바로 빈곤과 고독사이다. 이미 노후대비 실패로 인해 빈곤에 빠진 1인 가구의 경우는 오래전부터 우리 공동체 모두가 함께 풀어내야 할 숙제로 자리를 잡은 지 오래고, 고독사 또한 마찬가지다.

그러나 이러한 문제가 정말 돈이 없는 노년에만 발생할 문제일까?

만약 이 글을 읽고 있는 당신이 지금 당장 거동이 불편한 치명적인 질병 또는 재해에 노출되었다고 가정하자. 각종 공과금과 금융재산관리, 그리고 병원치료 등의 제약이 따를 뿐만 아니라 장을 보고 음식을 조리하는 등 가장 기본적인 의식주에 대한 문제가 생길 것이다.

통장에 아무리 많은 재산이 있거나 매달 연금이 지급되고 있다 하더라도 이를 사용하고 관리할 수 있는 능력을 상실한다면 그림의 떡일 뿐이다. 그러므로 1인 가정인 경우 이러한 상황에서 도움을 줄 수 있는 사람을 미리 선정하고 준비해야 한다.

◆ **성년후견개시 결정**

성년후견인은 질병, 장애, 노령 등 그 밖의 사유로 인한 정신적 제약으로 사무처리할 능력이 지속적으로 결여된 성인을 대신해 법정대리인 역할을 하는 사람이나 법인을 뜻한다. 피후견인이 가정법원의 결정으로 선임된 후견인을 통해 일상생활 및 재산관리에 관한 보호와 지원을 받는 제도이다.

단, 성년후견인으로 지정되었다 하더라도 몇몇 법률행위는 가정법원의 허가를 받아야만 대리권을 행사할 수 있도록 규정하고 있다.

① 피후견인의 명의로 금전을 빌리는 행위
② 의무만을 부담하는 행위
③ 부동산의 처분 또는 담보를 제공하는 행위
④ 상속의 포기 및 상속재산 분할에 관한 협의
⑤ 소송행위 및 이를 위한 변호사 선임 행위

등을 하기 위해서는 법원의 허가를 받아야 한다.

이는 성년후견이 개시된 이후에도 피후견인의 권리와 재산을 보호하기 위한 안전장치로 성년후견인의 법정대리권에 일부 제한을 둔 것이다.

특히 부동산의 임대 행위의 경우, 임대보증금의 수령 및 보관 등의 상황을 법원에 보고하도록 하여 피후견인이 피해를 당하지 않도록 관리하고 있다.

피후견인의 재산을 관리하고 남은 생의 모든 과정을 대리할 막중한 책임이 부여되는 만큼, 친분 여부만으로 결정될 사안이 아니므로, 현행 네 종류의 성년후견, 특정후견, 한정후견, 임의후견 방법 중 어떤 것이 유리한지 변호사, 법무사, 친인척 등과의 충분한 검토를 통해 협의하여 이에 합당한 후보자를 물색하는 과정을 반드시 사전에 준비해야 한다.

◆ 유언장 작성

성년후견인은 피후견인의 남은 삶에 미치는 영향이 절대적인 만큼 미리 지정하고 필요하다면 이에 대한 보상을 유언장을 통해 남겨두는 것을 권유한다.

유언장이 없는 상황에서 성년후견인을 지정하는 것 자체가 가족 간의 이해충돌로 인해 복잡해질 수 있고 또는 지정되지 않은 상속인들의 법적소송 등으로 인해 상속재산의 분할 등에 문제가 발생할 수 있기 때문이다. 그러므로 유언장을 작성하여 공로에 대한 합당한 보상과 반대로 그 책임을 다하지 못하는 경우에도 대비를 해두는 것이 좋다.

다만 치매 등으로 유언장의 효력이 인정되지 않는 것을 대비하여 유언장의 초안은 지금부터 작성하고 살아가면서 변경해 나가는 방식을 선택하면 된다.

08. 자녀에게 매달 보내준 생활비도 걸릴까?

◆ 너도, 나도 아는 방법을 왜 국세청만 모를 거라 생각할까?

문제는 "언제까지, 어떻게 주느냐."가 관건이다. 자녀의 가정마다 소득과 재산에 따라 생활 수준이 다르기 때문에 부모님의 입장에서는 더 주고 싶은 자녀가 있기 마련이다.

부모의 보살핌이 필요한 자녀에게 생활비나 교육비를 지원하는 것은 상속 및 증여세법에서도 사회 통념상 인정되는 항목이라면 증여로 보지 않고 있다.

그러나 소득이 있는 자녀에게 생활비를 준다는 것은 결국 무신고 증여를 하는 것과 차이가 없다는 것을 알아야 한다. 또한 나의 자녀가 소득이 없다 하더라도 그 배우자의 소득이 있거나 재산이 있다면 당연히 부모로부터 받는 생활비는 비과세 되지 않는다.

◆ 당해본 사람만 그 무서움을 안다

> "제 주변 사람들도 다 그렇게 하고 있는데요?"

과연 그럴까?

국세청도 당연히 인력과 시스템에 한계라는 것이 있다. 그러므로 아직 적발되지 않았을 뿐 결국엔 나오게 되어있다. 아직도 국세청의 시스템이 80년대 이전의 것이라 생각하고 있다면 크나큰 오산이다.

실제, 소득이 있는 자녀에게 생활비를 주는 것은 상속세 조사과정에서 가장 많이 적발되는 부분이기도 하다. 얼마나 많은 사람이 "이 정도는 괜찮겠지." 또는 "걸리면 그때 가서 세금 내지 뭐."라고 안일하게 생각하고 있는지 알 수 있는 대목이다. 사실, 반대로 생각해보면 이는 국세청이 무조건 100% 검증한다는 뜻 아닐까?

솔직히 국세청 입장에서는 소명자료만 요구해도 얻어걸리는 황금알을 낳는 거위 같은 것이 아닐까 싶을 정도이다. 재산이 적든 많든 간에 이런 무신고 현금 증여는 너무 많으니까 말이다.

✦ 내가 내 자녀에게 생활비 지원도 마음대로 못하나요?

애초에 세법에는 자녀에게 생활비를 주지 말라는 조항은 없다. 얼마든지 주어도 된다. 단, 세금을 내고 주라는 전제조건이 있을 뿐이다.

만약 한 달에 200만 원 정도의 생활비를 자녀에게 이체했다고 가정해보자. 10년이면 2억 4천만 원, 20%의 증여세 구간에 해당된다. 성인 자녀 공제 5천만 원을 제외하더라도 당초 증여세는 2800만 원을 내야 했었다.

그러나 매월 생활비를 지원해 주면서 줄 때마다 증여신고를 하는 부모는 없는 만큼 시간이 흐를수록 무신고 증여금액은 차곡차곡 쌓여가고 이와 더불어 가산세도 함께 늘어나게 된다.

이 와중에 상속이 개시되면 피상속인의 10년간의 금융거래를 조사하여 상속인에게 이체된 모든 내역이 파악되는데, 이미 국세청에서는 차세대 국세통합시스템인 NTIS를 통해 관련 자료를 다 갖춘 상태에서 소명요구를 한다.

국세통합시스템에서 관리되는 자료

소득·소비	자산·부채
• 원천징수되는 모든 종류의 소득(이자, 배당, 급여, 연금 등) • 신용카드 매출 내역 및 사용실적(해외사용 실적 포함) • 세금계산서와 POS에 의한 매출, 매입 실적 • 연말정산 관련 자료: 보험료, 개인연금저축, 퇴직연금, 교육비, 의료비, 신용카드, 현금영수증 사용금액 등	• 주식 취득 및 보유현황 • 부동산의 취득 및 보유 현황(상속, 증여, 매매) • 지방세 중과 대상인 고급주택과 고급선박, 별장 등 보유현황 • 자동차 보유현황 • 부동산 임대현황 • 외국환 매각 자료, 해외송금자료 • 기업의 특허권 등록 자료 • 관세사 통관업무 실적 자료 • 옥외광고물 및 설치 허가 관련 자료

매월 지급받는 생활비에 대해 증빙을 갖춘 사람은 정말 드물다. '주는 사람'증여자과 '받는 사람'수증자조차 생활비를 지원받는 것 자체가 문제 된다는 것을 인지하지 못하는 상황에서 증빙을 하지 않는 것은 너무나 당연하다.

그것을 국세청은 너무나 잘 알고 있다. 우리만 모를 뿐.

◆ **현금으로 주는 건 괜찮다?**

아니, 안 괜찮다.

이제는 현금을 자녀에게 줘도 자녀가 그 현금으로 생활비 이외에 주식이나 부동산을 취득하면 국세청에 자연스럽게 통보되는 시대이다. 만약, 2022년 9월에 부모A의 계좌에서 1천만 원이 인출되었는데 2022년 11월부터 2022년 12월에 걸쳐 자녀의 계좌로 여러 번에 나누어서 300만 원, 500만 원 이렇게 입금되었다면 누가 봐도 무신고 우회 증여로 보인다.

이 소득에 대해 부모로부터 받은 돈이 아니라는 것을 자녀가 증빙하면 간단하지만, 과연 출처가 불분명한 현금을 누가 증빙할 수 있을까?

소액이어도 마찬가지다.

이미 자녀의 소득과 지출 현황이 관리되고 있는 상황에서 자녀의 급여를 대부분 저축하고 소비는 현금으로 하도록 하는 것을 일반인이 안다면 당연히 국세청이 모를 리 없지 않을까? 심지어 현금을 사용하면서 열심히 현금영수증을 발급받는 사람도 많이 봤다.

사실, 대부분 부모님들은 금고에 무한대의 현금이 있어서 매달 그 현금을 주는 것이 아닌 이상, 금융기관의 영업점이나 ATM기를 통해 찾아주는데, 최근 보이스피싱으로 인해 2022년도 9월부터는 500만 원 이상 현금 인출 시 확인하는 절차를 강화하였다. 정말 보이스피싱 때문인지 탈세 때문인지는 모르겠지만, 통상적으로 고액현금 입출금 시 1천만 원 이하는 괜찮다고 생각했던 것이 이제는 500만 원 이상의 현금 인출도 확인 절차가 대폭 강화된 만큼 더욱 주의해야 한다.

이처럼 생활비에 대한 소명 요구에 제대로 증빙을 하지 못하는 경우 10년 이내에 사전증여한 재산이 있다면 합산되어 계산된 증여세와 가산세 그리고 상속세에 또 가산세까지 부과된다.

최종적으로 가산세 등이 포함된 상속세 고지서를 받은 상속인들을 곁에서 수없이 지켜본 입장에서도 매번 정말 과하다 느낄 정도로 살인적인 금액이 부과된다.

그러므로 "이 정도는 괜찮겠지."라고 생각하고 있다면 크나큰 오산이다.

국세청은 이미 다 알고 있다. 너무 많아서 지금은 다 찾아내지 못할 뿐이다. 그래서 상속이 개시되면 일괄적으로 들여다보는 것이다. 그러니 지금까지 안 걸린 것을 자신하면 안 된다. 아직 순서가 아닐 뿐, 결국은 시간문제이니까 말이다.

09. 자녀와 손주에게 부동산 증여 이후 임대소득을 관리하는 부모님은 어떨까?

✦ 내 노후 생활비는 있어야 하지 않나요?

상속보다 증여가 훨씬 유리하다는 세무전문가의 조언으로 인해 부동산을 자녀와 손주에게 분산 증여하는 사례가 늘어나고 있다. 그러나 여전히 임대소득이 발생하는 재산을 자녀와 손주에게 증여한 이후에도 그 임대소득을 부모님의 통장으로 이체하거나 현금으로 찾아오게 하여 노후생활 목적으로 사용하는 사례가 흔하게 목격된다.

이는 일단 증여는 해주되 자산운용에 대한 권리 자체를 주지 않고 통제하고자 하는 의지가 강하기 때문으로 풀이된다.

이러한 방식은 또 다른 상속·증여세 문제를 만들게 된다.

자녀에게 임대소득이 발생하는 부동산을 증여하는 이유는 증여재산의 미래가치 상승과 그 임대소득이 함께 귀속되는 것을 목적으로 하는데, 만약 부모가 임대소득을 회수한다면 어떠한 문제가 발생하게 될까?

✦ 임대소득을 현금으로 인출 후 부모님께 드리는 경우

만약, 자녀의 갑작스러운 사망 시 1년 이내에 2억, 2년 이내 5억을 초과하여 현금을 인출한 경우 상속인들은 그 현금에 대해 사용목적을 소명해야 한다.

만약, 사라진 현금의 행방을 소명하지 못하는 경우 추정상속재산으로 포함되어 상속세를 부과한다.

✦ 임대소득을 부모님 계좌로 이체하는 경우

이와 같은 경우에는 생활비로 드린 것이라 소명할 수 있겠지만 금액이 고액이라면 오히려 역증여로 볼 수 있다.

또한 대부분 부모님은 이체받은 임대소득을 전부 소진해버리지 않고 그대로 쌓아두는 경우가 많기 때문에 이 금액 또한 부모님의 상속재산에 합산되어 상속세가 부과될 수 있다.

그러므로 부동산을 증여받았다면 증여받은 지분만큼의 임대료는 각각의 통장으로 입금받거나 각종 공과금 등 필요경비 등을 제외하고 나머지 차액을 지분대로 나누어 갖는 것이 정상적인 방법이다.

다만, 노후가 염려되는 부모님의 마음도 이해가 되는 부분이므로 이는 증여 시 신탁을 통해 생전에 부모님이 임대소득을 받고 사후에 그 권리를 넘겨주는 방법을 활용하거나 자녀들로부터 약정한 생활비를 받는 조건으로 효도계약서를 작성하는 등의 여러 가지 방법을 고민해보는 것이 현명하다.

10. 양도차익이 큰 부동산, 며느리와 사위에게 증여하고 양도하면 절세가 된다?

✦ 양도소득세보다 증여세가 더 유리할 수 있다

생각을 바꾸면 촘촘한 그물망처럼 잘 짜인 세법안에서도 의외로 절세가 가능한 포인트가 보이기 마련이다.

바로 '취득과액 이월과세'제도이다.

소득세법 제97조의 2에서는 자산을 배우자 등 특수관계인에게 증여한 뒤, 증여일로부터 5년 이내에 타인에게 양도하는 경우에는 당초 증여자의 취득가액을 기준으로 양도소득세를 계산하도록 하기 때문에 양도차익이 너무 커서 고민이라면 배우자와 자녀에게 증여하고 반드시 5년 이후에 처분하는 것이 좋다.

일반적으로 증여세는 과세표준 5억 원까지는 20%의 세율로 과세하지만, 양도소득세는 양도차익이 8천 8백만 원만 초과하면 38.5%지방소득세 포함의 세율을 적용받기 때문에 증여를 받고 5년이 경과된 이후에 양도를 하면, 증여한 가액이 취득가액이 되기 때문에 세율이 높은 양도소득세 대신 낮은 증여세를 부담하는 것이 유리하다.

다만, 2023년 1월 1일 이후 증여분부터는 5년에서 10년으로 기간이 늘어난다.

배우자 등 양도소득세 이월과세 적용 요건

(대상자산)

(개정) 2019년 2월 12일 이후 양도분부터 분양권, 조합원입주권 등 부동산을 취득할 수 있는 권리 주가

(수증자)

배우자 또는 직계 존/비속

① 배우자
 - 양도 당시 사망으로 혼인관계가 소멸된 경우에는 이월과세 적용 제외
 - 사실혼 관계의 배우자는 적용 제외

② 직계 존/비속
 양도 당시 직계존속의 사망 시에도 이월과세 적용됨(기획재정부 재산세제과-669, 2019.10.01)

(증여 후 양도 기간)

해당 자산을 증여받은 뒤 5년 이내에 양도(2023.01.01. 이후 증여분부터 10년 적용 예정)

(적용 제외)

① 사업인정고시일부터 소급하여 2년 이전에 증여받은 자산의 수용 등
② 이월과세 규정을 적용하면 1세대 1주택 비과세가 되는 경우
③ 이월과세 규정을 적용하여 계산한 양도소득세가 이를 적용하지 아니하고 계산한 경우보다 적은 경우

그렇다면 앞에서 언급한 대로 배우자와 자녀에게 증여하면 되는데 굳이 며느리와 사위에게 증여하고 양도하라는 이유가 뭘까?

일반적으로 며느리와 사위에게 증여하는 것을 꺼리는 것을 과세당국

에서도 잘 알고 있는 것일까? 아니면 그런 사례가 흔하지 않아서 세법이 강화되지 않은 것인지는 잘 모르겠지만 '취득가액 이월과세제도'를 며느리와 사위에게 적용하면 재미있는 일이 발생한다.

✦ 양도 직전 배우자나 자녀가 아닌, 사위 또는 며느리에게 증여하면 이월과세를 적용받지 않을 수 있다

취득가액 이월과세 규정은 배우자 또는 직계존비속에게 증여하는 경우로 규정되어 있기 때문에 사위, 며느리에게 증여하고 다시 양도하는 경우에는 규정이 적용되지 않는다.

그러므로 목돈이 필요한 자녀에게 부동산을 매각하여 증여할 계획이 있거나, 높은 양도소득세로 인해 매각을 주저하고 있는 경우에 활용하면 상당한 절세효과를 볼 수 있다.

예를 들어 20년 전 5천만 원에 취득한 부동산을 5억 원에 처분하여 자녀에게 증여할 계획이 있는 A씨의 사례를 보면 그 차이를 쉽게 알 수 있다.

구분	양도 후 아들 현금 증여 시	사위, 며느리 증여 후 양도 시
양도 금액	5억 원	5억 원
양도소득세	1억5592만5천 원	0원
증여공제	5천만 원	1천만 원
납부세액	4881만5천 원	8천8백만 원
잔여 현금	2억9526만 원	4억1200만 원

최초 취득가액 5천만 원, 양도가액 5억 원, 양도소득세율 49.5%, 장기보유특별공제 30% 반영, 증여 취득세, 신고세액 공제 미반영

이처럼 부동산을 처분하여 현금 증여하는 경우보다 사위나 며느리에

게 증여하고 양도하는 경우의 세금이 훨씬 저렴하다는 것을 알 수 있다.

다만, 과세당국에서도 배우자나 직계 존비속이 아닌 특수관계자간 증여를 통한 양도소득세 회피를 방지하기 위해 소득세법 제 101조 2항에 따른 양도소득세 부당행위계산 규정을 적용하고 있으니 주의하여야 한다.

부당행위계산 규정이란 특수관계자 간 거래를 통해 조세 부담을 부당히 감소시킨 것으로 인정되는 경우, 그 거래를 부인하고 정상적인 거래일 때의 세액으로 다시 계산하여 과세하는 것을 말하는데 단서에 따라 양도소득이 수증자에게 실질적으로 귀속되는 경우에는 적용하지 않는 것으로 규정하고 있다.

쉽게 말해 부동산을 증여받은 사위, 며느리가 양도 후 양도자금을 다시 증여자에게 반환하게 되면 이는 부당행위계산 규정이 적용되어 양도소득세가 발생하지만, 양도자금이 그대로 수증자에게 귀속되는 경우에는 부당행위계산이 적용되지 않는다.

소득세법 제101조(양도소득 부당행위 계산)

① 납세지 관할 세무서장 또는 지방국세청장은 양도소득이 있는 거주자의 행위 또는 계산이 그 거주자의 특수관계인과의 거래로 인하여 그 소득에 대한 조세부담을 부당하게 감소시킨 것으로 인정되는 경우에는 그 거주자의 행위 또는 계산과 관계없이 해당 과세기간의 소득금액을 계산할 수 있다.

② 거주자가 제1항에서 규정하는 특수관계인(제97조의2 제1항을 적용받은 배우자 및 직계 존비속의 경우는 제외한다)에게 자산을 증여한 후 그 자산을 증여받는 자가 그 증여일부터 5년(2023년 1월 1일 이

> 후 10년) 이내에 다시 타인에게 양도한 경우로서 제1호에 따른 세액이 제2호에 따른 세액보다 적은 경우에는 증여자가 그 자산을 직접 양도한 것으로 본다.
>
> 다만, 양도소득이 해당 수증자에게 실질적으로 귀속된 경우에는 그러하지 아니하다.
>
> 1. 증여받은 자의 증여세(「상속세 및 증여세법」에 따른 산출세액에서 공제·감면세액을 뺀 세액을 말한다)와 양도소득세(이 법에 따른 산출세액에서 공제·감면세액을 뺀 결정세액을 말한다. 이하 제2호에서 같다)를 합한 세액
> 2. 증여자가 직접 양도하는 경우로 보아 계산한 양도소득세
> 3. 제2항에 따라 증여자에게 양도소득세가 과세되는 경우에는 당초 증여 받은 자산에 대해서는 「상속세 및 증여세법」의 규정에도 불구하고 증여세를 부과하지 아니한다.

단, '주는 사람'증여자이 1세대 1주택자인 경우, 배우자나 직계 존비속이 아닌 제3자에게 주택을 증여하면 오히려 취득세 중과 등의 세금 부담이 더 커지게 되므로 반드시 사전에 전문가와 상의하여 진행해야 한다.

11. 국세청은 가족 간 금전대차거래를 원칙적으로 인정하지 않는다

◆ **상식적으로 부모·자식 간의 금전대차거래를 누가 믿을까?**

최근 영끌족이라는 신조어가 생겨날 정도로 2030세대의 부동산 취득이 폭발적으로 늘어나면서 이와 관련된 현금 증여와 더불어 금전소비대차 거래도 늘어나고 있다.

그 이유는 상증법 제 41조 4항에 나와 있는 금전 무상대출로 인해 지급하지 않은 이자가 연간 1천만 원을 초과하지 않는 경우 증여로 보지 않는 규정을 활용하고 있기 때문으로 풀이된다.

실제 목돈을 한 번에 증여해주는 것보다 현금 증여와 금전소비대차 거래계약을 동시에 진행하면 당장 증여세를 아낄 수 있다는 장점이 있다.

* 상증세법 제 41조의 4(금전 무상 대출 등에 따른 이익의 증여)
  − 타인으로부터 금전을 무상으로 대출받은 경우 그 이자를 증여 재산가액으로 한다. 다만 1천만 원을 초과하지 않는 경우 증여로 보지 않는다.
  − 이자계산(2억 × 4.6% = 920만 원)
* 법령(대통령령으로 정하는 기준 금액이란 1천만 원 이하)

그러나 국세청에서는 가족 간 특히 부모님으로부터 자녀가 필요한 자금을 빌리는 금전소비대차 거래를 증여로 추정하기 때문에, 납세자는 증여가 아닌 진짜로 돈을 빌리고 이자를 지급하는 금전소비대차 거래라는 것을 스스로 입증할 책임이 있다.

또한, 금전소비대차 거래로 대여한 자금은 증여가 아니기 때문에 반드시 상환해야 하며, 대여 간 상속개시 시 상속재산에 합산되어 과세된다.

그러므로 당장의 증여세를 아낄 수는 있으나 세무조사와 기간과 상관없이 상속재산에 합산되는 점은 주의하여야 한다.

✦ 그렇다면 2억까지는 진짜 이자를 안 받아도 괜찮을까?

일각에서는 2억까지 세금 없이 증여해줄 수 있는 엄청난 절세 방법인 것처럼 조장하는 일부 몰지각한 전문가와 언론매체 등으로 인해 안타깝게도 세무조사에 선정되는 사례가 끊이지 않고 있다.

구분	적정 이자율
대출금액(A)	200,000,000
적정 이자율(B)	4.6%
적정 이자(1년)_(C=A*B)	9,200,000
적정 이자(1달)_(D=C*12)	766,667

Tip! 2억으로 설정하더라도 약간의 이자율을 설정

실무적으로는 연간 1천만 원 이하의 이자라 하더라도 정해진 날짜에 이자를 지급하고 그 근거를 남기는 것을 권유하고 있다.

그렇다면 "이 정도는 괜찮겠지?" 하는 우리와는 달리 국세청은 이러한 금전대차거래를 어떻게 바라보고 있을까?

연간 1천만 원 이하라 하더라도 이자를 지급하고 근거를 반드시 남겨야 하는 이유는 다음과 같다.

가족 간 금전대차거래계약을 바라보는 국세청의 입장

가족 간 금전대차거래는 원칙적으로 인정되지 아니하는 것이나,
1. 사실상 금전 소비 대차 계약에 의하여 자금을 차입하여 사용하고
2. 채무자가 실제로 대여금의 이자와 원금을 변제하는 능력과 증빙이 있는 경우
3. 채권자 확인서 등에 의하여 확인이 되는 경우

차입한 금전에 대하여 증여세가 과세되지 아니함

이처럼 국세청은 금전소비대차 거래는 빌린 돈을 다시 갚아야 하는 방식이지만 가족 간의 거래는 원칙적으로 인정하지 않고, 이 거래의 실질을 증여로 보고 있기 때문에 주의해야 할 부분이 많다.

◆ 편법증여를 막기 위한 '부채사후관리제도'

국세청의 2017년부터 2021년까지의 부채사후관리 점검현황에 따르면 지난해 20세 미만의 편법증여 의심 부채 규모만 전년도에 비해 628억 원이 늘어났으며, 20세부터 30대 미만의 경우 편법의심 금액이 6327억 원이 증가한 것으로 파악됐다.

국세청이 부채사후관리제도를 통해 편법증여라고 적발해 추징한 건

수와 추징세액도 매년 늘어나고 있다.

국세청은 2017년 8,276건을 점검한 결과 이 중 180건을 편법증여로 판단해 38억 원을 추징했으며, 2021년에는 점검 건수 자체가 1만1,438건으로 대폭 늘어났다.

이 중 1,017건이 편법증여로 밝혀지면서 210억 원을 추징했다.

최근 5년간 부채사후관리 신규등재(억 원)

구분	2017년	2018년	2019년	2020년	2021년
20세 미만	245	362	326	304	628
20대	759	1,400	2,041	2,767	6,327
30대	5,164	10,213	10,719	15,300	23,898
40대	10,944	20,319	16,705	24,086	28,370
50대	49,498	15,762	16,709	20,381	26,787
60대 이상	14,053	17,356	19,026	22,707	28,890

최근 5년간 연도별 부채사후관리 등재 잔액(억 원)

구분	2017년	2018년	2019년	2020년	2021년
20세 미만	547	908	1,229	1,533	2,149
20대	2,323	3,687	5,722	8,489	14,712
30대	19,077	28,989	39,612	54,912	78,780
40대	53,799	71,434	88,553	112,639	140,642
50대	110,099	122,639	139,811	160,192	186,530
60대 이상	231,904	244,143	263,227	285,934	314,660

최근 5년간 부채사후관리 점검 결과(건, 억 원)

구분	2017년	2018년	2019년	2020년	2021년
점검건수	8,276	7,769	15,377	11,862	11,438
추징건수	1,890	118	229	558	1,017
추징세액	38	49	150	286	210
조사전환 건수	61	50	47	31	21

이는 일반적인 금전소비대차 거래로 인정되지 않고 편법증여로 적발된 건수가 5년 사이 6배 뛴 수치이다.

또한, 국세청은 2019년부터 세무대리인의 편법증여 시도가 적발될 경우 세무대리인도 처벌 대상이 될 수 있다고 규정하는 등 편법증여 감시·감독을 강화하고 있는 추세이다.

이처럼 가족 간의 금전소비대차 거래는 편법증여를 통해 부동산을 취득할 목적으로 이루어지는 경우가 많아 국세청은 예전부터 매년 신규등재 및 잔액, 상환 등의 전방위적인 사후관리를 하고 있다.

✦ 차용증을 작성하고 이자를 지급하면 괜찮을까?

가족에게 돈을 빌렸지만, 차용증을 작성하지 못했다면 어떻게 될까?

실제 차용증을 작성해야 하는지, 이자를 지급해야 하는지도 모르고 가족 간의 금전거래를 하는 경우가 많이 있다.

만약, 부모로부터 돈을 빌리고 실제로 상환을 했다면 차용증을 작성하지 않았더라 하더라도 금융거래를 통하여 변제된 객관적 사실만큼 구체적인 것은 없는 것으로 보아 금전대차거래로 인정된 사례가 있다. 조심2011 252, 2011.08.09.

그러나 이와는 반대로 차용증을 작성하고 이자를 지급했다 하더라도, 자녀가 미성년자이거나 소득이 없는 경우에는 이를 상환할 능력이 없다고 판단하여 증여로 추징하는 사례 또한 많이 발생한다. 조심2010 서 3218, 2010.12.31

특히, 부동산을 구입할 때 제출하는 자금조달 계획서에 차입으로 금전대차거래를 신고하는 경우 향후 상환하는 것을 포함한 모든 것이 사후 관리되므로 주의하여야 한다.

실제로 2020년 4월 K씨 형제는 부동산을 구입하기 위해 부모로부터 돈을 빌리면서 차용증을 작성하고 이자도 지급하였으나 그로부터 1년이 지난 시점에 증여세부과 처분을 받게 된 사례가 있다.

국세청은 "형제의 부동산 취득과 목적 행위 등 모든 업무가 부모의 주도하에 이뤄졌고, 부모는 이들을 대신해 급여 등 경제적 관리를 하고 있었으므로 어머니의 채권에 대한 실현 가능성이 전혀 없는 것으로 보인다"라고 증여세를 부과한 이유를 설명했다.

또 "형제 어머니의 예금계좌 거래 내역을 살펴보면 이자지급 시기도 일정하지 않으므로 금전소비대차계약서는 형식만 갖춘 외관에 해당하는 만큼 형제가 쟁점 금액을 증여받은 것으로 보아 증여세를 부과한 이건 처분은 정당하다"고 강조했다.

그러나 국세청의 증여세부과 처분을 인정하기 어려웠던 이들 형제는 부동산 매입자금 조달 내역서, 이자지급내역, 원금상환내역, 공증까지 받은 금전소비대차계약서를 제출하고 이자도 지급함으로서 정당한 금전소비대차거래 계약임을 주장했으나 결국 조세심판원은 국세청의 손을 들어주었다.

그 이유는 실제 이자를 지급하였으나, 지급 시기가 약정한 날짜와 일정하지 않았으며, 형제의 금융계좌 관리를 실질적으로 부모가 관리하고 은행을 직접 방문하여 약정이자를 출금한 것 등이 확인되었기 때문이다.

원칙적으로 자금출처를 인정하는 데 있어서 배우자와 직계존비속 간의 금전 소비대차거래는 특별한 사정이 있지 아니하는 한 인정되기 어려운 점을 들어 과세관청이 형제에게 증여세를 부과한 것에 잘못이 없다고 판단한 것이다. 2021광5930

이처럼 가족 간의 금전대차거래는 국세청에서 철저하게 주시하고 관리되는 항목임을 간과하면 안 된다.

그렇다면 부득이하게 가족 간 금전대차거래를 하는 경우에는 어떻게 해야 할까?

실제로 국세청에서 발표한 자금조달 소명을 차입금으로 한 경우의 추징 사례를 살펴보고, 특수관계자 간 금전대차거래 시 유의해야 할 사항을 사전에 확인하여 세무조사 대상에 선정되지 않도록 철저히 대비해야 한다.

가족 간 금전 대차 거래계약을 통해 자금 조달하는 경우 확인사항

1. 사전에 차용증 작성 후 확정일자 또는 공증 받을 것
2. 돈을 빌린 날짜와 이자지급방법, 지급일자 등의 상환스케줄이 명확하게 명시될 것
3. 연 2억 원 미만이더라도 최소한의 이자(4.6% 이내)는 주고받을 것
4. 대여기간은 1~5년 단위로 작성, 중도에 일부 상환하는 방식을 활용하고 나머지 대여금은 재연장할 것
5. 자녀로부터 이자를 지급받았다면 원천세 신고를 하여 근거를 남길 것

6. 소득이 없거나 적은 성인 자녀 또는 미성년자에게는 거액을 대여하지 말 것
7. 부동산 구입 시 자금조달계획서에 차입으로 신고한 경우에는 원금 상환에 대해 사후관리 되므로 주의
8. 부모의 대여하는 자금에 대하여도 조사가 나올 가능성이 있으므로 부모 역시 출처가 명확한 자금을 사용

◆ 자금조달 차입금 실제 추징 및 의심사례

① 30대 A는 ○○억 원 상당의 수도권 소재 아파트를 매수하면서 매수대금 전액을 부친으로부터 차입하여 지급하고 자금조달계획서에 금전대차거래로 조달했음을 신고하였음.

이에 해당 구청에서 국세청에 통보하여 차입금에 대한 세법상 적정이자(4.6%) 지급 여부 및 원금상환 등 모니터링 중임

② 부친으로부터 거액을 빌린 B는 자금조달계획서상 금융기관 차입금과 부모로부터 ○○억 원을 차입한 후 고가 아파트를 취득한 것으로 신고하여 차입금 적정여부를 확인하기 위해 조사한 결과 근로소득이 미미하고 30년에 걸친 차용계약을 이행하기 어려운 점 등 부친과 맺은 차용계약이 허위인 것으로 확인되어 증여세 과세함

③ 신고소득이 없는 자녀가 ○○억 원에 달하는 고액의 전세로 거주하며 고가의 승용차를 보유하고 있어 조사한 결과 부모로부터 전세금을 차입하였다고 주장하였으나 이자도 지급하지 않고 갚을 의사도 없음이 확인되어 증여세 과세

④ 사회 초년생으로 신고 소득이 부족한 전문직종의 A가 고가의 아파트를 취득하여 조사한 결과 5촌 인척 B로부터 ○억 원을 차입한 것으로 주장하며 차용증과 이자 지급내역을 제시하였으나 A의 부친이 B의 모친인 C에게 자금을 송금하고 C는 B에게 이를 송금한 후 A에게 다시 송금하여 우회 증여한 사실이 확인되어 증여세 부과

출처: 국세청 보도자료

일반 서민의 경우 자녀에게 2억 정도의 목돈을 선뜻 빌려주기 어렵다 보니, 대부분의 가족 간의 금전대차거래를 자산가들의 부모찬스 또는 편법증여로 보는 것이 국세청의 입장인 것은 어쩌면 당연한 일일지도 모르겠다.

실제 국세청은 부채사후관리뿐만 아니라 국토교통부로부터 부동산거래신고자료RTMS 내에 포함된 부동산 분양계약의 내용을 제공받아 분석하고 있으며 근저당권 자료도 전산에 반영되어 변칙적 탈루혐의자와 무신고 증여자를 선정하는 데 활용하고 있다. 그러므로 "나 하나 정도는 괜찮겠지." 하는 생각은 접고 금전대차거래시 원금과 이자의 상환계획을 미리 마련해두어야 한다.

또한 가장 확실하게 입증할 방법은 원금을 상환하여 그 기록을 남기는 것임을 잊지 말아야 한다.

만약, 차용증을 작성하지 않고 이자도 지급하지 않은 가족 간의 금전대차거래를 했다면 세무전문가와 상의하여 대응안을 수립하도록 하자.

12. 부모가 자녀 명의의 차명계좌를 사용해도 되는 걸까?

간혹, 자녀의 명의로 되어있는 계좌를 부모님이 대여하여 사용하는 경우를 볼 수 있다.

물론 개인의 신용문제로 인해 대여하여 사용하는 경우도 있지만, 대부분 자녀의 계좌를 활용하여 사업소득을 탈루한다거나 자녀에게 우회 증여를 하는 목적으로 사용할 수 있기 때문에 이를 원칙적으로 금하고 있다.

만약, 자녀 명의의 계좌를 활용하여 증여세를 회피하는 경우, 국세청에서는 그 사실을 안 날로부터 1년 이내에 증여세를 부과할 수 있기 때문에 사실상 기한이 없는 것과 마찬가지다.

또한, 차명으로 거래한 금융재산에서 이자나 배당이 발생했다면 소득세원천징수 세율이 90%까지 적용될 수 있으니 주의하여야 한다.

✦ 제3자가 자녀 명의의 계좌로 입금하면 괜찮을까?

아니, 이 또한 전혀 괜찮지 않다.

실제, 부모가 편법증여를 하기 위해 제3자 관계인 지인으로부터 자금 일부 또는 전부를 자녀 명의의 계좌로 지급하게 하는 경우가 있다. 그러나 아무도 모를 것만 같은 이 은밀한 거래를 조용히 지켜보는 누군가가 있다는 사실을 대부분 잘 모르고 지나친다.

바로 FIU이다.

FIU는 금융기관으로부터 받은 정보를 선별하여 의심거래로 판단이 될 경우 국세청에 통보하고 있다.

실제 국세청은 상속이 개시되어 상속세 조사를 할 때 필요시 상속인들의 금융계좌에 대한 조사를 진행한다. 이 과정에서 우회 증여 및 사업소득 누락 등의 의심사례가 확인되는 경우 상속인들에게 소명을 요구하고 있다.

그러므로 자녀의 계좌를 차명으로 사용한다는 것은 자녀가 신고한 소득보다 많은 자금이 움직이는 것을 뜻하므로 당연히 국세청이나 FIU가 주목할 수밖에 없다는 것을 인식하고 지금부터라도 하지 말아야 한다.

국세청의 빅데이터는 이러한 모든 의심거래를 수집하고 있으니 말이다.

맺는말

사실, 세무사나 변호사가 아닌 일반인이 상속·증여를 주제로 책을 집필하기란 쉬운 일이 아니었지만 15년간의 수많은 실무 경험을 바탕으로 보고, 느끼며 배운 것들을 좀 더 많은 사람들에게 전달해드리기 위한 저의 첫 번째 도전이 이렇게 마무리되었습니다.

솔직히 국가가 상속을 받아 부의 재분배를 통해 사회발전에 이바지하는 것도 좋습니다만 내 가족의 행복이 우선되어야 하며 정당한 부의 대물림 또한 제대로 평가받아야 합니다.

물론 이 과정에서 납부해야 할 세금이 발생된다면 당연히 내야 합니다. 그러나 준비되지 않은 상속과 증여가 우리에게 미치는 영향력이 얼마나 큰지, 이로 인해 기업의 경영권을 잃거나 재산을 처분해야 하는 경제적 손실과 가족의 해체까지 이르게 하는 등의 모습들을 일반인은 잘 모릅니다.

그래서일까요? 세무는 겪어보면 안다는 말이 더욱 무섭게 느껴집니다. '주는 사람'과 '받는 사람' 그리고 '다시 주게 될 사람인 우리'가 사랑하는 가족에게 올바른 방법으로 부를 대물림해주어야 합니다. 그러기 위해서는 철저히 계획하고 준비하는 것만큼 실행해야 합니다. 나도 받은 게 없는데, 내가 쓸 것도 없는데, 라는 생각으로 우리 다음 세대도 같은 생각을 하게 만들면 안 됩니다.

  지금이 다음 세대로 부의 대물림을 하는 가장 좋은 시기라는 것을 꼭 기억하시길 바랍니다. 상속이 개시되면 더 이상의 기회는 없을 테니까요. 현장에서 수많은 실사례를 경험하면서 알게 된 모든 지식을 담은 이 책이 상속·증여를 계획하고 계시는 여러분께 작은 나침반이 되길 바랍니다.

  끝으로 이 책을 집필하는 데 있어 끝까지 응원해준 가족과 동료, 그리고 전문가그룹과 지인등 모든 분께 감사드립니다.

2022년 11월
김진용

● 법률 및 세무 검수 전문가 그룹 소개

황수철 변호사

제이씨앤파트너스법률사무소 대표
- **이메일 주소:** hscheol1905@gmail.com
- **학력:** 고려대학교 법학과, 고려대학교 법학전문대학원
- **경력:** 대한변호사협회 감사
  서울지방변호사회 부회장
- **주요업무분야:** 상속(상속재산분할심판, 유류분, 유언대용신탁 등), 세무조사 및 조세 쟁송, 이혼, 가사

정가람 세무사

- **이메일 주소:** tax@taxonet.co.kr
- **학력:** 국립세무대학 졸업(기동문회장)
- **경력:** (현)공감세무회계대표
  (현)법무법인 지평 자문세무사
  (현)서울세무사회 상임감리위원
  국세청 국선세무대리인
  삼성세무서 납세자권익존중위원
  법무법인 율촌 파트너
  삼일회계법인 조세팀장
  서울지방국세청 법무1과
  강남세무서법인조사과
  삼성세무서 소득세과
  대방세무서 직세과
  북광주세무서 부가세과
- **주요업무분야 :** 상속, 증여, 양도, 세무조사대응 및 조세쟁송

김수령 세무사

- **이메일 주소:** tax@taxonet.co.kr
- **학력:** 덕성여자대학교 졸업
- **경력:** (현)공감세무회계 근무
  (현)법무법인 지평 자문세무사
  (전)세무법인 일우 근무
- **주요업무분야:** 상속, 증여, 양도, 세무조사대응 및 조세쟁송

김준우 세무사

- 이메일 주소: junwoo.kim@siwoltax.com
- 학력: 가천대학교 회계세무학과 졸업
- 경력: (현) 세무회계 시월 대표 세무사
  (전) 공감세무회계 근무
  (전) 세무법인 다솔 역삼지사 근무
- 주요업무분야: 상속·증여·양도, 부동산 세무 컨설팅, 세무조사 대응, 조세불복

신정민 세무사

- 이메일 주소: savetaxs@naver.com
- 학력: 고려대학교 법학과
- 경력: (현) 세무법인화우(2021)
  (전)예일세무법인 역삼중앙지점(2020)
- 주요업무분야: 상속, 증여, 양도, 세무조사대응 및 조세쟁송

서성용 대표 감정평가사

- 이메일 주소: nadia554@naver.com
- 학력: 중앙대학교 경영학과
- 경력: 前 중앙감정평가법인 (2016~2018)
  現) 효성감정평가법인 대표이사 (2019~현재)
  現) 용산구청-강동구청 공유재산 심의회 위원
- 주요업무분야: 상속, 증여, 양도 등 세금 관련 및 기업 무형자산 감정 평가 등

법률 및 세무 검수 전문가 그룹은 상속 및 증여에 관련한 분야별 최고의 실무전문가들로 구성되어 있다.

세무뿐만 아니라 유언, 신탁, 재산분할, 상법, 공정거래법, 형사법 등 관련 법률문제까지 포함하는 종합컨설팅을 제공하며 합리적이고 성공적인 상속과 증여의 방향을 제시한다.